U0165289

卓越心態

扭轉限制，連結願景，喚醒潛在力量

THE GREATNESS MINDSET

《紐約時報》暢銷書作家

路易斯・豪斯 /著 林幼嵐/譯

Lewis Howes

Unlock the Power of Your Mind and
Live Your Best Life Today

各界好評

「路易斯所寫的，是許多人此刻正需要聽到的訊息。在一個被過勞、壓力和焦慮所淹沒的世界裡，《卓越心態》將幫助讀者重新與自己的目標建立連結，釋放內在的力量，並運用自己的天賦，來讓周圍的群體變得更好。」

——雅莉安娜‧赫芬頓（Arianna Huffington），《赫芬頓郵報》共同創辦人暨Thrive Global創辦人兼執行長

「看著路易斯這些年來不斷克服障礙、實現自己的夢想，真是太精彩了；這一切都始於他的卓越心態。我很高興他花時間將自己的信念記錄在本書中，這麼一來，其他人也能打破自己的自我懷疑，過著充實、豐富的生活。」

——傑‧謝帝（Jay Shetty），《紐約時報》第一名暢銷書《僧人心態：從道場到職場，訓練你的心，過著平靜而有目標的每一天》作者及Podcast節目《On Purpose》主持人

「無論你在人生中要做什麼，採用正確的心態，是實現夢想最重要的因素。在這本精彩的著作中，路易斯‧豪斯為你提供了實現真正卓越的實用工具。」

——喬‧迪斯本札博士（Dr. Joe Dispenza），《紐約時報》暢銷書《啟動你的內在療癒力，創造自己的人生奇蹟》作者

「路易斯擁有一種特別的能力，就是能夠以深具啓發性的方式，來分享困難的眞理。在這些書頁中，你會感覺自己被看見、獲得支持，因而得以勇敢面對自己的眞相，回歸最好的自己。我強烈推薦《卓越心態》，給所有準備好讓自己的人生更上層樓的人。」

──嘉柏麗・伯恩斯坦（Gabrielle Bernstein），《紐約時報》第一名暢銷書《宇宙就是你的靠山》作者

「你的限制性信念已經束縛你太久了，路易斯・豪斯將用《卓越心態》這本書來幫助你。改變你的信念，就能改變你的人生。」

──梅爾・羅賓斯（Mel Robbins），國際暢銷書《調校心態：舉起手，伸開5指，跟自己擊掌，做自己最強的啦啦隊！全球千萬網友實證的轉念習慣》和《五秒法則：倒數54321，衝了！全球百萬人實證的高效行動法，根治惰性，改變人生》作者

「路易斯以實用、有科學依據的方法，來探討這個可能令人不知所措的主題，讓人耳目一新。我強烈推薦《卓越心態》，給任何想與自己的願景重新建立連結、重振關係或重新塑造自我的人。」

──塔拉・史瓦特・畢柏（Tara Swart Bieber），醫學博士、哲學博士，現爲神經科學家，任教於麻省理工史隆管理學院

獻詞

我將本書獻給年輕時的自己，謝謝他有勇氣帶著我走過痛苦；
也獻給我此刻的自己，謝謝他面對了我的羞愧感並學會如何療癒；
以及獻給我未來的自己，因為通往卓越的旅程才剛開始而已。

目錄 CONTENTS

STEP 3 　卓越心態

STEP 4 鎖定卓越的作戰計畫

Chapter 1

追尋卓越人生
CHASING GREATNESS

那年我二十三歲，睡在我姐位於俄亥俄州哥倫布市的沙發上，窮到快被鬼抓走，簡直像個笑話一樣。只不過那不是笑話，是我的人生，也和卓越完全沾不上邊。

在那之前，我的生活一直以運動為主。我是十項全能比賽的全美最佳選手之一，但我真正的熱情在橄欖球，我也是一位全美橄欖球員。我創下了單場比賽接球碼數最多的世界紀錄（包含所有級別的所有分區）；在我追求機會進入國家美式足球聯盟（NFL）的同時，也終於實現了成為室內美式足球聯盟（Arena Football League）職業球員的夢想。但後來在一場比賽中，我摔斷了手腕；結果醫師的建議，是我應該接受手術。他們剖開我的髖部取了一塊骨頭接合到手腕上——我打了六個月的石膏，之後還花了一年時間才康復。

那是二〇〇七年的九月。我才剛打上石膏第一個月，就一直在想自己到底還有沒有可能再次站上球場。更糟的是在前一年，我爸在世界另一端的紐西蘭旅遊時出了車禍，遭受嚴重的腦部創傷。在昏迷了幾個月後，他終於恢復意識，但他的復原之路顯然會很漫長。他回到美國後，雖然我還可以每個禮拜去看他，可是在出車禍前對他來說非常重要的每個人，他幾乎都不太記得，看起來也沒有進步的跡象。

我的夜晚被無數的可怕問題籠罩：**如果我的手腕好不起來怎麼辦？要是我再也不能打橄欖球了怎麼辦？如果我的夢想就這麼結束了，那該怎麼**

辦？這樣的話我會變成什麼樣的人？如果我爸永遠都想不起來我是誰怎麼辦？如果我不知道接下來該怎麼辦，那要怎麼辦？如果以後絕對不會有人愛我怎麼辦？要是我去試了卻失敗怎麼辦？人們會怎麼想？更糟糕的是，如果我無法達成自己的期望怎麼辦？

　　在那段黑暗的日子裡，當我覺得自己活出精彩人生的機會豈止是悄悄溜走、根本是盡其所能拚命逃離的時候，我能做的好像也就只有按著電視遙控器，在重播的節目和資訊型廣告之間不停轉台而已。我不知道該想些什麼、該如何去感受，也不知道如何整理自己的情緒；更不用說我那時甚至連大學都還沒讀完。我在財務上、身體上、情緒上和精神上都一塌糊塗⋯⋯我不知道接下來該怎麼辦，在我看來，我當下非常孤立無援。

> **但我知道我的人生故事，不會就照著這個模式發展下去。**

　　但我知道我的人生故事，不會就照著這個模式發展下去。我知道我一定還有更多故事——我的內心一定還有實現卓越的可能——但我不知道該如何或從哪裡開始。然而在我內心深處，我知道自己最後一定會找到答案。

心態很重要

　　也許你也曾有過這種意識到可怕真相的時刻：你只是想活下去而已，因此虛度光陰，寄望著某天會發生什麼改變一切的奇蹟。你可能真的有個夢想，但也真的僅此而已——它就是個夢想，有一天你會實現它，但那一天似乎永遠不會到來。

　　在我寫下這些字句的同時，新冠疫情的大流行已經讓很多人感到癱

瘓、緊張和沮喪。但當然，要產生壓力不一定只有疫情才辦得到，因為誰知道接下來會發生什麼事？總是會有什麼事情發生的，這就是人生。也許你近年來遇到一些意料外的事：失業、離婚或失戀、摯愛去世，或動了一次讓你職涯終結的手術——而你就只是感覺錯愕與茫然，不確定接下來該怎麼辦。

又或者你早已經離開了生命中的那張沙發。你忙於完成各種事務，追逐夢想，看起來也都進行得很順利。你也許發展出了副業，或有一份讓你成功逐夢的事業或職涯，但在內心深處，你還是覺得不夠。雖然從達成結果的角度來說，你可能表現得還不錯，可是你總感覺好像少了什麼，你應該不僅如此而已。

> 你總感覺好像少了什麼，你應該不僅如此而已。

那樣只能算是不錯，但還算不上**卓越**！

許多人之所以會掙扎，原因之一在於他們認為自己的身分認同，是和所達成的結果綁在一起。也許你就是這樣。我當然也曾經如此，做過一樣的事。高爾夫球的世界裡有句老話說：「你的球技有多好，取決於你下一桿打得有多好」，但那樣的心態可能會讓你覺得很沒成就感，好像你永遠都做得不夠好、**不夠優秀**。

「還不錯但算不上出色」的人生，是最難擺脫的東西之一。我很常從多數人認為已經收入頗豐、似乎算是成功成家立業的人們那裡這麼聽說——他們仍然有一種潛藏的痛苦或不滿足感。他們渴望得到**更多**。

你是否也感同身受？

現在，請別誤會我的意思。過著「還不錯」的人生沒什麼不好。毫無疑問，世界上會有千百萬人願意跟你交換位置。但問題是，這是你要的生活嗎？這是你希望未來的自己述說的故事嗎？

這些都是高績效者有意識提出的問題，如果你就是這樣的人，我不想把你排除在這場對話之外。或許你已經在追逐和實現自己的夢想，在商業、體育、藝術、政治、慈善工作等各種你想得到的領域，追求最高水準的卓越。你已經付出了許多努力，來有意識地培養自己的心態，但你知道沒有人能真正達到目標。你希望獲得額外的優勢，並且一直在尋找利用自身心智力量的方法。我可以理解。

因此，你可能覺得自己停滯不前，或已經被擊潰，現在只是在苟延殘喘而已；或者你覺得自己正過著多數人都稱羨的生活，但內心仍不滿足。又或者是你只想突破到下一個層次，並尋找任何自己可能擁有的優勢──無論你是哪一種感覺，你都來對地方了。

卓越心態將藉由教你如何找到自身的意義使命（Meaningful Mission），幫助你釋放心智的力量，來克服恐懼和自我懷疑，最終達成那些長久以來感覺難以實現的目標和夢想。

你**可以**改寫過去的故事，將自己推向更光明的未來，而不是照著你腦海中重播無數次的情節發展，把自己困住。但你想如何書寫那個未來的故事？你想成為誰？你想去哪裡？你自己知道嗎？接下來，你要怎麼鼓起勇氣，克服恐懼和自我懷疑，擬定一份作戰計畫，在更清楚了解自己是誰、以及想成為誰的情況下，來追尋你的夢想？

這是你要的生活嗎？

無論你也許懷抱著什麼夢想，甚至遺忘自己曾有過夢想，我只問你這個簡單的問題：

要是你的夢想跟你一起死去，你會感到開心或滿足嗎？如果不會的話，你打算怎麼辦呢？

轟轟烈烈但不完美的行動

　　幸運的是，我的故事並沒有在姐姐的沙發上結束。我姐也很明白地表示，我不可能在接下來的人生裡都和她住在一起。事實上，她給過我最棒的禮物之一，就是終於要我幫忙付房租，不然就得**搬走**。所以，在沉溺在自怨自艾裡一兩個月後，我離開了沙發，跌跌撞撞地開始向前走。

　　我的第一步是打電話給史都華‧簡金斯（Stewart Jenkins），他是我尊敬的一位導師，也是我之前高中的校長；我問了他一個看似多餘的問題：**我該怎麼辦？**他告訴我聽說大家會在某個叫作LinkedIn的數位新創平台上找工作；那是我第一次聽說這個平台，但我想如果他覺得這是個好主意，那我就去試試看。於是我全心投入，對這件事情廢寢忘食，並盡己所能地學習任何我學得到的東西。

> 你可以改寫過去的故事，將自己推向更光明的未來。

　　接著在聖誕節，我哥給了我一份禮物。我們家有個傳統，是抽籤決定誰要送禮物給誰，他抽到我的名字。他的禮物是一本書，甚至連包裝都沒有；書還在塑膠袋裡，就這樣直接拿給我。那本作品是提摩西‧費里斯（Timothy Ferriss）的《一週工作4小時》[1]。書名的副標題的確吸引了我的注意：**擺脫朝九晚五的窮忙生活，晉身「新富族」！**在聖誕節期間，我花了幾天時間迅速把書讀完，用我那隻沒打石膏的手，笨拙地翻動著頁面。這本書讓我看到了一個充滿可能性的世界，像是數位商務、網路行銷，以及推出新事物。然後，我開始深入研究，閱讀當時所有頂尖領導者的部落格，並在接下來的一年裡，在LinkedIn上聯絡我所能想到的每個人，發展

1　The 4-Hour Workweek: Escape 9-5, Live Anywhere, and Join the New Rich，繁體中文版於二〇〇七年由平安文化出版。

人脈關係。

在這段期間，有兩件事確實幫助了我。其一是開始認真學跳騷莎舞（這故事我待會再說），其二是選擇把演講這個技能學精——這一直是個阻礙著我的恐懼，我覺得自己需要克服。我遇到一位專業講者，告訴他我也想學會他做的事，但我不管怎樣都沒辦法在任何人面前講話。他請我喝了一杯咖啡（對，我甚至連自己的咖啡都付不起！）並給我他最好的建議：「你必須加入國際演講會，每週演講一次，持續一年。」**嗯，我想著，這個人顯然很清楚他在做什麼，那就加入吧！**

在俄亥俄州哥倫布市的一次國際演講會活動中，有個人發表了令人驚嘆的演講。活動結束後，我慢步移動到會場後面，正當我一邊往嘴裡塞滿點心、一邊還用餐巾紙打包更多的時候，我聽到一個男人問：「你在幹嘛？」

我一秒僵住，轉過頭去看在問我問題的人是誰——結果是剛剛那個演講超精彩的講者！我匆忙把東西擠進嘴裡，試著吞下去；我的舉止彷彿在宣告只用一隻手把免費食物填滿我所有的空口袋，是全世界最自然不過的事情。

「那個……我，呃，我其實沒，嗯，什麼錢，所以想打包一些東西回家吃。」要是我能躲進點心桌下，我真的會躲進去，但我沒把握在他不注意到的情況下，把我六呎四吋高的身體塞進桌布裡——而且，這樣我會把口袋裡的食物壓扁。

「我請你吃午餐吧。」他這麼回答，然後轉身朝門口走去，好像他每次演講完都會遇到飢腸轆轆、偷偷把口袋塞滿的人一樣。

他叫法蘭克‧厄金（Frank Agin）。他開始指導我如何演講，同時他也在當地經營了一家商業人脈公司。隨著我們愈來愈熟，我告訴他我為了學習LinkedIn所做的一切努力，還幫他升級了他在LinkedIn上的個人檔案。

他給了我一張一百美元的支票，並告訴我這將讓他的業務脫胎換骨。我目瞪口呆。**你的意思是人們願意付錢要我做這件事嗎？**有了他的鼓勵，我開始協助更多也同樣願意付錢給我的人，實實在在的錢！

但他並未讓我就此止步。不久之後，他給了我另一項挑戰：「你應該寫一本關於LinkedIn的書。」**什麼？**我根本不知道怎麼寫書。我才二十四歲而已，誰會聽我的？而且，我高中的時候英文課差點被當掉。

他沒有就此罷休，「我來幫你寫。」他以前寫過幾本書，所以我們決定由他來寫關於面對面社交的部分，而使用LinkedIn在網路上建立人脈的部分則由我來負責。這本書雖然算不上什麼普立茲得獎作品，但我們還是完成了，也的確為人們提供了價值。在我還沒意識過來的時候，我就成了一名作家，賺到了錢，同時也不斷前進。

後來，我參加了一次Twitter的聚會，心想，**也許LinkedIn也可以做這件事**。據我所知，從來沒有人幫LinkedIn舉辦過什麼網路活動。因此在接下來的一年裡，我利用自己的人脈，在全國各地籌辦了二十場LinkedIn的社交活動；這讓我接到更多諮詢的工作，最終更讓我得以舉辦我的第一次網路研討會，成為我進入網路和數位商業世界的開端——從那之後，我再也沒有回頭過。

轉眼間已經過了十四年。我不僅重返運動場，還在美國國家男子手球隊參加了九年奧運級別的比賽。同時，在商業世界中，我成立了一個不斷成長的企業，年度營收達到七位數。在全球數以百萬計的Podcast中，我的節目《卓越學校》（The School of Greatness）持續名列前矛，並邀請過一些全球最成功的人士，已經播出一千兩百多集，下載次數更達五億次。此外，我還擁有YouTube上數一數二的自我成長節目、寫過好幾本書，其中包括一本《紐約時報》的暢銷作品。我也上過《艾倫秀》（Ellen）、《今日秀》（the Today Show）和《早安美國》（Good Morning America）等節

目，並在社群媒體上成功建立超過八百萬的粉絲群。

這一切都使我有能力在過去的十年中，參與許多非營利組織的顧問諮詢團並支持自己關心的議題，進而對世界產生影響。我能夠善用自己的人脈，為鉛筆的承諾[2]和其他組織（例如水慈善[3]和地下鐵路行動[4]）籌集數百萬美元的捐款，幫助兒童擺脫性奴役。

在這段旅程中，我得以領悟許多，也能夠直接向世界上幾位最偉大的心靈導師學習，他們都是在各自的領域致力於追求卓越的人。但最終，由於我每天都在內心感受到的一切，我知道自己還是必須寫這本書，它要講述的，是找尋意義、克服恐懼，以及擬定一份在人生中追尋意義和滿足感的作戰計畫。

前方的道路

在我們共同的旅程中，我會分享更多關於我成長的故事，就連近幾年的也會納入。卓越是我在整個成年生活中，不斷研究並試著應用的概念。在不同階段裡，我必須在人生的三大領域——也就是健康、關係和我的事業及財務中，克服在生理上、情感上和心理上的挑戰。這並不容易。我在各層面都遭遇到恐懼和不安全感，但在世上幾位最優秀思想家的幫助下，

2　鉛筆的承諾（Pencils of Promise）成立於二〇〇八年，是一個致力於全球教育的非營利組織，藉由建設學校並提供教育資源，為貧困地區的兒童創造學習機會。該組織成立的靈感來自於一枝鉛筆，現已在多國籌辦了超過五百五十所學校。

3　水慈善（Charity: Water）是一個成立於二〇〇六年的非營利組織，宗旨在於為開發中國家提供飲用水。截至二〇二四年，該組織已資助了二十九個國家的約十五萬個供水計畫，為一千八百多萬人提供乾淨的水。

4　地下鐵路行動（Operation Underground Railroad）為非營利組織，成立於二〇一三年，致力於在全球各地打擊兒童性剝削和人口販賣。他們與執法機關合作，提供情報、策略、救援行動和受害者關懷，並提供法律資源，協助起訴罪犯。

其中有許多我都已經克服。透過訪談並向這些偉大思想家學習，我得以運用他們的專業知識，了解他們如何克服痛苦、挑戰和創傷，來實現最不可思議的成果。

但你可能會問，我所說的**卓越**是什麼意思？

從我最初採取轟轟烈烈但並不完美的行動的那一刻起，我已經發展出了卓越的可行定義：

卓越是發現你獨特的天賦和才華，追求自己的意義使命，並對周遭的人產生最大的正面影響。

這並不複雜。關鍵在於弄清楚自己是誰，以及如何做出真實而獨特的貢獻，讓周圍的人變得更好，也讓世界變得更美好。聽起來很簡單——那為什麼我們還有這麼多人無法實現呢？

人們不追求卓越的一個主要原因，是因為他們很快就會遇到卓越的敵人：**缺乏明確的意義使命。**

當你不知道自己到底想做什麼的時候，要進行就很困難。因此，第一個步驟就是要弄清楚你的目的。正如同大屠殺倖存者、同時也是《活出意義來》[5]一書的作者維克多‧弗蘭克（Viktor Frankl）所說的那樣：「賦予生命意義的第一步，就是有一個需要你專注的計畫。」不然，你都只是在漫無目的地遊蕩而已。我將為你提供實用的指導，告訴你如何釐清自己的使命。

缺乏方向或目標會在你的靈魂中造成真空，而恐懼、悲傷和心理健康的挑戰，就會前仆後繼地把它填滿。這就是為什麼第二步驟極度重要：我將讓你知道如何克服通往卓越最常見的障礙。我會帶著你逐一克服每一種

5　Man's Search for Meaning，繁體中文版於二〇〇八年由光啟文化出版。

磨耗身心的恐懼——對失敗的恐懼、對成功的恐懼、對他人評價的恐懼，最後是對你自己看法的恐懼。事實上，如果不加以處理，這些恐懼最終都會導致同樣的結果：自我懷疑，以及相信自己不夠好。克服和改變這些恐懼的唯一方法就是正面對決。在這幾章裡，我會告訴你怎麼做，並為你提供一組實用的恐懼轉化工具組。

第三步驟是實際學習如何培養卓越心態的時候。這種心態的核心，是堅定不移地相信「我已經夠好了」！這並不意味著你已經抵達了終點、實現了完美，或者已經完成你在這世界上可能做得到的所有好事。當然，這意味著你還只是尚在雕琢狀態中的作品，但你仍然在前進、嘗試、失敗、學習與成長，同時也正幫助著別人做同樣的事。

這並不複雜。關鍵在於弄清楚自己是誰，以及如何做出真實而獨特的貢獻，讓周圍人變得更好，也讓世界變得更美好。

當你開始踏上療癒過往痛苦和創傷的旅程時，卓越心態就開始成形。在你這麼做之前，你可能經常發現自己對過去的痛苦感到無能為力，卻從來沒有意識其原因或方式。我們將探討過去如何影響我們現在的反應，深入了解其背後的心理學和腦科學，並學會如何選擇聆聽你的內在教練，而不是內在的批評者。

只有當你已經開始療癒過去的旅程時，你才能在我所說的「轉變中的心態循環」（Mindset-in-Motion Cycle）中，對「卓越心態」的四個關鍵要素進行真實的評估：

1. **身分**。你是自己冒險旅程中的英雄，但只有在面對並克服挑戰之後，英雄才會誕生。

2. **想法**。你的想法會形塑你的現實，尤其是你內心的喋喋不休。我們

將深入探討最新的腦科學，了解其如何幫助我們認識自己的內心世界。

3. **情感**。你的感覺與想法和身體緊密相連。在這裡，最新的腦科學和心理學再次提供了重要的洞見。《創傷：看不見的流行病》[6]這本好書的作者保羅・孔蒂（Paul Conti），告誡我們要花時間療癒過去的痛苦，因為「創傷會改變我們的情感；而改變了的情感會支配我們的決定。」

4. **行為**。你的行為會將內在的心態帶入生活，就如同在物質世界中實踐它。我們將檢視習慣和日常規律在驅動卓越心態方面所扮演的角色。

最後是第四步驟——你需要一個卓越的作戰計畫。以下的七項行動為你提供了一個經過驗證的計畫，這些來自我自身的經驗，以及我有幸從眾多專家學到的豐富專業知識：

1. **提出勇敢的問題**。當你敢於向自己提出勇敢的問題時，就會開始把不可能變成可能。

2. **給予自己許可**。一旦大門敞開，你就必須允許自己每天醒來之後，都走進這扇門。

3. **接受挑戰**。假使你想變得無所畏懼，就必須徹底投入恐懼之中，直到它們消失。我會告訴你如何利用三十天、六十天或九十天的挑戰來達成。

4. **定義你的卓越目標**。我將分享我自己經過驗證的目標設定和實現過程，這將賦予你力量，但不會讓你覺得無法招架。

6　Trauma: The Invisible Epidemic，暫譯，原作出版於二〇二一年。

5. **尋求支持**。光靠你自己是無法達成目標的。你需要藉由習慣和日常規律來獲得內部幫助，也需要同儕、教練和其他聲音的外部支持，協助你堅持下去。

6. **把事情做完**。現在是行動的時候了。對於如何實際把事情做完並投入有意義的活動，我將分享這些關鍵，以便無論發生什麼，都能繼續前進。

7. **慶祝**！無論結果如何，這一切都歸結於一個現實，那就是你作為真實的自己，已經夠好了。

這真的是你想要的嗎？

在接下來的篇幅中，我將借鑒過去十年來許多專家的教導，並分享我自己的見解。我並沒有全部的答案，沒有人擁有全部答案。但我們可以一起實現更多、更偉大的事情，希望甚至是卓越本身。

我並不是在說我已經抵達終點了——還差得遠，旅程還在繼續。但是……我已經夠好了。我學會了愛自己、接納自己，每天都在學習和成長。我已逐漸意識到，有條路可以讓我通往一個地方，在那裡，我能夠實現自己的意義使命，並感受到深刻的滿足感和生命的意義。

現在，追求卓越可能意味著你會跌跌撞撞，在路途中摔倒幾次。你願意冒這個險嗎？你曾經是願意的，就在你剛開始學走路的時候。你跌倒了，摔了很多次。但你不斷爬起來，再試一次，一次又一次，直到成功為止。所以你連思考都不用，這就是你現在需要的態度。你需要習慣於嘗試、失敗和學習，因為你知道失敗是通往成功的唯一道路。

這表示你要忽略批評者，以及那些選擇坐在看台上、而不是走上球場

的人的意見（包括忽略你心中最挑剔的那個人）。我在這個旅程中學到的一點是：批評無論如何都會發生，這是生活的代價。你不能讓批評決定你的故事將如何被述說。

這也代表著你要尋找並聆聽能夠幫助你超越恐懼、提升你對生活願景的教練；或也代表著你可以尋求受過培訓的專業人士或治療師的幫助，讓他們協助你療癒過去，使你得以繼續向前邁進。我不敢聲稱自己了解你需要哪些特定協助的細節，但我知道領導專家約翰‧麥斯威爾（John C. Maxwell）是對的：「單憑一個人的力量，不足以實踐卓越的目標。」[7]

> **你準備好探索你獨特的天賦和才華，並為追求這些天賦和才華而全力以赴了嗎？**

這更意味著全力以赴、勇敢行動，但要放開對結果的執著。結果可能不是你期望的那樣，它可能會更好，也可能就是和你想的不一樣，那都沒關係。倘若你繼續根據自己的意義使命行動，也就是那些你知道有一天會為之感到自豪的事情，結果就會自己找上門來。

現在，你要對自己誠實，因為別人的意見並不重要。我想問你的問題是：你準備好探索你獨特的天賦和才華，並為追求這些天賦和才華而**全力以赴**，而且在追求的過程中盡可能對周遭的人產生最大影響了嗎？

如果你準備好了，就可以掌握卓越心態並調整你的人生故事，讓卓越來追尋你，而不是你去追尋卓越。

7　「只有一個人的力量不足以成就大事業。」《雙贏領導101》，足智文化，2018。

Chapter 2

卓越的選擇
THE GREATNESS ALTERNATIVE

　　二〇〇七年九月十三日，美國海豹突擊隊中尉傑森‧雷德曼（Jason Redman）在伊拉克安巴爾省的部署已接近尾聲。幾乎每天晚上，他和弟兄們都要執行任務，在他十五年職業生涯裡情勢最激烈的部署中，進行生死攸關的槍戰。再過一個禮拜，他就可以回家與妻子和三個年幼的孩子，一起享受萬聖節的歡樂時光了。

　　那天晚上，情報顯示他們可能終於找到了蓋達組織（Al-Qaeda）在安巴爾省的最高領袖，由一支以拒絕投降、偏好自殺炸彈攻擊而聞名的安全小組保護著。而且，該領袖還曾造成一名海豹突擊隊員死亡。當晚，在傑森準備執行任務時，他把防彈衣的側板放在一旁，因為他認為自己在即將到來的對戰中需要迅速移動，不想被任何額外的重量拖累。然而，他卻莫名地感到恐慌，這股感覺催促他把側板戴上。於是他照做了，接著不假思索地登上直升機，往敵方縱深地帶飛去。

　　但是，當他們著陸並進入據說是領袖藏身的房子時，就算那裡本來有人，也都已經不見蹤影；但他們的確找到了武器和製造炸彈的材料。就在傑森和隊友們坐在門廊上等待炸彈被銷毀時，傳來消息說，剛剛有五個人被發現從大約一百五十碼外的一棟房子裡跑出來，躲藏在繁茂的草木中。他的九人小組的任務是追蹤他們，找出他們知道些什麼。

　　當他們在黑暗中前進時，他們透過空中監視系統進行檢查：有武器嗎？**沒有**。這些傢伙在幹嘛？**看不到人**。當他們穿過茂密的灌木叢時，傑

森的「蜘蛛感應」[8]提醒著他有什麼事不對勁。他把這種感覺歸咎於壓力，按照他們所受的訓練繼續推進。

接著事情就發生了。隊伍中的醫護人員發現了他們在找的其中一個人——就真的是踩在他身上。地上的那個黑影翻滾起來伸手向軍醫抓去，軍醫雖然立刻就對他開了槍，但自己也在過程中中彈。那時候沒有一個隊員知道，他們一直在追蹤的那些人，是蓋達組織領袖約十五人的自殺小隊中，殘存下來的五個；而且敵人已經在那片田野中設好了埋伏線。更糟糕的是，醫護人員的位置一直是在海豹部隊後方，表示傑森和其他隊員都已經深陷困境中。

當其他隊員把醫護人員拖到一顆平放在田野中的約翰・迪爾拖拉機大輪胎旁時，他們也中彈了。前方的傑森發現，在距離自己不到四十五英呎處架著兩挺由彈鏈供彈的機關槍；它們發射的強大火力，以超音速穿透他周圍的空氣。曳光彈也照亮了那個區域，彷彿爆炸的螢火蟲。

傑森立刻被射成蜂窩，防彈背心上布滿彈孔。倒下的時候，他的右手肘中了兩發子彈，接著閃電般的疼痛衝上手臂，給他的後腦一記猛擊，感覺就像被八百磅重的大猩猩用球棒打中。他迅速伸出左手摸了一下，什麼都沒摸到，猜想自己的手臂已經被打掉。傑森持續反擊並大喊著向隊友發號施令；結果這個舉動吸引了敵人的火力，讓兩挺機關槍都對準他的所在地。

子彈猛烈地擊中他的頭盔、打掉他的槍，也把夜視鏡從他的頭上打碎。接著一發子彈正好擊中他的右耳前方，穿過臉頰後又從鼻子右側射出。這股衝擊力震碎他整個下巴和右眼周圍的所有骨頭、打飛了鼻子，也讓他瞬間昏迷。

8　蜘蛛感應為漫威創作的超級英雄蜘蛛人所擁有的危險預知能力，使他能夠提前察覺危險並迅速做出反應。

傑森恢復意識時，試圖理清到底發生了什麼事。**我的手臂沒了**。他舉起左手，試探地摸著他本來的那邊臉應該在的位置。**我的臉沒了**。曳光彈呼嘯而過，距離他只有幾英吋。**不要動！**

無法自行用止血帶止血的他向隊友求救，那時隊友才知道他還活著。另一發子彈擊中了他差點就留在基地的防彈衣側板，雖然槍擊的衝擊力讓他十分痛苦，但這塊側板保護了他的腎臟和脊椎，沒有被子彈擊中。

隊長設法把傑森拖回了那個大輪胎所在的掩護處。他們請求近距離空襲，傑森隱約記得直升機和醫護人員瘋狂地搶救他的生命，那時他的失血量已經達到大約百分之四十了。

在他抵達馬里蘭州的貝什斯達海軍醫院（Bethesda Naval Hospital）後不久，醫生為他進行了電腦斷層掃描，並且建立出他頭骨的3D模型，來找出可能的重建方案。從影像上看起來，就好像有人用斧頭砍在傑森的臉上一樣。他的右手臂還在，但醫生們討論了為他截肢的必要性。

他還沒有完全意識到自己的實際情況。那年十月，他本來計畫參加姐妹在維京群島的婚禮，所以當時他寫了一張紙條給護理師，問她要花多少時間才能讓他恢復正常，他好參加婚禮。她難以置信地看著他，直接了當地說：「要讓你恢復正常得花好幾年。」

有一天晚上，當他躺在那裡沒事做，只能在腦中與自己的想法搏鬥時，有個聲音開始說話了。有人進到他房間，以為他睡著了，說著醫院的經歷是多麼令人難以承受。他們繼續喋喋不休地說著這些受傷的戰士一定很痛苦，因為他們肢殘體破，再也無法回到原本的樣子了。然後傑森才意識到，他們在說的就是自己。

當敵人大獲全勝

要是在那一刻有哪個人可以有退縮的藉口，妥協接受一個沒那麼精彩的人生的話，就是傑森‧雷德蒙了。但你將會看到，傑森選擇了一條意圖更加明確的不同道路。

許多傑出的人們會過著並不卓越的生活，是因為他們**隨波逐流**，而不是**按計畫行事**。他們任由自己受到恐懼、焦慮及過去痛苦的限制，卻不去擁抱無限的豐盛心態（abundant mindset）。這並不表示他們未曾面對艱難的事物，當然不是這個意思；我們所有人都會以不同的方式遭遇困難。但當事情發生時，你不一定要選擇逃避。你可以選擇接受挑戰、面對恐懼——並且享受旅程！

當人們生活在恐懼和不確定性的黑暗中時，他們就沒有我所說的意義使命，即賦予其生命更深遠意義（greater significance）的潛在目的。結果，他們在旅途中，感受不到內心的自由。他們不知不覺讓恐懼控制他們的人生決策，並且形塑他們對自己能有什麼選擇的感知。最終，他們就會感覺自己在原地踏步、甚至被困住，導致他們感到迷失，或對自己及他人感到憎恨與憤怒。

這種內在的不確定性可能會產生嚴重的焦慮。當他們的身體對這些情緒做出回應時，甚至可能會誘發生理反應或恐慌發作。焦慮症是美國最常見的精神障礙症，侵襲著四千萬個成年人。克利夫蘭醫學中心指出，每年有多達三千萬個美國人會經歷某種類型的恐慌發作，而且最飽受折磨的，往往都是大多數人會認為正處於人生巔峰時期的那些人。國家心理衛生研究院的資料則顯示有超過百分之三十一的青少年為焦慮症所苦，而緊追在後的是十八至四十四歲的大約百分之二十二，以及略為超過百分之二十的四十至五十九歲年齡層。換句話說，沒有人可以置身事外。

這種焦慮的加劇可以歸咎於幾個因素，但最根本的原因是日漸增長的不確定感。而如同溫蒂・鈴木博士（Dr. Wendy Suzuki）在我的節目上所分享的一樣，對於我們的許多焦慮來說，不確定性就是最關鍵的驅動因素。

你是否曾在生活中感到不滿？原因是你的職業生涯或工作經歷嗎？還是你的親密關係、家人或是朋友？或者，在大多數時候，你是對你自己不滿？

一種普遍的「乏味」可能會變成常態，而非例外，也許這就是我們會看到美國成年人幸福感顯著下降的原因。在一項歷時四十多年（一九七三至二〇一六年）的社會概況調查中，人們認為自己的幸福感呈現下降趨勢，尤其是在過去二十年間。

有些人為了從壓力中暫時解放而轉向應對機制，像是吃得更多卻更少運動。這也許可以解釋為什麼根據國家衛生研究院的研究，每三個成年人中，就有接近一人體重過重；每五個成年人就有超過兩人有肥胖問題，每十一人中更有約一人屬於嚴重肥胖。不幸的是，所有這些行為都是讓問題惡化的自我阻撓行動，而不是通往解方的道路。我們在這裡是為了要找尋最根本的原因，為你的成長、豐盛及卓越找到解答。

有些人做的財務決策很糟糕，因為他們以為在短時間內花更多錢、或是只要買下那樣魔法「物品」，就可以多少產生一種滿足感。要是沒什麼用，他們就會一試再試。對於已經捉襟見肘的人來說，這種行為模式可能格外具有毀滅性；它會挖出一個債坑，讓生活中的所有其他事情都變得更加艱難，也只會大幅增加本來就已經令人不知所措的沉重負荷而已。

我們可以從不斷攀升的債務水準中看出此一趨勢。舉例來說，根據美國住房暨城市發展部的資料，二〇二一年美國家庭的收入中位數為79,900美元，比二〇〇〇年高出將近35,000美元。然而，如今一個典型美國家庭的負債平均為145,000美元，等於同一時期增加的幅度超過94,000美元！我

並不是在說所有負債都是不好的，但這種等級的額外債務重擔，只會加重壓力負擔。這不僅無助於改善人們的感受，卻反而讓問題惡化。

有些人則用忙碌來逃避，希望能讓自己感覺更好並尋求清晰的思緒。他們以為，**如果我可以多做一點的話，就終於能夠覺得自己有價值，以及自己真的能夠改變什麼**。但光要把**現在**該做的事情都做完，就已經感覺時間好像永遠都不夠了，更不用說多做一點。隨著時間的流逝，喘不過氣的感覺開始出現。他們會感覺到胸口湧現熟悉的緊繃感，彷彿一頭沉重的巨獸坐在他們身上，導致他們呼吸困難，無法思考。

他們只會覺得被榨乾，就像吐司上被塗得過薄的奶油一樣。筋疲力盡，永遠追不上進度。不論是休息、睡眠、維持關係、運動，還是要滿足朋友、家人、同事和社會的期望，人們都被責任淹沒，接著身體也開始出現不適症

> 如果你不知道現在身處何地，就無法改變人生方向。

狀。頭痛、偏頭痛、喉嚨緊繃、心悸、胃痛、背痛，要什麼就出現什麼。於是身體的警報響起：**有什麼東西不太對勁**。

隨著這樣的惡性循環愈演愈烈，他們可能會開始覺得孤獨以及被孤立。**沒有人了解我的感受，也沒辦法跟任何人聊這件事，因為其他人都已經完全搞清楚了，只有我還沒**。接著，當然，如果事情真的這樣發展下去的話，就等於為接下來的苦悶埋下伏筆。**為什麼是我？為什麼只有我覺得自己在情緒上、財務上、關係上、精神上（還有其他各種方面上）都一敗塗地？為什麼每個人、每件事都要跟我作對？**將近百分之二十的美國人都曾經歷過心理健康的問題，而且這還是在疫情前！我不認為這是個巧合。

我可以老實告訴你嗎？剛才我在描述所有那些痛苦和焦慮的時候，用的都是第三人稱——**他們**的感覺、**他們**的經歷和**他們**的恐懼。然而在很多時候，上述的感受我自己也幾乎全都體驗過。或許你也一樣。我已經分享

過自己的一些掙扎，甚至在之後的書頁裡，也會分享更多。所以我也強烈建議你再重讀一次前面的敘述，然後把**他們**改成**你**。**你**的感覺、**你**的經歷和**你**的恐懼。又或者，如果你是認真要追求卓越的話，就再改成**我**。**我**覺得被榨乾了。**我**體會到被壓垮的感覺。**我**害怕我做得不夠多或自己不夠好。**我**每天都感受到它所帶來的苦果。

> 奮力爭取卓越，才是讓我們之所以生而為人類的一部分。

我不是在為你製造更多問題，但我的確想力勸你對自己誠實。因為如果你不知道自己**現在**身處何地，就無法改變人生方向。除非你認真思考自己目前的處境，否則不可能有任何希望，可以抵達新的目的地。假使你想攀登最高峰的話，知道自己是距離山頂只剩一半路程、還是陷入最低谷的泥沼中，又或是身處千里之外的未知所在，對你會很有幫助。

要是上面的任何一段敘述聽起來很熟悉，你並不孤單，一點都不！你很正常。這麼說並不是認為那些挑戰的強度，或有些人面對著更痛苦的過去、更高的阻礙、更多的偏見，都只是小題大作而已。但由於我已經訪問過來自世界各地的眾多專家、研究了無數人的深刻理解，也接觸到許多只是嘗試著過更好生活的人們，我了解到，奮力爭取卓越，才是讓我們之所以生而為人類的一部分。奮鬥就是生活。

但，這不代表你就非得受苦不可。

重要的是我們會如何應對奮力爭取，因為我們每個人都有潛力達到更高的境界——也就是卓越。你會有恐懼，也會有挑戰，差別在於你選擇如何面對它們。

其他人則在無法預測的暴怒中，看見卓越的敵人現身的跡象。通常，這種內在真實的外顯展現不知從何而來，也不知道到底為何會被觸發。在它們還不明顯的時候雖然容易忽視；但隨著時間流逝，它們卻變得更常出

現，也愈發強烈。它們通常源於過去未解開的創傷或痛苦。

我喜歡用多汁的柳橙來比喻，只要用力擠壓，大家都看得出來柳橙內含的東西單純是柳橙汁。但如果你觀察的對象是人類，他們在壓力下會顯露出什麼，全看他們的內在裝的是什麼。倘若你的內在充滿和平、愛和耐心，那麼遇到人生變化無常的時候，你會釋放出來的就是和平、愛和耐心。但要是你的心裡裝著憤怒、憎恨、羞恥與壓力，而你還沒學會處理那些痛苦，那麼當一切的發展都超出計畫的時候，會跑出來的就是那些東西。

> 我們每個人都有潛力達到更高的境界。

有些人早已學會如何將這些情緒塵封在內心，學會不用言語來表達他們的憤怒和挫折。但是完全藏在心裡，只會導致它們以其他方式展現出來。

無論我們做什麼，內在的痛苦都會以某種形式顯露。

我的內心曾經充滿了極度的恐懼和憤怒。當我在生活上受到某些刺激的時候，它們就會跑出來。那並不是什麼好事。但我走上的療癒旅程，已經帶我抵達一個非常不同的地方，一個充滿和平和滿足的地方。

「不錯」並不等於好

在我離開我姐的沙發並踏入LinkedIn世界的幾年後，我努力地打造出一份價值七位數的數位事業。它讓我賺了很多錢，也幫助了許多人。有一段時間，那樣對我來說就足夠了。但我逐漸開始了解，如果自己得不斷重複說明如何讓你的LinkedIn自我介紹發揮最大的價值，我會……嗯，我可能就會像之前提過的那樣爆炸。

我對某件事情只能維持短暫熱度的情況，已經不是新鮮事了。我從五歲就開始熱愛棒球，直到我高二、十七歲的時候，確定它再也不適合我。我打得很好——還是隊上最優秀的球員之一——但我就是沒那麼喜歡了，而且以我的人生方向和未來而言，我也看不到它會帶我去哪裡；所以，我就不打棒球了，並開始專注在橄欖球、徑賽和籃球上。這個轉變給了我更多時間，發展出讓我接下來在大學得以更上一層樓的技能，並且曾兩次獲選為全美最佳運動員，項目分別是橄欖球和十項全能。

就像棒球一樣，這份LinkedIn事業曾經讓我真的覺得很雀躍——然後就無感了。對於這份事業，我自己固有的特質都還沒完全發揮——雖然我也不知道還能再多做些什麼。打造一份成功事業的感覺的確很好，而且銀行帳戶裡有錢的感覺更棒。但當我告訴幾個朋友我想做些改變的時候，他們都很震驚：**你在幹嘛？你已經有個這麼賺錢也幫了很多人的事業了。你怎麼會想做什麼改變？**

我就是知道我還沒碰上自己的甜蜜點（我們在下一章會更深入探討這件事）。就像大多數人一樣，我的使命也在逐漸進化。我意識到自己一開始想做的事情，已經不再是我的重心了。該是時候改變了。

因此，即使這個數百萬美元的事業年年都在成長，我還是告訴合夥人說自己想退出。我明顯感覺到他對公司的願景和我不同，這種情況已經有一陣子了，但我還是埋頭苦幹，繼續每天都拚命工作到半夜三點，好讓公司運作下去。雖然我們各持有公司的一半，但我做的工作卻是三、四倍之多。我既是業務和行銷人員，同時也是內容創作者；而我的夥伴則負責處理後端的經營。只要我停止工作，每件事就都會慢下來。當我說想退出的時候，他說他會接手一些業務量。他辦了一個之前是由我籌備的網路研討會，卻沒帶來任何業績，什麼都沒有。同樣的產品、同樣的內容——完全沒有生意。所以，我知道現在是轉換跑道的時候了。

我在這裡再次坦承地告訴你，我們當時其實既不夠成熟，也沒有能力來以健康的方式溝通這個狀況。我想我們都對彼此感到沮喪，而且我自己也還很年輕，太過自我中心。雙方都有很多怨言，也因此我們差不多好幾個月沒有說話。

　　只有在我開始找到自己通往意義使命的旅程，並為了療癒自己的過去而開始採取行動之後，我才能夠帶著截然不同的觀點再次面對他。

　　當我再次聯絡上我的合夥人時，我已經能夠懷著感激與平靜的心情面對了。他很震驚：**你發生什麼事了？**我只告訴他我很感謝他，以及我們一起打造的一切。我的出發點是感激，而不是挫折。我們創建的計畫仍然帶來可觀的收入，因此我把我的股份以七位數的金額賣給他，並將自己全部的注意力，轉而集中在弄清楚自己的意義使命此後的發展。

如果你將就了呢？

　　傑森・雷德曼愈是想到自己在醫院無意間聽到的那些負面聲音，他就愈憤怒。他醒來之後，用還能動的那隻手在紙上寫了一段話給他的太太，告訴她不准任何人進到他病房裡同情他，這是最後一次。他要她把下面這張紙，和一張大大的標示一起貼在門上：

注意

給所有進到這裡的人：

　　如果你進到這間病房，是帶著悲傷或是來同情我的傷勢的話，就請到別的地方去。我所受的傷，是在我熱愛的工作中得到的；我為了我愛的人從事這份工作，為我深愛的國家的自由盡一份力。我極為堅強，一定會完

全康復。完全康復指的是什麼？就是我的身體在生理上能夠康復的極限。然後，我將利用全然的心理韌性，再把目標提高大概百分之二十。你即將進入的這間病房充滿了趣味、樂觀和緊湊的快速重生。要是你沒有這種心理準備，就請另覓去處。

管理部

正在傑森選擇擁抱積極心態的時候，他開始了既緩慢又痛苦的痊癒過程。

卓越不會偶然發生。

於此同時，他貼在病房門上的宣言迅速傳開。結果，小布希總統邀請他到白宮，而第一夫人蜜雪兒・歐巴馬（Michelle Obama）則是在她的其中兩本著作中，都提到了這張紙條；美國國防部長勞勃・蓋茲（Robert Gates）也在自己的書中特別為其著墨。更重要的是，他激勵了幾百萬正在面臨壓倒性挑戰的人，也去擁抱同樣的積極心態。小布希總統在這張紙條上簽名，它現在就掛在貝什斯達傷兵之家的走廊上，激勵著更多人；而康復的雷德曼，則繼續追求著自己的意義使命。

他這樣告訴我：「我們需要培養更堅韌的人，並且幫助他們明白──有時候除了你自己，沒有人會來救你。一切都要從自己開始。你必須是那個站起來、開始往前衝的人。選擇勇往直前，就會有一定程度的韌性。」換句話說，卓越不會偶然發生，從來沒有人是因為不小心剛好碰上的。加拿大心理學教授喬登・彼得森博士（Dr. Jordan Peterson）甚至告誡父母不要讓小孩的生活過得太輕鬆，因為這樣可能會讓他們缺乏韌性。生活中缺乏挑戰，對他們的成長可能其實是有害的。

那如果你選擇不去追求卓越，也不擁抱這樣的積極心態呢？你的生活會是什麼樣子？它的結果可能涉及好幾個面向，但全都圍繞著痛苦悲傷、感覺孤獨，或像個受害者。表面看來你可能過著優越的生活──家庭、孩

子、車子、輪船、旅行，或任何你用來定義外在成功的方式——但你將會錯過真正有意義的人生。

約翰・葛倫（John Glenn）是美國最早飛上外太空及進入地球軌道的人之一，曾擔任多任參議員，並在二〇一二年由美國總統巴拉克・歐巴馬（Barack Obama）頒發總統自由勳章。他在七十七歲時再次進入太空，成為了進入太空最高齡的人。他說：「如果我在地球上的這些年學到了什麼，那就是我所認識的最快

> 你可以選擇繼續受困，但你將永遠無法完整探索你自己這個世界最崇高、最重要的貢獻。

樂、最滿足的人，都是那些投身於更大、更具深遠意義目標的人，而非僅為個人利益。」

你所追隨的人生道路也許符合你認為自己應該做的事，但它並不是你注定要做的事。又或者在某段時期，它曾經是正確的道路，但現在你的情況已經改變，以致於你陷入一個感覺**不對**的困境中。你可以選擇繼續受困，繼續做你以為其他人要你去做的事，但你將永遠無法完整探索自己對這個世界最崇高、最重要的貢獻。

更糟的是，你可能會因為這一切而感到挫折，變得不滿且憤怒，而不是像雷德曼一樣回應挑戰。這世界充滿了在遭遇挑戰之後，選擇成為反派、而非自己故事中的英雄角色的人。接著，他們就開始傷害其他人。我們沒有人一開始就是這樣，但它仍然會發生。

我希望你所過的生活精彩得多——一個真正卓越的生活。如果你還在讀，我猜你應該也有同感。那麼，就讓我們一起花一點時間，找出你現在的位置，並帶著目的去探索你自己的意義使命。

卓越績效評估

當你專注在你人生中的三個領域時，就有可能達成卓越的人生。我喜歡把它們稱作三要素——事業、人際關係和健康。我們也許很容易只把注意力放在其中的一或兩個要素上，但讓三個要素都得以發展是很重要的。

我們會協助人們評估他們在這三個要素的各別領域表現如何，這是我們卓越輔導計畫的一部分。這個簡單的評估能幫助你了解自己的優勢和弱項，並告訴你為了達成卓越，你還有哪些地方需要改進。

這是我們在卓越輔導計畫中所使用的評估，不過是比較精簡的版本：

請為以下每段敘述給一到十分。

（一分表示「完全不同意」，十分表示「完全同意」）

下列敘述對現在的你的描述有多精確？

事業與職涯

1. 我正在從事的職業，是我熱愛並且想要從事的。

2. 我正在憑自己的能力，賺取我想要的收益或所得。

3. 我的業務或專業工作會對他人產生正面的影響。

4. 我在穩定、可衡量的進步中，朝著實現業務目標前進。

5. 我有一個具有企圖心的計畫，在未來的三年
　　於專業和財務方面都有所成長。

（把第1到5題的分數加總）　　　　事業與職涯的總分：＿＿＿＿＿

（把總分除以5）　　　　　　　　　事業的平均分數：＿＿＿＿＿

人際關係

1. 我的家庭、伴侶關係都很健康、美滿，正是
　　我想要的。

2. 我定期參加社交活動（聚會、歡樂時光活
　　動）。

3. 我會投入時間和精力以與家人、伴侶、朋友
　　和同事維持關係。

4. 我採取誠實的溝通，即便話題令人不舒服或
　　難以啟齒。

5. 我有一個具有企圖心的計畫，在未來的三年
　　於人際關係上有所成長。

（把第1到5題的分數加總）　　　　人際關係的總分：＿＿＿＿＿

（把總分除以5）　　　　　　　　　人際關係的平均分數：＿＿＿＿＿

健康

1. 我的身體很健康，也有固定運動的習慣。 ☐

2. 我常有意識地選擇食物。 ☐

3. 我的睡眠品質良好，並將其列為優先事項。 ☐

4. 我經常實行自我照顧，並主動實踐自我心理
   健康的改善策略。 ☐

5. 我有一個具有企圖心的計畫，在未來的三年
   讓自己更健康。 ☐

（把第1到5題的分數加總）　　　　健康的總分：＿＿＿＿＿

（把總分除以5）　　　　　　　　健康的平均分數：＿＿＿＿＿

你的結果

你的總平均分數：_____

（將你的事業、人際關係與健康的平均分數相加，再把總數除以
3。）

你的表現如何？

利用下列的簡單量表，來評估你現在的狀況：

重建中	加油中	勝利在望	勝利組	冠軍級
2.0-4.4	4.5-5.9	6.0-7.4	7.5-8.9	9.0-10.0

卓越的敵人

The Enemy of
Greatness

Chapter 3

錯過你的意義使命
MISSING YOUR MEANINGFUL MISSION

七塊美金。那是他跌到谷底時，口袋裡剩下的全部。

多年來，他將自己的時間、努力和精神都投入這個夢想——在橄欖球場上追求卓越，進入NFL[9]。他擁有讓美夢成真的才能。熱忱驅使他勤奮健身，他在大學獲得體育獎學金時，身高已經達到六呎五吋，體重兩百九十磅[10]。

然而，擁有天賦和渴望，並不一定總是足夠。

他打了四年球，表現平平，四周一起並肩作戰的都是NFL名人堂的未來成員。但到了大四賽季，他的肩膀受傷，成績不如人意；當NFL前來選秀時，他也沒有被選上。然而，他對橄欖球還是抱持著夢想，於是接受了一份每週報酬兩百五十美元的加式足球聯盟球隊合約。（巧合的是，當我在追逐進入NFL的夢想時，這個金額恰好是我在室內美式足球聯盟打球時賺的錢）。他每天都帶著專注、熱情和盡全力做好自己的決心投入，但球隊的防守替補陣容卻已經人滿為患。

有一天，教練打電話給他，要求他交出戰術手冊：「你的努力和決心讓我很欽佩，但不幸的是，你今年的運氣不好。抱歉，我們不得不讓你退隊。」他的橄欖球夢似乎已經破滅。

他搭便車到機場，焦慮地跳上返回南佛羅里達老家的長途航班。當他

9　國家美式足球聯盟（National Football League：NFL）是美國的職業美式足球體育聯賽。

10　換算成公制約為一百九十六公分、一百三十二公斤。

降落在邁阿密時，他唯一能做的事就是打電話給住在坦帕的父母，請他們來接他，並希望他們能讓他住下。在乘著父親的紅色小皮卡車穿越大沼澤地的漫長旅途中，他一直在思考自己的下一步該怎麼走。他是一個二十四歲的年輕人，夢想著成為身價百萬美元的職業運動員；現在他卻得搬回家，跟父母同住。在思考著未來的同時，他邊掏出錢包看看自己還剩下多少錢：五美元、一美元的鈔票各一張，還有一把零錢。

讓他格外痛苦的是，他的生活從來都不容易。從小他就居無定所，曾在超過十三個不同的州生活過。爸媽在他十幾歲時分居，他和媽媽住在夏威夷；他們被趕出家門，只能住在車裡。他到現在還清楚記得在那些夜晚，他看著媽媽邊哭邊說「我們現在該怎麼辦？」的樣子。

為了幫助媽媽，他開始扒竊來夏威夷旅遊的遊客，以補貼生活費。結果，這些年來他已經進了八次監獄。他曾以為自己可以靠著上大學並在NFL追求自己的卓越夢想，讓事情終於有所改變。現在，他看著少得可憐的七塊錢，聽到媽媽的問題在自己腦海中迴響：「我現在該怎麼辦？」

接下來的幾個星期，他要嘛就是一直躺在沙發上，看著電視裡的辛普森案[11]審判；要嘛就是「用一瓶409清潔劑整理公寓裡的每一處磨損和刮痕」。然後大約過了兩週，他就得到一個啟示：

11　一九九四年，美國前橄欖球選手O. J.辛普森（O. J. Simpson）被控謀殺前妻妮可‧布朗‧辛普森（Nicole Brown Simpson）及其友人羅納德‧高曼（Ronald Goldman）。辛普森被警方指控謀殺，此案的審判遂成為全國媒體的焦點，它突顯了美國司法系統的問題，包括種族偏見、名人待遇以及法庭流程的複雜性。一九九五年，辛普森在備受矚目的審判中被判無罪，此案件的影響超出了法庭，對美國社會和文化產生了持久的影響，成為歷史上最具爭議和引人注目的刑事案件之一。

我意識到自己還有其他可以做的事情，世界將會聽到我的聲音；我不知道該如何實現，也不知道什麼時候會實現。但我知道，我的生活不會只是坐在這間小公寓裡，整天悶悶不樂，消磨時間而已。

他知道自己有一個意義使命——他只是需要找到是什麼而已，但坐在沙發上絕對不是找到答案的方式。他決定利用自己的體型成爲職業摔角選手。於是他去了健身房，開始像個有任務在身的人一樣鍛鍊體魄。

他的父親曾是一名知名摔角選手，因此他希望父親幫他訓練，將自己從橄欖球場上所學到的毅力和韌性轉移到這個新使命上，成爲一個可能具有重大影響力的人物。雖然成功並不是一蹴可幾，但他的努力得到了回報。他一開始結合父親和祖父的名字，以「洛基・梅維亞」（Rocky Maivia）爲名參加摔角比賽，卻被觀衆噓到不行。後來，他又改名爲「潛力股」（Blue Chipper），得到的反應也毫無起色。然而，正是他當時所學的運動技能和表演技巧，最終使他成功塑造出一個破紀錄的全新摔角角色。

他全身穿著黑色，成爲每個人都迫不及待想去痛恨的反派——但觀衆愛死他了。在接下來的七年中，他主宰了摔角世界，每年都贏得世界冠軍。他終於實現了自己的意義使命，但他還沒有滿足。

你也許在這七年都沒看摔角，但你可能聽過這個充滿堅定決心的年輕人；因爲當德韋恩・「巨石」強森（Dwayne "The Rock" Johnson）在摔角世界的演藝事業飛黃騰達時，他的使命也已經進化成更大的目標——也就是好萊塢了。

敵人的本質

當德韋恩·強森的意義使命還不明確時，他很難有任何進展。然而，一旦他挺身面對卓越的敵人，就等於計畫好了一連串驅策他邁向卓越之路的事件——但他並未就此止步。

為什麼我會把「缺乏意義使命」稱為卓越的敵人？原因很簡單。如果你前方沒有一條清晰的道路，你就永遠不會向前邁進。幹嘛要自找麻煩？大多數人在面對未知的時候，認為按兵不動比較安全。要是你比較有野心、更具冒險精神的話，你可能會嘗試行動；但你又因為緊追著朝自己而來的每件新奇事物，而感到既混亂又困惑。你會變得非常忙碌，但到頭來感覺又好像回到原點——這甚至會讓你覺得更挫折。在經過一切努力後，你哪裡都到不了。有些人就是在這時候開始失去希望，轉而採取應對機制來麻痺痛苦。呃，這種事大家都不想遇到。

> 如果你前方沒有一條清晰的路，你就永遠不會向前邁進。

然而，如果你尚未正面面對卓越的敵人，就可能每天都會有這種感覺。它潛伏在生活的背景中，朦朧且無法察覺；不為人知，所擁有的力量卻又不容小覷；它以人們從未完全意識到的方式塑造著故事，直到人生已悄然流逝。代表某家頂尖NFL經紀公司的第一位女性經紀人妮可·林恩（Nicole Lynn）在我的Podcast節目中說：「你的目標應該是你一生中最重要的使命。如果你沒有在自己的目標中前進，那你就只是在邊工作和生活、邊等死而已。你必須搞清楚自己的目的和使命是什麼。」

人稱古儒吉（Gurudev）的詩麗詩麗·若威香卡（Sri Sri Ravi Shankar）是印度瑜伽大師、人道主義者、精神領袖與和平大使。他是「生

活的藝術」基金會[12]的創始人，該基金會在過去四十年裡，幫助了數百萬人找到內心的平靜和生活的滿足。我問他如果人類找不到自己的意義使命會怎麼樣，他回答說：

一方面，他們過著平淡無奇的生活，無所事事，智慧進入了沉睡。那麼你就不需要在生活中尋找目標，因為你只是存在著。但當你變得更加成熟時，你才會開始思考，**生命的目的是什麼？**那是智慧成熟的跡象。一旦我們對生命本身擁有探索的精神，我們的心靈之旅才會開始。

老實說，沒有清晰的使命，會加劇我們內心的恐懼：假使我們真的不夠好，無法實現目標怎麼辦？如果我們不具備成功所需的條件怎麼辦？要是我們本身才是真正的問題所在呢？當你不知道自己要去哪裡、也不知道為什麼的時候，自然會更加懷疑自己。然而，如果你清楚自己的目標，你就能學會如何將這些恐懼轉化為信心，並克服那種令人頭痛的自我懷疑感。

擁有意義使命可以幫助你結束漫無目的遊蕩的惰性和誘惑，並避免誤以為這樣就是「成功」。相信我，我知道漂泊的感覺——那些當我還住在姐姐的沙發上時，在深夜播出的「快速致富」資訊型廣告，至今仍在我腦海中揮之不去。我也知道在成功後卻感覺這並不是自己真正想做的事、或它無法為自己帶來快樂，那是什麼樣的滋味。

對我來說，當我塞在洛杉磯的車陣中動彈不得，因而找到自己的意義使命時，一切都改變了。

---

12 生活的藝術基金會（The Art of Living Foundation）由詩麗詩麗·若威香卡於一九八一年創立，以提升個人和群體的幸福感並減輕壓力為宗旨，結合古老智慧與現代科學，提供轉化身心的工具。該基金會的目標是打造一個快樂、無壓力的世界，並藉由各種課程來推廣內心的平靜和幸福感。

返回校園

　　某個炎熱的夏日，我塞在四〇五號公路上。冷氣幾乎沒在動，在那酷熱的八月天裡，我更這麼覺得。我在兩個小時中只前進不到兩英哩，所以我有很多時間可以用手指頭在方向盤上打鼓，同時思考。這輛車本身就是一個似乎被困在過去的經典：一九九七年的凱迪拉克雙門Eldorado，內裝有真皮座椅、壞掉的收音機和CD音響。我從一位恩師那裡以四千美元買下它，感覺起來雖然像是我爺爺的車，但至少它能帶我到我要去的地方。

　　我在幾個月前才剛搬到洛杉磯，還沒有家的感覺。我把先前的事業以七位數的價格賣給了我的合夥人，雖然並不是一切都進展順利，但事情終於告一段落。我可以自由地朝著新的方向發展，但到底是什麼方向，我一點想法都沒有。

　　我繼續前進，相信會有什麼逐漸成形，但我對自己生活中的許多事情感到沮喪。我的意思是，我既年輕又健康，賺進了大多數人認為還滿大的一筆錢，但我覺得很空虛。我的人際關係好像也不太對勁。由於缺乏目標，我感覺到自己的身體健康開始下滑，情緒健康也隨之消沉。我覺得我的生活正在崩毀。

　　那天，當我坐在車裡，收音機的音樂在背景斷斷續續時，我問自己：**為什麼我心裡不覺得快樂？為什麼我感到不滿足？為什麼我在過去幾年裡一直幹勁十足，卻沒有成就感？**我一直以目標為導向，也把事情都完成了，但我的內心卻感受不到滿足。**為什麼？**

　　我知道自己喜歡採訪、提問和學習，但我不知道如何靠這些事情謀生。接著我靈光一現：我被困住了，而我周圍也都是其他被困住的人。從他們狂按喇叭和大呼小叫的行為來看，他們顯然很沮喪──原因不只是因為塞車而已。他們就和我一樣，對整個人生的挫折感更深。然後我意識

到，像他們和像我這樣的人，一定有數百萬、甚至數十億個。如果我能站到他們面前幫助他們，並在這個過程中幫助我自己，同時以此為生，那該有多好？

輪子開始轉動了——可惜不是高速公路上的，而是我腦海裡的。我那時聽說過Podcast，但它還不像現在這麼受歡迎。要是對話裡提到Podcast，你還得先向大多數人解釋它是什麼，而且也很少有人會提到。我認識少數幾個在做Podcast的人，還沒有真正靠它賺到錢；可是，我已經開始想自己是不是也能做這件事。雖然動機只是出於對我自己和學習有益而已，但畢竟我已經在採訪形形色色的人了。如果我能做我喜歡的事，把這些訪談錄下來和全世界分享以幫助他人的話，會怎麼樣呢？嗯。

所以，我開始在堵得水洩不通的車陣中，打電話給幾個喜歡Podcast的朋友。德瑞克‧哈爾彭（Derek Halpern）和帕特‧弗林（Pat Flynn）都鼓勵我投入其中，他們說：「這是我最喜歡的事情之一」，以及「這是吸引聽眾的最佳工具」。而既然我前進的距離還沒有超過十英呎，我也打了電話給好友詹姆斯‧韋德莫爾（James Wedmore），詢問他的意見。他也贊同那些正面的回饋，於是我們開始腦力激盪，為節目命名。

出於對自身崩毀人生的深刻覺察，我對詹姆斯說，我希望學校能教給我的，是我真正需要知道的東西。但事與願違，我在學校總是覺得自己遲鈍又愚蠢，總之就是**不夠好**。但願有一所學校能讓我感覺到自己更有自主權——能夠教我如何克服恐懼、失敗和不安全感；教我如何管理財務、享受美滿的人際關係以及保持情緒健康；甚至教我如何吃得營養，獲得健康的身體。

當時，我覺得我生活中的所有這些面向都在崩壞瓦解；只希望有一所學校教授的是這些有意義的事情，而不只是關心完成目標和出人頭地而已。**我只是想過著精彩的人生。**

要是有哪一所……**學校**……**會教這些事情就好了**……一所……**讓人生變得卓越的學校**。

賓果！

就在那時，節目的名字在我腦海中浮現。正是我被塞車和生活困住的時候，萌生出開始做Podcast的想法；這個Podcast節目不僅確實能協助我擺脫困境，還能幫助我身邊的所有人──還有數百萬人──過著更有意義、更充實的生活。

意義與使命

東尼・羅賓斯（Tony Robbins）是我多次在節目中訪問的來賓，與我進行過許多很棒的互動。他曾告訴我，大多數人都很難對未來有一個遠大的願景，因為他們只專注於**如何**達成，而不是自己**為什麼**想這樣做。一旦你清楚知道為什麼，方法自然就會浮現。

我們沒有人能夠在一開始就看清使命該如何達成，因為我們的視角僅限於當下，由過去的經驗形塑，而不是未來可能經歷的事物。然而，當我們開始向前邁進時，視角就會開始改變。我們未曾想過的機會突然向我們開放，從未意識到的人脈打開了我們甚至對其存在一無所知的大門；原先以為無法取得的資源，一下子變得觸手可及，因為我們了解到了那些我們不知道曾對我們隱藏的祕密。而這一切都始於一個意義使命。

> 沒有人能夠替你選擇你的意義使命。

現在，你可能已經在問兩個基本的問題了：是什麼讓使命變得**有意義**？而更基本的問題是，為什麼要將它稱為**使命**？

一個使命要有意義，最重要的是它必須與

你自身息息相關，與你個人產生共鳴。它不能是別人想要你完成的任務；既不能違背你的意願強加在你身上，也不能是你偶然陷入的事物。它必須是你有意識地去擁抱對自己重要的方向，這一點最為關鍵，因為這意味著沒有人能夠替你選擇你的意義使命。

要探索你的意義使命，第一步是在和自己相關的一切上對自己誠實。要不是我在塞在車陣中的那一天，坦誠地面對自己的人生境遇的話，我永遠都不會向外求援，也絕對不會追尋其他事物。我可能會繼續塞在人生的車陣中，等待著某人將我從自己心裡拯救出來。

當我看清自己後，就開始問這個關鍵的問題：**我到底想要什麼？**這就是我為何稱之為**使命**的原因。比起譬如出遊或旅行，使命更重要、更有意義。它**不是**在度假，而是召喚著我們靈魂的深處，驅動我們追求比自身更有意義的事物。

使命就像英雄的探索之旅，有著獨特的重點或目的，迫使你克服阻力去完成。這就是我們為什麼不會用**使命**這個詞，來形容日常用品採購、看牙醫或去遊樂園的原因。使命的本質就是它具有**更為重大的意義**，需要時間、決心和毅力來實現。它往往會讓參與其中的人改頭換面，**變得更好**；也總是意味著其目的地，比你以前達成過的任何目標都來得更崇高或有意義。畢竟，如果這是你以前做過、而且能夠輕易再做一次的事情，那就算不上是什麼使命了。

隨著我開始誠實面對自己的現狀和對生活的追求時，我的意義使命便開始成形。現在，我的使命已經很明確：

每週幫助一億個人，協助他們改善生活品質，並克服阻礙其前進的事物。

我為自己的使命設定了一個具體的數字，這麼一來，我就能夠量化行動並評估達成目標的進展。一旦目標實現了，我就會重新評估我的使命，

> 它召喚著我們靈魂的深處，驅動我們追求比自身更有意義的事物。

以及下個階段的生活。

關鍵就在這裡。我的使命並不在於成為Podcast節目主持人、作家或電視節目主持人……等等。Podcast和其他平台，都只是我用來實踐使命的途徑而已。

就算你現在很清楚自己的意義使命是什麼，也不代表它將永遠不變。事實上，為了讓任何使命對你來說都有意義，它就必須隨著時間的推移和你的成長、變化而不斷地演變。在我人生的幾個階段裡，我都熱愛打棒球，直到我不再喜歡；我發現和LinkedIn相關的業務讓我很有成就感，直到我不再這麼覺得──這都無妨。我現在用來幫助他人的途徑則是《卓越學校》這個節目，運用多個平台來整合及播放內容和類似的媒體作品。但哪一天，隨著科技更迭或其他機遇出現，我的使命可能會在細節方面有所改變。我不知道未來會是怎樣，但我知道我的意義使命會不斷演變，來持續協助人們改善生活品質，並克服阻礙其前進的事物。

賓州大學華頓商學院教授、屢獲殊榮的行為科學家凱蒂・米爾克曼（Katy Milkman）將卓越的本質描述為清楚了解自己的目的或使命，使其成為自己的「北極星」。她告訴我，當一個人擁有明確的北極星，並在生活中各方面都以它為標準並往它靠近的時候，就會覺得自己處於卓越的境界之中。這就是為什麼當你清楚了解自己的使命之後，就可以開始以它為中心來建構其他的一切，過著更有意義的生活，無論你選擇的途徑是什麼。

> 若要讓任何使命對你來說都有意義，它就必須隨著時間的推移和你的成長、變化而不斷地演變。

換句話說，途徑可能會改變。但無論方式如何變動，你的熱情和力量將會永遠激勵你從

自己的甜蜜點出發，在這世上產生意義深遠的影響。

　　重要的是要考慮，在你目前所處的人生階段，什麼方式能讓你產生共鳴。舉例來說，你也許十分熱衷於為人們服務，不過這並不表示你就應該成為Uber司機。但也有可能，它就是真正能讓你為之振奮的事情；如果你自己也知道這一點，那就太好了！你實際上會有成千上萬的方式可以選擇，讓你得以為很多人做出許多貢獻。關鍵在於有意識地採取循序漸進的步驟，清楚了解自己的意義使命是什麼，並為適合自己的實行方式做好準備。

　　我們必須坦承一件事：金錢會擾亂你的觀點。正如吉格‧金克拉（Zig Ziglar）說的：「錢不是生命中最重要的東西，但在『必須擁有』的量表中，它所處的位置和氧氣差不多近。」我曾經歷過赤貧和稍微拮据的時候，接著又日進斗金；但在一切都照常的情況下，我寧願有錢，也不願沒有。然而，這並不意味著擁有更多金錢，就沒有挑戰和壓力需要克服。

　　金錢可以買到很多東西，也能為你帶來其他選項、機會和自由，但它卻買不到充實的感覺。在評估你的意義使命時，請試著把你自己和金錢分開。問問自己：**假如金錢再也不是問題的話，我會做什麼？我每天會為了什麼事情神采奕奕？**驅使你選擇使命的動力不該只是追求更多金錢，因為這種動機是不會持久的。

> 你的熱情和力量將會永遠激勵你，在這世上產生意義深遠的影響。

　　關鍵在於，你的意義使命並不是某件你只要選擇一次，然後就一勞永逸的事情；它是對你的生命旅程進行持續評估的一部分。我一開始做的Podcast只有聲音檔。但現在，多虧有我的優秀團隊，我們擁有最受歡迎的YouTube頻道之一，擁有影片以及不斷擴散的社群媒體。我們正透過不同的語言發揚光大，也在探索各種不同的其他途徑以實踐使命。

牢牢抓緊你的使命，但對達成方式保持彈性。不要讓進行的**方式**，成為你專注並追求**初心**的障礙。

找到你的甜蜜點

　　你現在所做的事情，是否已經將你的時間和才能發揮得淋漓盡致？了解自己的甜蜜點將有助於回答這個問題。要探索你的甜蜜點，請考慮以下三個因素：

熱情

　　你的意義使命始於你的內心。像是巨石強森，他熱愛橄欖球，利用自己的體型來保持活躍，接著逐漸喜歡上摔角世界的演藝性。而我，我則喜歡問問題、採訪以及學習。

　　問問自己下列問題，真正傾聽你內心的聲音：

- 是什麼讓你神采奕奕？
- 是什麼讓你想立刻從床上醒來？
- 如果錢不是問題，你會喜歡做什麼？
- 即使沒有報酬，有什麼事情會讓你願意整天投入其中？
- 什麼目標和經驗會讓你很興奮？

能力

　　光有熱情是不夠的。你也許真的很愛做某件事，但卻缺乏讓自己出類拔萃的能力。若是如此，你很可能已經找到在你生命中極具分量的某個嗜

好，但它卻不是你的甜蜜點。以我來說，我熱愛騷莎舞，它不僅僅是一種熱情——還是我生命的一種表達。我曾在世界各地旅遊，在紐約、邁阿密、洛杉磯、舊金山、溫哥華、墨西哥城、布宜諾斯艾利斯、倫敦、巴黎、曼谷、雪梨等地方尋找最棒的騷莎舞俱樂部。每次參加婚禮，我都會要求他們播放騷莎舞的音樂，而且我在餐廳聽到音樂時，也會馬上站起來開始跳舞。我跳起來有點奇怪，**但我真的很愛**！我大可利用它來賺取收入，並讓它成為自己使命的一部分，但它在我內心的召喚，還不足以讓我將此當作畢生的志業（至少在這個階段還不是）。所以，我目前還是把它當作一種熱情。

你的獨特能力是你與生俱來的一部分，在某些情況下會為你帶來優勢。沒有人天生就能做好所有事情，這就是為什麼我們互相需要。你的能力會在必要情況下賦予你力量；而你也可以接著發展所需的技能，來充分利用這種力量。例如，我喜歡向別人提問並從他們身上學習；這是我天生優勢的一部分。但我也會在面談的過程中轉變為學生的角色，以便發展能夠呼應自身優勢的那套技能。這些優勢和技能組合在一起，使我能夠在自己的甜蜜點中，做出有力的貢獻。

問題

許多人一生都在逃避問題。但從你的甜蜜點出發追求意義使命，就表示你要積極尋找問題來解決。與其逃避挑戰並讓它定義你，你反而勇敢迎擊，並在迎擊的過程中重新定義世界。

簡而言之，你可以成為自己故事中的英雄。《英雄使命》[13]一書的作者唐納・米勒（Donald Miller）是這樣告訴我的：每個好故事都需要一個

---

13 Hero on a Mission: The Power of Finding Your Role in Life: The Path to a Meaningful Life，暫譯，原作於二〇二二年出版。

問題，和一個願意解決問題的英雄；否則就沒有故事可言了。當你在這世上發現了需要解決的問題時，你就找到了自己的意義使命。

例如，卓越學院社群的成員凱莉·辛普森（Kelly Simpson）是一名資深不動產經紀人，她發現了一個嚴重的問題：不動產經紀人遭受暴力襲擊的現象十分普遍，但針對如何讓這些經紀人擁有自我防衛能力的作為，卻少之又少。因此，她成立了全國不動產安全委員會，著手撰寫《想都別想，掠奪者！》[14]這本實用的不動產經紀人安全指南，並且構思了培訓課程和教材，以確保經紀人的安全。她看到了一個符合自己的熱情和能力的問題，並將其納入自己意義使命的一部分。

無論問題是什麼，尋找解決方案這件事都必須引起你的共鳴。當我和古儒吉一起參加活動時，一位年輕女性問他該怎麼做才能結束全球暖化。他的回答直指問題的核心：「妳顯然對創造改變充滿熱情，所以我相信妳會採取行動來實現改變。熱情會帶來行動，如果沒有熱情，妳的行動根本無法持續下去。」

這種對解決問題的關注，與能夠激發我們成就感和幸福感的事物是一致的。耶魯大學教授、Podcast節目《幸福實驗室》[15]的主持人勞麗·桑托斯（Laurie Santos）告訴我：「有一種錯誤的觀念認為幸福就是自我照顧，然而，科學卻指出幸福的人其實是以他人為導向的。他們會伸出援手、建立社會連結，煩惱自己可以怎麼幫助其他人，並且為他人的福祉著想。這似乎是通往幸福生活的途徑。」

同樣地，古儒吉也說明了智慧的三個層次：

1. 沒有智慧的人，只會為自己尋找立即的享樂。

2. 中等智慧的人則出於責任感行事，並注重遵守規則。

---

14 Not Today Predator，暫譯，原作於二〇二二年出版。

15 The Happiness Lab，暫譯。

3. 最高層次的智慧，則屬於渴望透過幫助他人，來散播喜悅的人。

　　根據這裡的定義，擁有最高層次智慧的人是超越自我的，而這不僅僅是出於責任感而已；他們也很在意幫助配偶、家庭和社區解決問題。這種智慧或意識的美妙之處在於它並非與生俱來，而是可以由每個人去選擇、追求和培養。

　　美國中央情報局前局長約翰‧布瑞南（John Brennan）曾告訴我，他對卓越的定義是「完成對他人有益的事，並為人類做出貢獻」。他補充說，這不需要崇高的公眾形象，而是需要擁有能夠應對情況並滿足需求的意願。他說，要想成為有意義的人，就必須做一些不僅對自己有影響的事情。

　　說穿了，我們並不總是馬上就能徹底明白我們的甜蜜點何在。有時候，只有在我們投入發揮自己的熱情和優勢的過程中，我們才能看得更清晰。你也許會需要五或十年的時間才能真正搞清楚，而即使到了那時，你可能還需要一份發展所需技能的行動計畫。

　　羅伯‧葛林（Robert Greene）是《紐約時報》的暢銷書作家，寫了《權力世界的叢林法則》[16]、《誘惑的藝術》[17]、《戰爭的三十三種策略》[18]和《想生存、先搞定遊戲規則：出社會就該瞭的五角法則》[19]等著作。他告訴我自己並不總是知道自己的甜蜜點在哪裡。他曾經嘗試為報社撰稿，雖然很得心應手，但總覺得有點衝突感。他也試過當電視及電影的編劇，儘管感覺也還可以，但仍然不太像是他的甜蜜點。在經過了十年不斷轉換工作之後，他決定靠著自己不斷熟練的技能，來追求他對於特定主

16　The 48 Laws of Power.，繁體中文版於二〇〇〇年由維京出版社出版。

17　The Art of Seduction，暫譯，原作於二〇〇四年出版。

18　The 33 Strategies of War，暫譯，原作於二〇〇七年出版。

19　The 50th Law，繁體中文版於二〇〇九年由三采文化出版。

題的獨特熱情；於是，他出版了一本很少有人覺得會受歡迎的書：《權力世界的叢林法則》。截至目前為止，這本書光在亞馬遜上就有超過三萬五千則書評，而且他對世界的影響仍在不斷擴大。

如果找到你的甜蜜點和意義使命需要花點時間也沒關係，那是正常的。在你找到之前，只管繼續向前邁進、不要勉強妥協就對了。

打造卓越

完美的一日行程可能是你為自己做過的最有力的練習之一，因此請確保你有充足的時間來完成。我指導過許多缺乏方向感的創業家進行這項練習，其中大多數人都告訴我他們的人生就此改變；而我從來不會因此感到驚訝，因為我認為正是這個練習，為我創造了今天的美好生活。

第一步──打造你完美的一日

在這個練習裡，你的任務是描繪出自己在實現願景路途中的完美一天。我們將向自己提出一連串的問題，從宏觀層面開始。

- 你希望每天是什麼樣子？
- 你希望自己每天的感覺如何？你每天都在創造些什麼？
- 你和誰在一起？
- 你讓自己身處於哪些地方？你在實現哪些熱情？

取一張白紙或在你的電腦上建立新文件，並大致把這些問題的答案寫在頁面的上半部。以下是我多年前第一次做這項練習的結果：

我完美的一日

在我完美的一日裡，我在夢中情人身邊醒來。我正爲參加美國國家男子手球隊在二〇一六年奧運會的比賽進行準備，因此爲了增強體力和運動能力，我和教練進行了一場密集的訓練。然後，我會在一家大型電視網錄製自己的電視節目，並協助我的公司團隊進行專案，激勵創業家們追隨自己的熱情，並圍繞他們自己熱愛的事業謀生。

當然，你所過的每一天不會都是一模一樣的。依照前一天發生的事情，每天看起來都會有點不同。感謝老天還有這些變化存在，否則生活就會變得枯燥乏味。

第二步──寫下行程

接著，在剛才的下半頁，爲下一個完美的一日寫好一份詳細的行程表。這份行程表應該納入你的義務和願望，以及每件事的時間安排。在每個成功的運動賽季，我都會寫下詳細的每日行程表；我相信它爲我們的勝利奠定了基礎。這份行程表列出我們爲了達成最終目標，所需採取的每一個步驟。職業運動團隊也會這麼做，目的在於幫助他們共同實現其願景。而這就是此練習的目的──幫助你實現你的願景。

這是我自己在寫第一本書時的日常行程：

明天的完美一日

上午7:30　　起床、冥想，享受從陽台看出去的風景。

上午8:00　　享用一頓有綠拿鐵或鮮果昔的健康早餐。

上午9:00　　混合健身（CrossFit）、踢拳（kickboxing）或私人技能教練課程。

上午10:45　與團隊討論當天的計畫。

上午11:00　準備處理睡前寫好的清單上面前三項任務。

中午12:00　在家享用健康的午餐，或是和能夠激勵我的人進行午餐聚會。

下午1:30　　完成待辦事項清單的前三項、錄製訪談、錄製影片或和團隊一起工作。

下午3:00　　每週兩次的物理治療，以增加柔軟度。

下午5:00　　鬥牛籃球、和朋友一起健行、在海裡游泳。

晚上7:30　　在家或和朋友外出享用健康的晚餐。

晚上9:00　　閱讀、看電影、和城裡具影響力的人一起參加活動。

晚上11:00　列出一張我今日最感恩事物的清單，把我今天所做的事列成一份「完成清單」。寫下我明天想做的前三件事。

晚上11:30　冥想、就寢、做夢，讓身體恢復。

第三步──設定小小的目標

在你的行程中選擇一兩件明天要做的事情。你不需要徹底改變現有的生活習慣，才能開始為完美的一日努力。相反地，你需要找到一些小小的、可實現的勝利來幫助你改善生活，讓你感覺充滿希望。

把這一兩個小小的目標寫進你的日曆，或為它們設定鬧鐘，向自己承諾要將它們完成。到了明天，你就會離自己的完美一日更近一步。要是你

願意的話，「完美的一日行程」可以成為一個有力的練習，為你的一年（以及未來的許多年）奠定基礎，讓你的事業和生活都將這些最好的日子納入。它還將有助於你檢驗自己的願景，反之亦然。如果你的願景不管在宏觀或微觀層面上，都與你的完美一日相抵觸，那麼請考慮修改你的願景，或以更加開放、誠實和有創意的態度來思考，為了努力實現意義使命，你每天會需要做些什麼？

練習二：為你自己寫訃聞

最近，我在節目中與唐納．米勒聊過，他剛完成《英雄使命》一書，強烈建議我們為自己寫下悼詞。他認為理解自己的故事和目標，能夠幫助我們不斷成長。我同意他的觀點。在這個練習中，我們將寫下自己的悼詞，仔細規劃我們的成長之路。正如唐納．米勒所說，「英雄知道自己想要什麼」。那麼，就讓我們找出自己想要什麼吧。

第一步 —— 仔細規劃你的故事

拿出一張紙，準備好誠實面對自己。記住，會讀到這篇故事的，只有你一個人而已，你可以隨心所欲地憧憬並懷抱希望。我希望你至少挪出三十分鐘來思考這些問題，並寫下你的答案。

1. 你想活多久？
2. 你生前完成了哪些意義使命？
3. 人們在被問到你為後人留下了什麼、或最傑出的成就為何時，他們會怎麼回答？
4. 在你的葬禮上，你的至親好友都說了些什麼？

第二步──把它們全部組合起來

　　現在該是將我們的目標總結起來，仔細撰寫一篇悼詞的時候了。如果你覺得自己不是天生的作家，這可能會讓你感到不知所措，但請堅持下去；依照上述問題的順序，來安排這篇悼詞的架構。

　　下面這個例子，可以幫助你了解自己的悼詞看起來大概會是什麼樣子：

　　麗莎・安德森（Lisa Anderson），享年九十歲，以支持並倡導亞特蘭大大都會當地社區的藝術教育而爲人所知。她與當地社區主事者、教會、社區發展人員和學校面談，幫助他們設法發起兒童、青少年和年輕人的藝術計畫，並尋求資金支持。她曾說：「藝術具有改變生活的力量。藉由向年輕人傳授技法，讓他們知道痛苦、脆弱、困惑和美該如何表達，社區就能變得更美好。」

　　麗莎相信藝術本身，無論我們身爲觀賞者或創作者，藝術都具有改變政策、社會討論和文化的力量。她花了畢生的精力，來確保無論人們的社會經濟地位如何，所有人都能夠擁抱藝術的力量。

　　因爲她，年輕人變得更好。她熱愛的不只有藝術，她也熱愛人類。她竭盡所能地幫助自己遇到的每個人茁壯成長。

　　根據麗莎的女兒們所言，她的藝術雖然重要，但這並不是她最大的成就。「她的愛心、好客精神，以及將每個人都當作自己摯友來對待的方式，才是我們最懷念她的地方。」

　　她的家人和朋友正在籌辦麗莎・安德森藝術協會，該協會將協助擴大美國貧困社區的藝術獎學金和教育的涵蓋範圍。家屬希望想以鮮花致意的朋友，請以向協會捐款作爲替代。

第三步──主動接受

好了，現在既然你已經花時間仔細規劃了你的成長之路，那麼該是時候滿懷熱情地接受一切能幫夠助你踏上旅程、實現目標的機遇了。了解我們在人生中想去的方向，能夠幫助我們欣然接受讓自己保持在通往卓越之路上的一切，並拒絕那些讓我們偏離目標的事物。讓我們從清除你已知的阻礙開始吧。

有些最大的挑戰或阻礙，正在對你能夠留給後人的遺澤造成阻撓，而你其實很有可能已經知道是什麼了。是恐懼？焦慮？一份你討厭的工作？缺乏訓練？請參考你為自己設定的傳承為何。是什麼在阻止你實現那些特定的目標？此刻正是採取具體步驟，來將那些障礙擊倒的時候了。

現在距離你想活的歲數，還有多長時間？如果你想活到九十歲，你還剩下幾年？五十？六十？二十年？你在這個時間表內需要達成哪些里程碑，才能實現你自己預言的傳承？

在這個星期，我要你做**一件事**，一件能夠應對你最大挑戰的事情。如果你想成為私人教練，但連自己需要什麼資格檢定都不知道，請在這週撥出三十分鐘來研究。如果你想教人如何每個月花不到一百美金就能餵飽整家人，請為你將來的網站找好並申請網址。就像我之前說過的，每一步都算數，即使只是嬰兒的學步。最重要的是開始**接受**。

練習三：找到你的甜蜜點

　　如果你曾花時間追蹤我的社群媒體、聽過我的節目或觀看過我的任何影片，你就會知道我相信每個人都擁有變得卓越的潛力。是的，就是**你**。我們可能不認識，但我**知道**你具備某些特質，讓你在某方面勝過其他人。在**你**的人生中，存在著一個獨特的甜蜜點，**你擁有**的某項天賦或技能，能夠將你的卓越發揮得淋漓盡致。我將帶領你進行以下的探索，幫助你找到自己的甜蜜點。

第一步──找到你的熱情

　　你的甜蜜點源於了解自己的熱情。大多數人在還年輕的時候，都自然而然地知道自己熱衷於什麼，但隨著年齡的增長，就很容易遺忘。雖然責任和義務可能壓過我們內心熱情的聲音，但它們仍然存在。花幾分鐘回想一下你的童年、青少年甚至是年輕時期，並且重新探索你曾經熱愛的事物。

- 你在閒暇時間喜歡做什麼？
- 你對於自己在這一生可能會想做的事，曾懷抱過什麼夢想？

　　即便這些事情現在看起來似乎已經不切實際，也請花點時間把它們寫下。也許你年輕的時候，曾經瘋狂熱愛設計新的餅乾食譜，或是幫家人搞定餅乾籃的搭配。寫下來就對了！

　　接下來，列出七件你喜歡做的事。任何事情都可以──只要你是**真心喜歡**做這些事情！

- 什麼事情會讓你神采奕奕、給你激勵或讓你充滿幹勁？
- 你在做什麼事的時候，會發現自己因爲太專注在某個活動所以沒注意到時間，而且迫不及待地想再做一次？
- 有沒有什麼事情是即使沒有報酬，你也很喜歡做的？
- 把時間快轉到你退休之後，你可能會希望自己要是多做過哪些事就好了？

現在，花點時間比較一下你的清單。

- 你在你的答案裡看到哪些共同的主題？
- 有哪些詞一直重複出現？哪些活動不斷被提到？
- 哪些線索始終貫穿著你的故事？

請圈出共同的詞語，或在這兩份清單底下寫一些總結的句子，來爲你看到的模式做個結論。

第二步──發掘你的力量

接下來是發掘自己的優勢和技能。就像我之前說的，**每個人**都有自己擅長的事情。讓我們懷抱著探索的企圖心，來找出它是什麼。

光是對做某件事充滿熱情，並不表示你擁有相應的技能（但這也無妨）。你的技能可以是天生的，也可以是後天習得的；這兩者的區別如下：

- **天生的優勢**是指根據你的天賦和個性特點，你天生**就很擅長**的事情。

• **後天習得的技能**指的是你經由人生歷練，而**學著變得擅長**的事情。

　　我一點都不懷疑你已經知道自己的一些優勢和技能，而且，你還擁有自己也不覺得是可以讓你邁向卓越的關鍵隱藏才能，就因為它們對你來說只是稀鬆平常。我希望你花點時間想想自己擅長什麼，要將你的天賦和習得的技能都納入考量。把它們**全都**寫下來。

第三步——成為英雄

　　既然我們已經檢視過你的熱情、天賦優勢和習得的技能，現在該是看看你想幫其他人解決什麼問題的時候了。你想教人們如何種植蔬菜，讓他們能夠更輕鬆地餵飽家人嗎？你想教人們如何擺脫債務，過著他們渴望的富足生活嗎？還是你想傳授正念認知，讓孩子們更能克服心理創傷的影響？

　　也許從哲學角度來看這個問題，我們會更容易理解。在你的世界、社群或影響圈中，有什麼是明顯**需要改善**的？我敢打賭，你的熱情、優勢、習得的技能和使命，會在許多點或一個中心點上有所交集。你能找到重疊的地方嗎？

　　請利用我們在之前的練習中學到的一些悼詞寫作技巧，花點時間寫下幾個直述句，內容就是你關於解決問題的使命。

　　它看起來可能會像這樣：

　　我熱愛烹飪和園藝。不知道為什麼，無論有沒有食譜，我總知道如何在廚房中創造美味的料理。在過去的幾年裡，我利用YouTube影片、烹飪課程和兩次去托斯卡尼的烹飪假期，成功自學了如何做出更棒的佳餚。現在，我想把這些技能教給單親媽媽、大學生和低收入家庭。我相信每個人

都應該享受美味的食物，並且知道如何用負擔得起的食材和自家菜園製作美食的訣竅。

重新定義你的世界

你的熱情與能力之間的交集，就是你的甜蜜點。若我們是從甜蜜點出發去追求我們的目標和意義使命，那麼我們在解決問題時，就會變得以使命為導向。我們會勇敢地面對問題，重新定義我們的世界。當我們在追求卓越時，改變的不僅是我們自己而已；世界也會跟著改變。

邁向卓越的阻礙

The Barriers to
Greatness

Chapter 4

第一號恐懼：失敗
FEAR #1:FAILURE

莎拉・布雷克利（Sara Blakely）是一名沮喪的消費者。她有一個問題，就是希望內衣褲能夠不露痕跡、適合女性的身形、不厚重，也不會不舒服。「這起因其實是我自己的屁股，因爲我不知道在白色褲子底下可以穿什麼。」

所以，她用一把鋒利的剪刀，把塑身褲襪雙腿的部分剪掉之後作爲原型——SPANX的革命性構想就這樣誕生了。布雷克利在想到SPANX這個點子時才二十幾快三十歲；她曾是迪士尼樂園的員工，後來轉行做了**七年**的傳真機推銷員，挨家挨戶地賣傳真機。她既沒有商業背景、沒有大量的資金可以投入，在製襪業也完全沒有人脈。

甚至有**男性**商業人士告訴她要有心理準備，因爲「商場如戰場」。

她並不想上戰場，她只是想幫助女人而已。

這聽起來注定失敗，但布雷克利有個不爲人知的祕密武器。在她年幼時，當大家晚餐時間圍坐在餐桌旁的時候，爸爸會問她和弟弟一個看似奇怪的問題：「你們今天有沒有做什麼事的結果是失敗的？」接著，他會鼓勵他們寫下「隱藏的禮物」——也就是從失敗中得到的教訓。

這並不是大多數育兒書中典型的餐桌對話，卻幫助她養成了將失敗去妖魔化的習慣，也建立了她的冒險精神。事實上，她說自己如果**沒有**什麼失敗可以分享，爸爸還會很失望。因此，她學會了以不同的方式定義失敗，並且欣然將其視爲生活中重要的一部分。「對我來說，失敗意味著的

是**不去嘗試**，而不是取得某個結果。一旦你重新為自己定義這件事，也意識到失敗就只是不去嘗試而已，那麼生活就會在很多方面為你敞開大門。」

兩年來，布雷克利從幾十間襪業工廠那裡聽到的都是拒絕，不給她任何嘗試的機會。專利律師的費用又高不可攀，於是她參考在巴諾書店（Barnes & Noble）找到的一本書，自己撰寫了一份專利協議，只有在碰到無法解決的問題時才去尋求律師的協助。好幾間百貨公司說她的產品太大膽了，因此拒絕銷售。她將「spanks」（打屁股）中的「ks」改為「x」，命名為SPANX，這樣註冊商標和行銷起來會更容易。

你對卓越的定義是什麼？

然而，她還是繼續堅持下去。她知道自己的產品很棒，所以不去理會那些閒言閒語，相信自己的直覺，並努力向前邁進。畢竟以她的思考方式來說，**沒有成功讓SPANX上市並不算失敗；沒有去嘗試**才是。

快轉到二十幾年後，在二〇二一年十月，這家開創性的塑身衣公司估計市值達到十二億美元，現在市場上到處都是競爭對手。

失敗的恐懼並沒有對她造成阻礙，因為**不去嘗試**的恐懼更加強烈。她在Instagram的一則貼文上，總結了自己的理念：

追求夢想需要兩樣東西：一是努力，二是願意自己站出去！人們最害怕的兩件事是害怕失敗和害怕出糗，而我一直在努力克服它們，這樣我就能過著自己想要的生活，不必再擔心別人對我的看法。

我發現這其實愈來愈好玩、愈來愈有趣。最糟糕的情況，也不過就是你最後會得到一個精彩的故事而已。那你還在等什麼？

在我們節目談話的最後，我問了莎拉一個我對所有來賓都會問的問

題：「妳對卓越的定義是什麼？」

「我對卓越的定義是即便恐懼，也無論如何都要勇往直前，將你被賦予的生命發揮到淋漓盡致；因為人生並不是彩排。」

失敗的有趣之處

失敗真的是一件有意思的事。

我的意思不是每次失敗後都要大笑一場，甚至笑得人仰馬翻。當然，有時候也許真的是這樣，但在大多數時候，失敗都既痛苦又令人難堪，並不怎麼好玩。我們當然不會刻意去尋找失敗。

之所以說失敗有趣，是因為以我們每個人都這麼司空見慣的事情來說，我們在大多數時候都不願意去思考、回顧自己的失敗，甚至在某些情況下，我們連**承認**自己失敗了都不願意。

> 失敗是生活的結構中，不可或缺的重要部分。

然而，沒有失敗我們就無法前進。

沒有失敗，我們就絕對不會有任何新的嘗試。沒有失敗，我們就無法發現更好的方式。沒有失敗，我們就永遠不可能變得更好、更富有力量或更堅強。

失敗並非我們應該加以避免、忽視或視為浪費的事情。失敗是生活的結構中，不可或缺的重要部分。

美國作家羅伯‧葛林指出，不安全感有兩種運作方式，取決於我們選擇如何避免失敗。第一種是我們選擇讓不安全感阻礙我們，從不做任何嘗試，以避免失敗的痛苦。從這個角度來看，雖然你可能已經盡了全力，結

果還是有別人比你更優秀；但如果你連試都不試，你就永遠可以是所有害怕挑戰的人之中，最優秀的那一個。

第二種是我們可以選擇讓不安全感來激勵自己，盡全力避免失敗。正如同莎拉的故事告訴我們的一樣，對失敗的恐懼如果引導得當，其實可以幫助我們發展毅力、培養應變能力和啟發創新。

懷疑的示意圖

溫蒂・鈴木博士在她的著作《焦慮之益》[20]中指出了一系列常見的焦慮，來源包括對公開演講的恐懼、財務上的不安全感、社交焦慮和一般性的焦慮。這些焦慮可能導致強迫性行為，直到你滿腦子都是恐懼。再加上像疫情這類的意外以及生活中的各種不確定，我們每個人都有擔憂不完的事情。

我自己有時候也會與磨耗心智的自我懷疑搏鬥，也就是我內心深處所認為的「我不夠好」。我不夠好、不夠聰明、

自我懷疑簡直就是夢想的殺手。

還太年輕。我的人脈不夠、才華不夠。甚至曾經有人跟我說過我無法達成自己的意義使命。這一切都是我的恐懼造成的。

自我懷疑簡直就是夢想的殺手。當你對自己有所懷疑時，就很難有信心去追逐自己想要的，也很難採取行動去追求自己的意義使命。那種覺得自己就是「不夠好」的感覺，通常可以追溯到三種核心恐懼之一。或許用我所謂的「懷疑的示意圖」去思考這些核心恐懼，會有所幫助。

20　Good Anxiety: Harnessing the Power of the Most Misunderstood Emotion，暫譯，原作於二○二一年出版。

1. 對失敗的恐懼
2. 對成功的恐懼
3. 對他人評價的恐懼

懷疑的示意圖

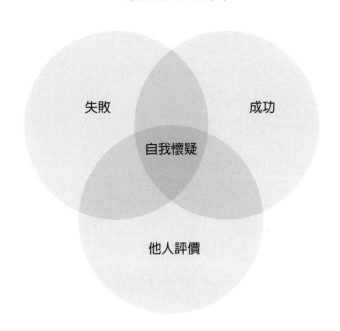

失敗

成功

自我懷疑

他人評價

　　莎拉‧傑克斯‧羅勃茲（Sarah Jakes Roberts）在《女性進化》[21]一書中說，我們與自己的恐懼關係十分密切。它們就像恐怖情人不斷地影響著我們，也支配著我們的行動。它們如影隨形，假裝保護我們的安全，但實際上只是在磨耗並控制我們。這就是莎拉說我們需要和恐懼分手的原因。

---

21 Woman Evolve: Break Up with Your Fears and Revolutionize Your Life，暫譯，原作於二〇二一年出版。

而你可能需要斷絕關係的第一種恐懼，就是對失敗的恐懼。

我們的預設狀態

　　丹‧米爾曼（Dan Millman）是一位個人成長領域的美國作家和講師。
他經常說：「如果你曾經害怕失敗，請舉手。」他告訴我，每次這麼說
時，房間裡至少有八成的人會舉手。我也曾提出同樣的要求，結果相似。
顯然，對失敗的恐懼在我們所有人身上都普遍存在；但這種恐懼會阻撓很
多人，讓他們在追求自己的意義使命時卻步不前。正如米爾曼告訴我的，
我們的自我懷疑阻礙了有意義的生活。他發現擺脫自我阻礙的最好方法，
就是專注於自己的目標、自己的意義使命，而不是專注在路途中可能出錯
的地方。

　　我發現這對我來說也是如此。身為一名運動員，我被教導失敗是邁向
成功的一部分。你在學習接球的過程中，會不斷經歷失敗。射門射不進的
時候，就是要調整；只要犯了錯，就是要從中取得教訓，然後做出改變。
對我來說，失敗只是練習的一部分，是我每天學習的一部分；這樣的學習
讓我不斷進步，朝著目標邁進。

　　因為我在情感和心理上都知道，失敗是實現目標的必經之路，所以身
為運動員，我從不害怕失敗。就像我之前提到的，我們所有人從小就知道
這一點。我們在學走路的時候，沒有人會期望孩子只試一次就能成功。當
然不會這樣。每個幼兒在學步時都會跌跌撞撞地摔倒無數次，但不會有人
告訴小孩他們不適合走路。我們會鼓勵他們重新站起來，再試一次，因為
我們知道讓他們無法學會的唯一原因就是不去嘗試。然而，隨著年齡的增
長，我們卻將這種對失敗的恐懼感視為不正常，儘管經歷失敗和恐懼本是

生而爲人的一部分。

　　加拿大心理學教授喬登・彼得森博士說：「你總是會害怕的，除非你學會不去害怕。」恐懼是我們人類的預設狀態。因此，如果你害怕失敗，那代表你是正常人。但逃避恐懼並不能解決問題，讓它決定你是誰也是行不通的。彼得森說：「若我們時常接觸自己害怕的東西，我們對一切的恐懼就會愈來愈少。」

　　信不信由你，我過去最害怕的事情之一就是當眾演講。在我加入國際演講會並開始每週對著一小群人演講之後，我開始覺得愈來愈自在，最後變得可以對著多達兩萬名的聽眾演講，並常因此獲得不錯的報酬。但我仍然不是每次都能輕鬆自如——還差得遠呢。

　　每次我有演講邀約時，我都會擔心自己在台上的樣子。我害怕說錯話，害怕被人嘲笑而感到尷尬。我想自己要不是會在走樓梯上台時跌倒，就是會開始口吃、語無倫次。

　　在一次大型活動前的幾個小時，我把自己的恐懼告訴了我的一位教練克里斯・李（Chris Lee）。他要我改變自己腦海中的劇本，並指出我的恐懼都是圍繞著我自己。**我**在台上可能會是什麼樣子，**我**可能會有什麼感覺，**我**可能會犯什麼錯誤。但如果我把重點放在幫助其他人呢？我爲什麼要演講？是爲了自己還是爲了觀眾？這種轉變爲以服務爲中心的思考方式，讓情況開始有了轉機。他接著向我提出了一些問題，我稱之爲「然後呢？」練習：

如果我忘記自己接下來要說什麼怎麼辦？

好喔，然後呢？

嗯，那我就會很糗。

好喔，然後呢？

我可能會衝下講台。

好喔，然後呢？

每個人都會笑我？

好喔，然後呢？

我可能會有一個禮拜都不敢出門。

好喔，然後呢？

最後我可能還是會重新振作，繼續前進。

　　我明白克里斯的用意了。即使在最壞的情況下，最後我還是會沒事的，而且，就像SPANX創辦人莎拉・布雷克利所說的，我會有一個有趣的故事可以講。那為什麼不直接跳過所有中間的焦慮，一開始就相信「一切都會沒問題」呢？

　　在那次領悟之後，我的一切都改變了。我意識到了StubHub公司總裁蘇克辛德・辛格・卡西迪（Sukhinder Singh Cassidy）所說的力量，即「選擇之後的選擇」。我知道如果我專注於幫助他人，那麼對於可能發生在我身上的一切，我所感受到的恐懼都變得無關緊要了。

失敗可以教會你什麼？

　　恐懼一般有兩種類型。第一種是對危險事物的正常恐懼。有些東西我們是應該害怕，因為它們的確會對我們造成傷害。這時，我們的「戰鬥或逃跑」本能就會派上用場，保護我們免於受傷。但第二種恐懼，是對曾受過的傷的恐懼，它們在情緒、精神、心理和生理上都在阻礙我們，讓我們無法做出能把未來變得更美好的決定。這些恐懼讓我們活在過去。它們並

非出自於現實生活中的危險，而比較是心理上的恐懼。

我們對失敗的恐懼通常屬於心理恐懼的範疇，而不是現實生活中的危險威脅。但在大多數情況下，這個世界應該不會因為你在生活中搞砸什麼事情而毀滅，儘管有時候感覺起來就是這樣。（一些重要的例外情況可能包括高空跳傘、核融合、登陸火星——但這邊是我離題了。）

請記得，還有比失敗更糟糕的事，也就是**後悔未曾去嘗試**的遺憾。

> 我知道如果我專注於幫助他人，那麼對於可能發生在我身上的一切，我所感受到的恐懼都變得無關緊要了。

另一方面，失敗可以幫助我們學習和成長。你也許會失敗，甚至可能遭受批評，但如果你把失敗當作一個機會，從中學習哪些部分是行不通的，那麼下次你就會更進步，甚至打造出卓越的成果。例如，羅伯‧葛林在出版了大受歡迎的《權力世界的叢林法則》一書之後，又著手寫另一本他確信會得到熱烈迴響的著作。他花了一年的時間費心撰寫書稿，但當他把原稿交給出版社時，他們卻取消了這個計畫。

羅伯大吃一驚，他收到的意見回饋，是讀者希望知道更多他的想法；但因為這本書是他與饒舌歌手五角（50 Cent）合著的，所以比起他自己的觀點，內容和五角相關的部分還比較多。羅伯沒有放棄，而是選擇從他的重大失敗中學習。他將回饋意見謹記在心，花了八個月重寫了這本書，並且找到另一家出版社。五角和羅伯‧葛林合著的《想生存、先搞定遊戲規則：出社會就該瞭的五角法則》又成了另一本成功的暢銷書。

正如同羅伯告訴我的，他已經學會將失敗視為重新調整或讓自己更進步的機會。他深知生活變得一片混亂的滋味；當他在二〇一八年中風時，他身體幾乎有一半的功能，都無法像之前那樣運作了。但他卻說這是一種

「祝福」，因為這讓他明白，任何一天都可能是他的最後一天。羅伯說：「失敗和挫折是可能發生在你身上的最好事情，失敗告訴你自己的極限，讓你意識到自己做錯了什麼；它讓你知道，自己還可以怎麼換個方式去做。」抱著這樣的心態，他繼續勇往直前，又寫出了一本創新的作品。

成功幾乎不太會引發反思，失敗才是我們成長的方式。

莎拉‧傑克斯‧羅勃茲的理論是，人們之所以在失敗後放棄，是因為他們希望提高自己的價值。但正如同莎拉所說：「成功在於過程，而不是結果。」當你不依賴某個特定結果來界定自己的價值時，就可以透過失敗、學習和前進，自由地成為出色的人。

說到接納失敗作為學習的思考方式，丹‧米爾曼是另一個很好的例子。他在六十歲時決定要學騎單輪車，向朋友借了一輛後，朋友還給他一個明智的建議：在網球場上練習。丹戴上安全帽，騎上了單輪車，用發白的指節緊抓著金屬圍欄。在他第一次試著踩踏時，單輪車直接從他腳下滾飛出去，害他整個人掛在在圍欄上。他一次又一次地嘗試，也一次又一次地失敗。他花了一週的時間，每天勤奮地練習，才達到摔倒前可以踩六下的程度。兩個星期後，他能夠踩踏大約十二次，到了第三週就已經可以繞著八字轉圈了。

從這次經驗中，他學到了兩件事。首先，無論是改變習慣還是學習騎單輪車，萬事起頭難；其次是總會有零星的那幾天，一切都亂七八糟。前一天他的表現還很好，隔天卻變得更糟。這種趨勢使他感到困惑和沮喪，直到他觀察到一個規律——他發現他的「突破日」，總是緊接在他的「糟糕日」之後。正是在那些所謂的糟糕日裡，才真正啟動了學習的過程。

失敗才是我們成長的方式。

在我們經歷失敗之後，努力爬起來的掙扎能夠讓我們看清一切，讓我們變得更堅強、更有智慧。丹告訴我，他相信這種規律也適用於

其他生活技能：「有時我們會覺得自己的情況愈來愈糟、停滯不前，甚至不進反退；但其實我們會後退，也許只是因爲蹲低了，才能跳得更高。」即使我們看不到進步，但只要我們繼續前進，就能學到什麼。

有時候你就是會卡關

在二○○九年時，萊恩・塞爾漢（Ryan Serhant）還是紐約市一名初出茅廬的不動產經紀人。在他的第一批客戶中，有一位女士正在西村尋找一間公寓。他很興奮能有這個機會，因爲這筆佣金可以讓他過上一段時間。但這個地方他不太熟悉，手邊也沒有導航。在他開車帶她去看公寓的那天早上，他把自己和這位很快就失望的客戶搞迷路了，而且還不只一次而已，是兩次。在那天結束時，她說他是**最糟糕的房仲，應該永遠被禁止繼續在不動產業界工作**。真是太傷人了。

雖然這次經歷帶給萊恩很大的打擊，但他從這次失敗中學到一個重要的教訓。無論你在任何行業待了多長時間，新的挑戰仍然可能讓你措手不及，但這並不代表你要放棄。萊恩誠實地檢討了自己的表現，也承認他本來可以準備得更完整。他應該提前做好關於這個地區的功課，早點起床熟悉一下街道。

那一刻，他做出了選擇。儘管他不是紐約人、沒有人脈，看起來也格格不入；但他決心要成爲有史以來最優秀的不動產經紀人。

就在他下定決心後不久，一位國際客戶和萊恩接洽。萊恩擺脫了自我懷疑，從失敗中記取教訓，成功地扮演了經紀人的角色。他賣了一間兩百一十萬美元的公寓給客戶，賺進超過兩萬四千美元的佣金。

更重要的是，這次經歷讓萊恩・塞爾漢確信，只要他願意從失敗中學

習，就能實現自己的不動產夢想。

現在，讓我把話說清楚：正如同莎拉‧傑克斯‧羅勃茲所言，擺脫對失敗的恐懼並不是一件容易的事。而且，放下恐懼並不表示你今後永遠不會再感受到它。就像她說的：「信念需要勇氣。」要從全然的懷疑進步到勇敢的信念可能是一段艱難的旅程，當我們在這兩種極端之間做出選擇時，會感到猶豫是很正常的。遲遲不採取行動對我們來說也許很誘人，但如果我們想成就卓越，就必須依照莎拉所說的去做：

我們必須意識到，並不是你做的每一件事都會成功。也就是說，有時候你會搞砸……但當你的目標是探索極限時，你就會意識到，失敗將是這個過程的一部分。但因為你想精益求精，所以你會仔細檢視那次失敗，從中汲取智慧，並應用到下一次的嘗試。因為最終，我所追求的就是成就卓越。

我認為，當我們允許自己陷入與失敗或任何其他恐懼的關係中時，我們真正害怕的，是我們可能會發現自己還不夠好。根據莎拉的描述，這種恐懼「將成為我的不安全感所需要的證據，讓我無法成為自己原本就該是的樣子」。

這種思考方式的問題在於，它會成為一種自我實現的預言。我們對失敗的恐懼讓我們停滯不前，確保我們永遠無法實現自己的意義使命。

你的冒險方程式

失敗是如此必然，以致於避免失敗的唯一方法，就是根本不嘗試任何

事情。我們眼中最優秀的人、最偉大的運動員、最成功的企業家或全世界最有影響力的人，都不斷地在失敗。

身為印度女演員、模特兒、歌手，同時也是二〇〇〇年世界小姐選美比賽冠軍的琵豔卡・喬普拉・強納斯（Priyanka Chopra Jonas），深知試圖避免失敗是徒勞的。她告訴我：「當你想要創造傳奇的時候，你在失敗後做了些什麼才是最重要的。」正如同她所描述的那樣，在你第一次進行新嘗試的時候，失敗是免不了的；但如果你從不嘗試任何新事物，就永遠不會進步，而這件事的風險要大得多。若你養成嘗試新事物的習慣，你就能夠多方面嘗試，因此增加成功的機會。但假使你只堅守自己所知道的一切，就等於只把命運寄託在少數幾項技能和機會上。我很喜歡她提出的這個有力觀點：每個成功的人在通往成功的道路上都曾失敗，你憑什麼例外？

有時，只有承認自己目前的失敗狀態，才能走向成功。演員伊森・索普（Ethan Suplee）有一個勵志的減肥故事，他在瘦身的路上減掉了兩百五十多磅[22]的體重！但在他得以開始這段旅程之前，必須先意識到自己需要改變。伊森交了一個喜歡運動的女朋友之後，他意識到自己如果想要維持這段關係，就必須變得更健康。他邁向健康生活的第一步，就是向女友表達自己的意願。根據伊森的說法，那次對話讓他感到害怕，因為他覺得這麼做，似乎就像在坦承自己的生活是一場失敗一樣。

透過向女友表達意願，並感受到如果未能堅持下去可能面臨的尷尬局面，伊森利用了自己對失敗的恐懼，來激勵自己追求健康狀況的改善，還有令人驚嘆的體態轉變。他沒有讓恐懼癱瘓自己，卻反而在向前看之後，意識到無所作為的代價（失去愛情）比起停滯不前的代價更大。

為了克服恐懼帶來的癱瘓，蘇克辛德・辛格・卡西迪推薦一種類似的

22　約相當於一百一十三公斤。

技巧，叫做冒險方程式。她建議在腦海中，演練那些你害怕做出的決定。蘇克辛德表示，藉由排練這些情景，你會發現很少有哪個決定，是你在失敗之後無法挽回的。她說我們需要放棄單一選擇的迷思，停止相信我們的選擇是非此即彼、非黑即白的。

冒著很大的風險不一定意味著只有兩種可能的結果，要嘛是豐厚的回報，要嘛是重大的損失；這種思考方式過分強調了第一種選擇的重要性。可能的旅程有很多，而每一次選擇，都得以讓我們探索走向成功的機會。正如她告訴我的那樣，她所認識的成功人士都是「無論可能性大小皆予以衡量」。以「冒險和不斷選擇過程的過程」而言，他們都是大師。

痛苦會指引方向

瑞・達利歐（Ray Dalio）也是一位會擁抱失敗的人，他明白讓我們變得更有智慧的，是痛苦而非快樂。瑞是橋水公司（Bridgewater Associates）的創辦人、聯合主席和聯合投資總監；根據《財富》（Fortune）雜誌的排名，該公司是美國第五大重要的私人公司。在撰寫本書時，他是全球第六十九名的富豪，身價超過兩百億美元。《連線》（Wired）雜誌將他譽為「投資界的史蒂夫・賈伯斯（Steve Jobs）」，《時代》（Time）雜誌也評選其為百位最具影響力人物之一。換句話說，如果有哪個人對成功應該知道點什麼，那一定是瑞。但他卻告訴我，他從失敗中學到的比從成功中學到的更多。

瑞最大的一次損失發生在他投資生涯的早期。在一九八一年時，由於美國銀行向瑞認為沒有償還能力的國家提供貸款，他當時即預測美國將因此陷入經濟危機。結果，墨西哥在一九八二年違約，證明了雷的預測是正

確的，並為他贏得了許多注意。

於是，他再次預測經濟大蕭條即將來臨。然而，股市非但沒有出現債務危機，反而出現了反轉。瑞預測市場即將開始下跌的那一點，實際上只是谷底反彈的起點。由於他的誤判，瑞不只自己賠了錢，還損失了客戶的資金。他不得不向父親借四千美元，只為了支付帳單。

出乎意料的是，瑞認為這次的失敗，是發生在他身上最好的事情，他說這教會了自己在大膽和謹慎之間取得平衡。在反思自己的失敗時，他不斷地進步。他開始尋找與自己觀點不同的聰明人，並藉此學會在冒一切風險進行預測之前，更徹底地檢驗自己的理論。

他自從做出這些改變後就一帆風順；而這種成功之所以可能，是因為他意識到自己不可能什麼都知道，也因此需要仰賴一個思想多元的團隊。根據瑞的說法，在面對失敗時，現實並不在乎你接不接受。無論你採取什麼行動，地球還是會繼續轉動。我們所能做的，就只有努力理解現實，並學習在遭遇失敗時應該如何應對而已。

緊急狀況

如果失敗是不可避免的，那麼我們為何要害怕？如果我們反其道而行，允許自己在追求卓越的旅程中失敗的話，那又會怎麼樣呢？賓州大學華頓商學院教授瑪麗莎‧薛利弗（Marissa Sharif）在觀察到包括自己在內的許多人，因為她所謂的「管他的」時刻而無法實現人生目標的時候，受到了啟發。

當一個人在正途上稍微走偏的時候，就會出現這種情況，並可能誘使他徹底放棄更遠大的目標。例如，有人可能會設定一個每天攝取一千五百

卡路里的目標。他們可能在週一、週二和週三都做到了，但一到了星期四早上——就在辦公室裡吃了甜甜圈。接著，一個甜甜圈的小失敗，就滾雪球似地變成整個星期的晚餐都吃披薩和洋芋片，因爲「管他的，反正我都已經失敗了」。

　　爲了試圖解決這個問題，瑪麗莎設定了一個一週當中的每一天都要運動的目標，但也爲自己留了兩個緊急例外日（emergency reserves），也就是生活中可能出現阻礙，而無法運動的日子。這樣的安排能讓她在緊張的時刻放鬆下來。她不會放棄更大的目標，以致於在本週剩下的日子裡不運動；她反而可以利用自己預留的餘裕，知道自己仍然腳踏實地地在爲實現目標而努力。

　　只要知道有緊急例外日這種概念的存在，往往就能激勵人們，讓他們繼續朝著實現更大的目標前進。凱蒂‧米爾克曼告訴我，她將這種從失敗中平復的技巧，視爲一種自我寬恕的方式。她說，爲了避免一而再、再而三的失敗，我們必須安排一個備用計畫——再加上那份備用計畫的備用計畫。

　　害怕失敗不一定會讓你邁向卓越的旅程偏離正軌；也許，對你造成阻礙的並非對失敗的恐懼——而可能正好相反。

追求卓越

　　在第二大步驟的最後，我將爲你提供一個全面的恐懼轉化工具組，來幫助你採取行動，克服卓越的障礙。現在，先問自己幾個簡單的問題：

• 克服對失敗的恐懼對你來說有多困難？

• 這種恐懼如何阻礙你全心全意地追求自己的意義使命？

趁你對失敗的恐懼仍然記憶猶新的時候，在此一一列出。

_____

_____

_____

_____

_____

_____

_____

_____

你可以使用本步驟結尾的恐懼轉化工具組（第118頁）中的練習來進一步識別恐懼，並幫助自己克服。

Chapter 5

第二號恐懼：成功
FEAR #2: SUCCESS

　　儘管那時她還只是個小女孩，潔米・克恩・利瑪（Jamie Kern Lima）從小就愛上了美容產業。

　　她會仔細翻閱雜誌，欣賞那些膚色均勻、體態苗條的模特兒，她們代表著美國人的理想形象。潔米知道其中的意義，如果想要讓全世界都喜歡她，那麼自己的外型也必須看起來像那樣。

　　但是沒多久，潔米對新聞的熱愛就讓她進入了大眾的視線和攝影機前。當她獲得一份新聞主播的工作時，她以為自己已經成功了。然而，就在她覺得自己終於達到了理想的形象時，她的皮膚卻出現了不尋常的紅疹狀腫塊。

　　在一次現場轉播中，當製作人告訴她臉上有東西、不知道是什麼的時候，她對新現實的恐懼感油然而生。「擦一下妳的臉。」她的耳機不斷重複著：「把它擦掉。」但無論她多用力，都擦不掉。

　　令潔米沮喪的是，她發現自己得了一種叫做酒糟性皮膚炎的皮膚病。她找遍了所有的化妝品，但從最便宜到最昂貴的，都無法掩蓋臉上的紅腫斑點。她不知道再過多久，觀眾就會棄她而去——那也將是她失去工作的時候。

　　潔米現在在回顧那段艱難的時光時，與我分享了她的看法。雖然她在當時毫不知情，但是她的挫折成就了她。當她費力嘗試的每個化妝品牌都讓她失望時，她的心態開始改變了。**她不明白，為什麼沒有適合我的產**

品？為什麼沒有模特兒是像我這樣的？

接下來發生的事，是一個人可能採取的最勇敢行動之一。

潔米辭掉夢寐以求的工作，開始追求新的理想。她擬定了一項商業計畫，設法滿足酒糟性皮膚炎用化妝品的需求。在執行計畫的過程中，她成立了一家名為「IT Cosmetics」的新公司，並開發出一款專為酒糟性皮膚炎患者設計的產品。儘管產品的功效已得到證實，但她所推崇的每家美容零售商——Sephora、Ulta、QVC——都拒絕了她的產品。

曾經有段時間，她的私人和公司銀行帳戶裡的錢加起來不到一千美元，但她毫不氣餒。

潔米在一次對私募股權公司的提案上，介紹了她的商業計畫、產品、預算和整個願景，這次提案感覺格外精彩。最後，當她站在評審小組面前時，感覺很確定自己終於能夠獲得必要的資金援助，來好好行銷她的產品了。

「恭喜妳做出了這麼棒的產品，」投資企畫負責人開口說。當她聽到「我們認為它很棒」時，她看見自己的夢想正在實現。接下來的發展卻出乎意料：「希望妳一切順利，但我們決定不投資IT Cosmetics。」

她簡直不敢相信。即便她得不到資金支持，但至少也想獲得一些意見回饋。她保持鎮定，深深吸了一口氣，問出這個關鍵問題：「你能告訴我為什麼嗎？」

他打量了她一下，離她站的地方只有三英呎遠。「妳真的要我老實說嗎？」潔米戰戰兢兢地點了點頭。「我只是覺得像妳這樣的身材和體重，女人是不會跟妳買化妝品的。」

那次的交談結束後，潔米感到既麻木又震驚。當她在車裡哭泣時，想起了自己的努力背後的動機，並意識到這個男人——這個認定她的外表是一種阻礙的人——正是她的事業必須成功的原因。**他所受到的美麗定義的**

影響，就像其他所有人一樣。

　　最後，她過去所有的經歷、花費無數個小時依照悖離現實的標準來要求自己、她對自己皮膚狀況的恐懼，以及她的自我懷疑，全部交織在一起，成為一個不可否認的需求。她的意義使命變得清晰。她需要打造一個「為所有人而打造」的美容品牌；她的廣告中會有各種年齡、膚質和性別氣質的人物。她要開始改變美容文化，「為了每一個即將開始懷疑自己的小女孩，以及每一個仍然抱持著自我懷疑的成年人」。

　　潔米比以往任何時候都更加積極主動，全心全意地投入IT Cosmetics，她的成功令人難以置信。但隨著成功而來的是更大的挑戰，許多人都聞之色變，以致於根本不敢嘗試成功。她有將近十年的時間每週工作一百小時，很少與朋友或家人見面。她終於成功了，但她的成功卻變得很不健康，無法長久。潔米試圖以不切實際的速度工作，因為無論她的進展有多順利，每次的成功都可能是她的最後一次；她必須趁熱打鐵。

　　就在這個時候，化妝品產業霸主歐萊雅（L'Oréal）集團發現了潔米打造的顛覆性品牌，提出以十二億美元收購IT Cosmetics！突然間，她面臨了一個選擇：要接受歐萊雅的提議，還是要申請上市。如果接受歐萊雅的報價，她將賺進的金額，會是她在那些努力將自己的想法付諸實踐的歲月中所無法想像的；而如果將公司上市並保有控制權的話，她可能會繼續讓自己工作到筋疲力盡。

　　但就像潔米當初離開新聞主播的工作時一樣，她再次感到自己需要離開舒適圈，去追求新的事物。她選擇不再追逐成功，也因此不用再一直害怕失去。潔米賣掉了IT Cosmetics，並辭去執行長的職務。

　　潔米從那時起更快樂了，她一直保持著每週二十小時的工作時間，同時追求其他卓越的機會。例如在二○二一年，她出版了《相信它（IT）：

如何從備受輕視到勢不可當》[23]，現已成爲《紐約時報》的暢銷書。

從遭受挫折到奠定基礎

人們會害怕失敗似乎是合理的，因爲沒有人想要失敗；失敗彷彿就是卓越的對立面。但在懷疑的示意圖中的第二種恐懼，卻比較沒那麼直覺。

那是對成功的恐懼。

這種恐懼乍看之下可能有點不合邏輯。畢竟，成功不就是我們所有人都在追求的目標嗎？

當成功就是終點線時，要跑完比賽可能很容易。但在你衝過終點線之後，會發生什麼事？你要如何領導一個不斷成長的組織？要是你不得不面對媒體或大眾的關注呢？如果有人利用你，你不只賠了錢，看起來還很愚蠢，那要怎麼辦？這時，懷疑就會逐漸產生，甚至讓你連嘗試成功都不敢。**我該如何保持節奏？我承受得了壓力或聚光燈嗎？如果我實現了目標，卻仍感到不滿意怎麼辦？如果我不夠好，無法再次成功呢？**

老實說：這些問題有一定的道理，但你不能讓它們扼殺你。要是它們辦到了，這個世界就會錯過你的卓越，永遠無法看到只有你能提供的獨特價值。

我曾要求一些最近成功崛起——可能是在網路上粉絲人數暴增、更有名氣、有更多的金錢和機會來敲門——的人，爲他們愛自己的程度，在一到十分的量表上打分數。十分表示他們全心地愛自己、接納自己，內心充實而平靜；一分則表示他們自我厭惡，無法接受自己身上的任何一點。他們都給了我一個分數，告訴我他們當時的狀態。然後，我要求他們回到自

23　Believe IT: How to Go from Underestimated to Unstoppable，暫譯，原作出版於二〇二一年。

己開始成功和成名之前，再給我一個分數。

他們的答案都讓我目瞪口呆。

儘管從外表看來，他們的成功似乎令人驚嘆，但他們都為成功**之前**的自己打了比較高的分數！難怪有這麼多人感到害怕；這就是為什麼你必須克服的第二種恐懼，就是對成功的恐懼。

知道何時該放手

當潔米看到她的事業起飛，她的冒牌者症候群（Imposter syndrome）告訴她自己無法承受這一切；她的成功一定會失控，只是時間早晚的問題而已。她告訴我，在那些自我懷疑的日子裡，唯一支撐她堅持下去的，是她對使命的堅定信念；她的意義使命比她自己更重要。

然而，你一旦成功，並不代表自我懷疑就會跟著結束。假使你很容易

然而，你一旦成功，並不代表自我懷疑就會跟著結束。

就開始擔心自己無法應對新成功所帶來的需求，這也是正常的。這種恐懼可能導致你自我阻撓，讓你拚命證明自己配得上成功。那種司空見慣的冒牌者症候群會讓你認為自己的成功只是僥倖，使你目光短淺。你可能會像潔米一樣，覺得自己必須在成功還持續著的時候充分利用。

但那種匱乏心態（scarcity mindset）並不是卓越心態。在追求意義使命的過程中，你必須為長期成功擬定計畫，而該計畫的一部分就需要包括調整自己的節奏。有時候，成功意味著結束一篇舒適的篇章，並開始一段痛苦的新章節。換句話說，你可能需要改變步調。

費爾醫生（Dr. Phil），一位心理健康專家和知名電視節目主持人，與

我分享了他的見解：「你所能做的最糟糕的事，就是追求錯誤的夢想；又或者是你的夢想變了，但你卻沒有跟著它改變。」費爾醫生對改變步調頗有心得。在成為電視明星之前，他開了兩間成功的心理診所。然而，他從一開始就告訴自己，如果他對人們生活所造成的影響不再讓他感到滿足，他就必須停下來；而這在他某年聖誕假期後回到診所時，的確發生了。他看到自己明年一整年的預約全都排滿，思考著：「**我不想再繼續下去了。**」在他所謂的「內在檢查時刻」，他面臨著停留在一個舒適但不滿意的成功境地的風險。因此，他將所有的患者轉介給其他醫師，並且關閉了他的診所。

為什麼？因為他對成功的看法改變了。

費爾在追求卓越的道路上，已經養成了改變步調的習慣；他還成立了一家叫做CSI的專業審判公司，服務內容包括研擬制定審判策略、陪審團的選擇、模擬審判、影子陪審團[24]和實際審判（哥倫比亞廣播公司的電視劇《律政狂牛》就是根據這些真人真事改編）。同樣地，費爾在這一行也很成功。他甚至在阿馬立羅（Amarillo）的狂牛症案件[25]中，成為歐普拉·溫芙蕾（Oprah Winfrey）的司法團隊之一。

> **卓越意味著你在追求意義使命的過程中，願意改變對自己成功的定義。**

但在大約持續了十五年的成功過後，他又覺得卡關了：

> 你能做的一切，我都已經做過了。我的當事人曾包括過世界上所有的

---

24 影子陪審團（Shadow jury）是一群觀察法庭審判流程的人，成員的選擇會盡可能符合實際陪審團的人口統計、案件相關態度、意見和生活經歷。他們定期向訴訟顧問提供看法，其意見有助於評估案件的優勢和弱勢，並為律師提供調整案件陳述的機會。

25 歐普拉·溫芙蕾在一九九八年面臨德州阿馬里洛牛肉產業的控告，指控她在談論食品安全問題時發表了不當評論。儘管遭遇強烈的抵制，但歐普拉最終仍獲得法庭的全面支持，贏得官司，並堅持自己的言論自由，因而引發對言論自由和食品安全的廣泛討論。

大型航空公司、這裡所有的九大電影製片廠，半數的財富百大企業。我參與過菸草訴訟、隆胸訴訟，以及所有你想像得到的訴訟。在那個行業裡，你所能做的一切，我幾乎什麼都做過了。

就在那時，他意識到自己該是時候做些不同的事情了。他創造出來的，就是現今知名的電視節目《費爾醫生》。然而，他之所以能夠打造出這個節目，是因為他沒有被成功可能帶來的恐懼所限制，卻反過來掌握自己的命運。

卓越的跡象，在於理解成功本身並不是最終目標。卓越意味著你在追求意義使命的過程中，願意改變對自己成功的定義。

一步一步來

卓越是這樣的：卓越不在於一開始就盡善盡美；而是你已經夠好了，即使你還在不斷成長、發展和變化的路上，也已經夠好了。這就是矛盾的地方：你在這一刻就已經**夠好**了，**而且**你還在一直變得**更好**。如果你不願意變得更好，那麼最終你也不會願意成長為自己卓越的進化版。

卓越，是一個最好一步一步來追求的過程。

> 卓越不在於一開始就盡善盡美；而是你已經夠好了。

ATTACK Athletics公司的執行長提姆‧葛洛弗（Tim Grover）身兼商人和私人教練，因為自己與所有精英運動選手，包括NBA、NFL、MLB甚至奧運選手的合作而舉世聞名。他在喬登（Michael Jordan）贏得多個NBA世界冠軍時擔任他的教練，而且他同樣也是柯比‧布萊恩（Kobe Bryant）的教

練。他告訴我，每個人都在尋找通往成功的具體步驟到底有幾個；但事實上，成功有無數個步驟，因為成功有無數種定義：

不管你已經做了多久，這些步驟都會不斷改變。這些階梯永遠沒有盡頭，而且還不能只用走的；有時你得匍匐前進。當你終於抵達頂點時，一切又改變了；你再次回到了谷底。

等一下⋯⋯**你說什麼！？**從頂點又回到谷底？

你可能到達頂點，認為自己已經成功了。走過的每一步，感覺棒極了。然後你立刻往前看接下來是什麼在等著你，卻發現自己又回到了起點。你以為的頂點其實只是個開始，大多數人就是在這個時候放棄的。

旅程是永無止境的。倘若我們體認到這個真理，就能避免自己屈服於對成功的恐懼。當問題再次出現，卓越卻似乎離我們愈來愈遠時，我們應該記住：我們的目標不在於通過特定的成功檢查哨，而在於追求卓越。

我了解提姆說的是什麼意思。我花了這麼多年（老實說真的是我整輩子的時間）來準備主持《卓越學校》這個Podcast節目。然而，那本書已經推出了快十年，我卻覺得自己才剛起步而已！太多人認為不斷追求卓越聽起來令人筋疲力竭，所以還沒開始就已經放棄。實際上，這讓我覺得鬆了口氣，因為這意味著我不一定要掌握所有的技能才能開始。有了「我不需要什麼都會」的保證，我所踏出的每一步本身就都是一次獨立的成功。我不必為成功後的下一步擔憂，而只需要克服眼前的恐懼，一步一步向前邁進。

> **目標不在於通過特定的成功檢查哨，而在於追求卓越。**

真相是：在追求卓越的旅程中，你有能力、也一定會成為你需要成為的那個人。事實上，這是唯一一個方式。

這就是為什麼艾美‧柯蒂（Amy Cuddy）反對「演久了就是你的」的想法。關於這句俗語，她有她自己的版本：「演久了，你就會成為那個樣子」。「演久了就是你的」的意思是你永遠都不是正版、永遠都不夠好；「演久了，你就會成為那個樣子」則是指你期待著成長，期待著成為你正在練習的那個自己。艾美說這是「引誘你自己來相信自己」，我則稱之為培養卓越心態的酷工具。我們必須願意面對我們所害怕的事情，全力以赴，直到這些恐懼消失，而我們以新的技能和內在信念越過困境。

這種重新調整的做法，又回到了戰勝冒牌者症候群的問題上。即使你現在還不具備成功所需的一切條件，但若要立刻開始，你已經足夠好了。

只有當你追求成長、克服恐懼，並成為真實的自己時，你才能開始調整自己的定位，在旅途中享受成功。

不同的思考方式

那些長時間的一帆風順才是實際上最危險的，因為過於成功可能會讓你放鬆警惕，也會讓失敗趁著此時對你造成最嚴重的打擊。為了避免這種情況，你必須有不同的思考方式。

從一九九七到二〇〇二年，蘋果公司推出了一項名為「不同凡想」（Think Different）的廣告企畫。他們分享了一系列令人震撼的黑白照片，呈現的是從愛因斯坦（Albert Einstein）到巴布‧狄倫（Bob Dylan）、從愛蜜莉亞‧艾爾哈特（Amelia Earhart）到珍古德（Jane Goodall）、從馬丁‧路德‧金恩（Martin Luther King）到穆罕默德‧阿里（Muhammad Ali）、從吉姆‧韓森（Jim Henson）加上科米蛙到約翰‧藍儂（John Lennon）和小野洋子，以及法蘭克‧洛伊‧萊特（Frank Lloyd Wright）到畢卡索

（Pablo Picasso）這些高瞻遠矚的創意人士；他們全都選擇了「不同的思考方式」。

要克服對成功的恐懼，你可能需要和他們一樣，以不同的方式思考。

讓我們回到潔米的故事。當她的成功像滾雪球一樣愈滾愈大時，卻因為自我懷疑而威脅到自己的生活品質。她愈是成功，就愈害怕失去這一切，並且開始拒絕為了保持節奏而不斷奮鬥。這就是她不得不改變思考方式的時候。一旦她相信自己的成功，也知道這不只是暫時的，她就能意識到自己無法再這樣每週工作一百個小時下去了。她開始學會對過程懷抱著信心，相信有些事情可以等到第二天再處理。就像她告訴我的那樣：「我不需要每週工作一百個小時，才能打造一家市值十億美元的公司。」

根據提姆・葛洛弗的看法，我們應該**擁抱**成功可能帶來的**改變**，將其視為擺脫日常例行公事的一種方式，並從這樣的機會中看到勝利。在我與提姆交談的時候，他建議我們在旅途中向前邁進，體驗那些可能會讓我們感到恐懼的事物，並選擇從上述角度看待它們，將它們轉化為機遇。他的建議是「將它們視為勝利」，而不是損失或負面的影響。

這樣的心態轉變很簡單，但是非常關鍵。真正得到自己所追求的一切這件事會為你帶來恐懼，但你不能讓這樣的恐懼阻撓你。維持你的判斷力。是的，有些勝利贏起來的感覺卻像是輸掉了一樣，我們可能會愈來愈厭惡自己曾經渴望的情景。當你發現自己害怕成功，或可能對最近的成功心懷怨懟時，請記住，改變雖然會令人痛苦，但卻無法避免。你無法選擇改變是否發生，但可以選擇如何改變。

請記得，你的榜樣也有自己的不安全感。無論他們是誰，我保證他們都曾面對過相同的恐懼和掙扎。當你就快要相信自己不夠好、或認為自己還沒有足夠的準備來承擔卓越的責任的時候，只要小小地跨出一步就可以了。你要知道自己已經夠好了，而且正在變得更加優秀。

打造卓越

正如我提過的，我會在第二大步驟的結尾（第118頁）為你提供一個全面的恐懼轉化工具組，來幫助你採取行動，克服卓越的障礙。現在，先問自己幾個簡單的問題：

- 克服對成功的恐懼對你來說有多困難？
- 這種恐懼如何阻礙你全心全意地追求自己的意義使命？

_____

_____

_____

_____

_____

_____

_____

_____

趁你對成功的恐懼仍然記憶猶新的時候，在此一一列出。

Chapter 6

第三號恐懼：他人評價
FEAR #3: JUDGMENT

　　我可以坦白告訴你們嗎？有一種恐懼，是比起其他恐懼讓我更難克服的。它不是對失敗的恐懼，儘管我也曾經經歷過，就像我們所有人一樣；它也不是對成功的恐懼，儘管我在追求成功的過程中，確實遇到了成長上的挑戰。我的意思不是這些恐懼不重要，但它們並不是阻礙我創造和追求自己生活目標的原因。我最常與之搏鬥的恐懼，是對他人評價的恐懼，尤其是在我還年輕的時候。

　　看吧，我真的很喜歡讓人開心。我想取悅人們，而不是為他們的生活製造更多緊張。這在許多方面可能都是件好事，但只要一失控，它也可能導致有害的恐懼，對我自己和其他人，都會造成很大的傷害。

　　多年來，在我最親密的關係中，我因為害怕被批評、害怕讓對方失望，而導致我自我放棄、違背自己的核心價值觀，以及為了取悅對方而跨越我不想跨越的界限。至少我是這麼告訴自己的，因為我不惜一切代價，就為了維持這段關係。

　　讓我們面對現實吧，愛這個概念會矇蔽我們自己的判斷，因為我們是一種如此仰賴化學感應的生物。但當我們在情感、精神和思想上與某人不同調時，試圖讓關係繼續下去並不是最好的選擇。我的錯誤在於試著去「修復」，而不是意識到我與對方根本不在同一個頻率上。這並不是在批判對方，而是坦率地評估，我是如何讓這種恐懼讓我在某些早就該離開的關係中，久久無法自拔。

在與治療師一起了解關係的動態變化、最重要的是看到我自身不足的過程中，我才意識到我對於保持沉默或者對界限的妥協，其實是感受到壓力的。我害怕這段關係沒有結果，然後因此受到指責。我不想讓別人覺得我是個混蛋，也不想讓他們覺得讓別人傷心的那一方總是我；所以即使我內心深處知道有哪裡不太對勁，也仍然一直維持著這段關係。而且，我不想讓我在乎的人對我生氣或失望，所以我在關係中不停地讓步。

我的治療師說我總是試著用金錢換取和平。我會送花、送特別的禮物或者做點什麼，來試圖在關係中買個平靜。但平靜是買不到的，一定要你本人**就很**平靜才有意義。要做到這一點，你必須設定與你的價值觀及願景相符的界限。在任何關係中都是如此，無論是你的工作、家人、朋友還是摯愛。

> 你必須設定與你的價值觀及願景相符的界限。

追根究柢，害怕他人的觀感阻礙了我去做正確的事，也阻礙了我百分之百真實地做我自己。因此，我感覺自己失去了自我。我的整個使命是鼓勵全世界的人們，在追求卓越的過程中保持真實；但我在這些最親密的關係中，所呈現出來的卻不是最真實的自己。

這樣的表裡不一開始削弱我的自信心，讓我覺得自己正過著的人生只有六分，而不是十分。自我懷疑又開始在我的生活邊緣悄悄蔓延，這只讓一切變得更糟而已，因為我知道是自己在放任這種情況發生。

我想說的是，我都懂。當你在承受壓力、分手或被解雇的時候確實是很難熬，因為事情感覺起來似乎很嚴重、很混亂、很令人痛苦。當你身陷其中時，會很難跳脫那一刻去思考。你認為人們在批判你，而且他們的確可能會這麼做。

你看，在這些關鍵時刻，自我會告訴你自己不夠好，因為有人傷害了你。你永遠什麼都做不了。你不配。你害怕失敗。你害怕成功。你害怕別

人的看法。然而，在你自己和豐盛之流之間形成阻礙的，正是你的自我。

在那些時刻，我學會的是不斷告訴自己：我很快就會有所領悟了。再過一年，我就會從這次的經驗學到教訓。我會變得更堅強，更謙虛。再過半年、一年或兩年，我會去做別的事情；大家要不是和我一起前進，不然就離開我的生活。

我的朋友羅賓・夏瑪（Robin Sharma）說，對自我而言糟糕的一天，會是對靈魂來說美好的一天，因為自我需要在我們生命中的不同時期死去，這樣我們才能清除阻礙我們前進的事物。自我的某些部分可能是強大而積極

> **在你自己和豐盛之流之間形成阻礙的，正是你的自我。**

的，但有時我們需要清除束縛我們、限制我們的部分，來打破由他人評價所鑄造的無形枷鎖。

我們的無形枷鎖

許多人備受阻礙的原因，是因為害怕別人的批判、別人的意見、怕自己陷入為難、擔心別人怎麼看、怎麼說自己。為什麼會這樣？為什麼有這麼多人會因為對別人的意見感到不安，而遲遲不去投入自己長期以來都夢寐以求的創作？

當我詢問丹・米爾曼時，他觀察到許多人覺得自己的身分、甚至是實際的自我價值，都與他人的意見息息相關。我們都同意，讓他人的意見來定義我們的身分是個錯誤。但他指出，如果我們更注重如何幫助他人、而不是他們對我們的看法（**他們就是在講我。我看起來怎麼樣？他們喜歡我嗎？我聽起來如何？**），我們就可以將自己對他們意見的焦慮拋諸腦後。

事實上，丹稱之為「意見之神」，我認為他是對的。我們不妨打造一尊名為「他人意見」的小神像，每天在祭壇前膜拜，因為這正是許多人的生活方式——這一切都因為他們需要別人的認可，來定義自己的身分。

哈佛大學心理學教授丹・吉伯特（Dan Gilbert）認為人可以分成兩類：**笨手笨腳**的人和**指手畫腳**的人。笨手笨腳的人，是指那些在場上、在自己的領域中，即使經常失敗，也要盡力繼續前進的人。他們不斷爬起來，不斷學習，也不斷嘗試。

於此同時，指手畫腳的人則坐在看台上，嘲笑場上的人。他們實際上什麼也沒做到，但他們盡力讓自己看起來很懂。他們擁有所有的球迷周邊和最舒適的座位，坐在那裡嘲笑所有真正努力嘗試的人。他們不像場上的人那樣笨手笨腳，因為他們根本沒做任何重要的事。

正如羅斯福總統（Theodore Roosevelt）所說的一樣：

真正重要的不是批評家，不是指出強者如何跌跌撞撞地前進、或是指出行動者還有哪裡可以改善的那些人。相反地，功勞屬於那些真正站在競技場上的人，他們的臉上沾滿了塵土、汗水和鮮血；他們勇敢地奮鬥、犯錯，一次又一次地失敗，因為任何努力都會有錯誤和缺憾；但他們確實努力去實踐，懷著偉大的熱情和奉獻，為一個值得的原因付出自己。在最好的情況下，他的勝利會是貨真價實的勝利；而即使在最壞的情況下失敗，至少是奮力一搏後的失敗；這麼一來，他的位置就永遠不會與那些既不知道勝利也不知道失敗的冷漠、膽怯的靈魂同在。

現實是，我們每個人在某些時候，都可能是笨手笨腳和指手畫腳的結合。但批評並不是致命的，儘管我們有時會有這種感覺。我並不是在說批評對情緒的影響不重要，但在網路上受到批評或嘲笑，不一定會決定你的

人生方向。只有在我們放任他們影響自己時，他們才會對我們造成影響。

所以別讓他們得逞，重新奪回你的力量吧！

多年來，我對批評的恐懼驅使我渴望成功，就為了證明批評者是錯的。但這種動力和能量無法持續，因為那時我的目標會實現，是出自不安全感的驅使；而不是來自我對它的熱愛，或是由於我想啟發和鼓舞他人。在歷經五或十年的嘗試、最後終於實現目標之後，我沒辦法覺得自豪，卻會在三十分鐘後就馬上感到沮喪。

我們會逃避自己的恐懼，這就是為什麼我們經常分散自己的注意力，或是找一些有創意的藉口，卻不採取行動。例如，我輔導過的一個人曾告訴我，他們只是不斷參加課程、重返學校學習更多知識——但從未真正採取行動，因為他們覺得自己還沒準備好追求自己的目標。但是，無論他們接受了多少學校教育、獲得了多少學位或證書，他們永遠都不會準備好。他們在分散自己的注意力，覺得自己就是需要更多……說不出來的什麼東西。但實際情況是，他們害怕失敗，也害怕因此受到批評。

在我和《焦慮新解：區分「假焦慮」、「真焦慮」，瞭解並克服身體的恐懼反應》[26]一書作者艾倫·沃拉博士（Ellen Vora）的對話中，我們討論我們在費心取悅他人且因此不忠於自我時，會是什麼感覺。她稱之為「給出假同意」。以下是她舉的例子：想像一下，你在某家店碰到一個你已經十五年沒見的人。你們開聊了一會兒，對方提議下週一起喝咖啡。你在心裡立刻想到下週要做的所有事情，然後想著：**我沒時間做那種事**。這並不是針對那個人，只是喝咖啡的優先順序對你來說排在很後面而已。

但你沒有婉拒，反而擔心著被批評的恐懼；於是在你的大腦不停吶喊**「快拒絕！拒絕！」**的同時，你聽見自己說出來的卻是：「當然好啊，就這麼辦！」根據沃拉博士的說法，這就是假同意。

26　The Anatomy of Anxiety，繁體中文版由悅知文化於二〇二二年出版。

到了下週，你要不是因為累倒而沒辦法赴約，就是出於內疚而去，卻心不在焉地想著其他你**本來可以**做的事情。結果你會暗自怨恨那個人，只因為你沒有真拒絕，而是給出假同意。

沃拉博士簡單明瞭地說了：「這是對自己的小小背叛。」

那就是我多年來的應對模式。但打破這種模式讓我得以擁有更好的關係並且自信地過日子，因為我知道自己在追求有意義的生活，給出符合我價值觀的協助。

關於批評的真相

事實是：無論你做什麼，人們都會對你品頭論足。如果你坐在沙發上無所事事，人們會批評你；但如果你去追逐夢想，人們也會批評你。不管怎樣你都會被批評，所以還不如去追逐夢想，做自己最喜歡的事。

不管批評者們會說什麼，當你看著鏡子裡的自己時，至少應該為自己在賽場上全力以赴而感到自豪。你要忠於自己。

退役海軍海豹突擊隊指揮官李奇‧蒂凡尼（Rich Diviney）問了我一個問題：**你怎麼知道別人在想什麼？**答案是，你不會知道，你只是**自以為**知道而已。實際上，你通常一無所知。李奇認為我們往往會對人們**可能**的負面想法耿耿於懷，而這都是因為大腦的運作方式：

當我們有意識地把一個問題植入我們的前腦，大腦就會立刻開始想出答案。在我教授的課程中，我會做這樣的實驗。我告訴大家：「這只會花一點時間，我給你們三十秒來回答這個問題。我要怎麼做，才能在接下來的三十天內讓我的收入翻倍？把任何浮現在你腦海中的一切，都寫在一張

紙上。」他們就會想出一小張清單。

接著我會說：「我不在乎答案是什麼，我只想知道它們有多荒謬。你們想出了幾個答案？」我通常會得到三、四、五個，有時甚至會有七、八個答案。為什麼？因為他們發問的對象，是自己的前腦。

無論我們對前腦提出什麼問題，大腦都會開始回答；但我們往往用錯了方法。我們會問：**為什麼我這麼笨手笨腳？為什麼這種事總是發生在我身上？為什麼這些人要針對我？** 當這種情況發生時，我們的大腦就會開始回答這些問題，其中有些答案，就像有人提出如何讓收入翻倍的答案一樣荒謬！

換句話說，我們的預設答案往往來自軟弱和恐懼。我們的大腦很容易進入生存模式，也就是一種假設最壞情況的戰鬥或逃跑反應。關於其他人的想法，我們的大腦產生的答案也許荒謬，但在當下卻可能感覺非常真實。

我們對他人評價的恐懼，很多都是想像出來的。然而，有些卻是真實的。人們的確會批判你，而且那方式通常都讓人很受傷，但這也無妨。

> 不管怎樣你都會被批評，所以不如去追逐夢想，做自己最喜歡的事。

約爾‧歐斯汀（Joel Osteen）是美國最大教會的牧師、電視布道家，也是位於德州休士頓的作家。我向他請教，關於對別人的看法缺乏安全感的傾向，他是如何克服的。在他剛起步的時候，每個人都支持他；但隨著他擔任神職愈久，批評者也愈來愈多。他是這麼說的：

你無法在沒有人反對你的情況下，實現自己的命運。有些人就是不會

了解你；他們不想了解你。有時候我們會花費時間和精力，試圖讓其他人喜歡我們，但他們永遠不會喜歡我們。沒關係，請專注在你的賽道上。所以，我一直擅長的、也是我鼓勵其他人去做的，就是拋開負面情緒，專心投入**自己的**比賽。

我相信我們每天的情緒能量就這麼多，它並不是無限的。爲了負面情緒、拒絕寬恕、哪個人說過的什麼話、突然被超車或是玩手段的同事，我耗費了多少能量？那些浪費掉的能量，我已經無法拿來用在自己的夢想和目標上了。

人生太短，我們不應該在無關緊要的事情上，浪費任何情緒能量。

但別誤會——絕對會有人批評你，每個追求卓越的人都會有。眞正重要的是，當你意識到有人在批評自己的時候，你會怎麼做。在這種時候，你就必須做出決定——要退縮，還是挺身而出，走到場上，全力以赴。

實用見解

每個人都有自己的觀點，但並非所有觀點都值得一談。我很喜歡琵豔卡·喬普拉·強納斯對於爲自己培養幸福感的看法：「這是你自己的旅程，只屬於你。」這意味著要如何展開這段旅程，都取決於你自己；倘若你依賴他人的意見或認可，那麼這段旅程注定既漫長又顚簸。她接著說：「如果我們期待他人爲你的人生軌跡出力的話，路線就會變得歪七扭八。」

她也說了，如果你**獲得認可**的方式是來自他人，而不是自己內心已經擁有、或者透過自己最重視的事物來創造對自身的肯定的話，那麼你將永

遠受制於他人的批評。她選擇專注於家人朋友的愛、情感和支持，並忽略那些酸民。她指出：「為我們本身以及自己所帶來的一切感到自豪，這是最大的快樂。」

真是讓我大開眼界！

約爾・歐斯汀則提出另一種克服恐懼、改變軌跡的方法：「我們的生活品質，與我們所提的問題品質成正比。我們會不斷向自己提問；如果問題是負面的，我們的生活就會受到影響。」相反地，如果我們問出更好的問題，我們的生活就會改善。他問自己的第一件事就是：**什麼是更好的問題？**

> 真正重要的是，當你意識到有人在批評自己時，你會怎麼做。

這聽起來違背常理，甚至有點諷刺，但提出更好的問題，就能停止負面思考的過程，並開創新的軌跡。無論是將自己與他人比較（**為什麼他們比我好這麼多、或比我更優秀？**）、抱怨現狀（**為什麼這種壞事總發生在我身上？**）還是對未來感到茫然（**這種情況什麼時候會改變？**），解決方式都是提出更好的問題。

為了對抗負面情緒並且不再擔心他人的觀感，紐約大學神經科學中心的神經科學暨心理學教授溫蒂・鈴木博士提出了一個名為「快樂調節」（joy conditioning）的過程。這個概念源自於她二十五年來對記憶如何運作的研究，以及她將自身所有知識都應用於處理焦慮的經驗。快樂調節的過程，是對她認為我們所有人都預設的「恐懼條件反射」的一種直接解毒方式。快樂調節根本不需要訓練，只需要你願意回顧自己的人生。正如她所描述的，「快樂調節就是挖掘你自己的記憶庫，尋找生活中那些快樂、有趣的，或任何你最喜歡的正向情緒事件——並有意識地重新體驗那些時刻。」

從本質上來說，這就是在發掘你生活中的正向情緒，讓它們充滿你的大腦。

鈴木博士說，做到這一點的祕訣，是記得一個具有氣味成分的記憶，一種深深刻在你心裡的氣味。她告訴我一個例子，是她有次去上瑜伽課的時候。那是一次讓人容光煥發的體驗；但最精彩的部分，是老師把薰衣草乳液塗在雙手，在溫蒂面前揮動，並為她簡單按摩了一下脖子，使她非常放鬆。這一刻深深地留在她腦海中，因此她現在都會隨身攜帶一小瓶薰衣草精油，用來當作她的強心針。

> **不要讓別人的負面看法使你偏離軌道。**

這是一種簡單的方法，可以讓自己進入快樂狀態，擺脫負面情緒。

你自己也可以這麼做。想想快樂的回憶（如果還有好聞的氣味就更棒了），並且用它來對抗負面思考。

無論是用你信任的人的正面意見淹沒他人的負面意見、提出能夠讓自己擺脫負面惡性循環的更好問題，抑或是讓你不再活在恐懼中的快樂調節方式，你都可以、也必須做出決定，走出對他人評價的恐懼。

在追求卓越的道路上，你只有一次機會。不要讓別人的負面看法使你偏離軌道。

打造卓越

在你開始進入第二大步驟結尾（第118頁）的恐懼轉化工具組之前，先問自己幾個簡單的問題：

- 克服對他人評價的恐懼對你來說有多困難？
- 這種恐懼如何阻礙你全心全意地追求自己的意義使命？

趁你對他人評價的恐懼仍然記憶猶新的時候，在此一一列出。

_____

_____

_____

_____

_____

Chapter 7

夢想的殺手：自我懷疑
THE DREAM KILLER:SELF-DOUBT

在我成長的過程中，我爸從來不在意我的生日。沒有派對、沒有禮物，也沒有蛋糕。有一天我問他：「爸爸，你為什麼都不幫我慶生？你不愛我嗎？」

他回答說：「我當然很愛你，每天都在為你慶祝。但在我的工作和生活經驗中，我看到很多人被年齡所侷限，因為他們對時間有一種限制性思維。」當然，我也希望能偶而收到一些禮物和蛋糕，但他這句話從小就對我的生活產生了深遠的影響。

他告訴我：「我永遠不希望你覺得自己太老、沒辦法開始做某件事，也不希望你覺得自己太年輕或經驗過於不足、無法追尋自己的夢想，更不希望你覺得自己沒有能力發展資源、智慧、技能和經驗，好吸引生活中的豐盛。」簡而言之，爸爸是在告訴我：**路易斯，我從來不希望你覺得自己不夠好。**

你知道在這整個地球上，最能夠扼殺夢想的東西是什麼嗎？答案是自我懷疑。太多人在他們開始之前就已經失敗，原因就只是他們不相信自己能夠成功。所有對失敗、成功和他人評價的恐懼，都是這種猛毒的一部分。

早在八年級的時候，我就見識過這個夢想殺手作祟的能耐。當時，我很仰慕一位高年級的籃球選手，他是我見過的最有天賦的運動員。他的爆發力十分驚人，肌肉非常發達，垂直彈跳的高度超過四十英吋，還可以三

百六十度轉身灌籃。你說得出來的他都做得到，因為他的運動能力真的令人難以置信。而我當時只有十三歲，又瘦又小，幾乎跳不起來，連籃框都碰不到。我會懷疑自己的能力十分合理，也有充分的理由相信他將朝職業選手前進。

然而，儘管他才華橫溢，他卻不相信自己，一次又一次地屈服在壓力之下。看著他無法充分發揮潛力，我明白了一個道理：如果你不知道如何相信自己，再出色的才華都無用武之地。更重要的是，如果你懷抱著成功者的心態，並且願意努力克服逆境，那麼你不一定要當最有天賦的運動員，也能贏得勝利。

> 太多人在他們開始之前就已經失敗，原因就只是他們不相信自己能夠成功。

當我把這個故事告訴職業運動員教練提姆・葛洛弗時，他也表示同意。事實上，他說過自己寧願和沒那麼有天分的選手合作，只要他們願意努力發揮自己的最佳狀態，那些運動員總是他的最佳人選。他們是贏家，他們成為了卓越的人。

還是不夠好嗎？

在通往卓越的旅程中，也許此時此刻，你已經對自己的意義使命有了一些想法。你已經辨識出阻礙你前進的恐懼。你想要挺身而出，邁向卓越，但又覺得自己年紀太小或太老。你可能覺得自己在現階段的人生有太多責任，或是認為現在追求你的使命為時已晚；又或者你只是覺得自己還不夠格。關鍵是，當你懷疑自己的能力時，你就會嚇阻自己，使自己無法採取行動。

你**已經**夠好了。不幸的是，對我們大多數人來說，積極正向並不是與生俱來，這也包括我們如何看待自己。而且，一個人所處的環境，往往會加劇其自我貶抑的心理。約爾・歐斯汀是我見過最積極樂觀的人之一，他將自己的積極正向和自信歸功於父母，因爲他們給予的環境充滿了樂觀和鼓勵，也經常肯定他的能力和價值。

> **如果你不知道如何相信自己，再出色的才華都無用武之地。**

在布道多年後，約爾發現許多人的心中都有一段「天然的錄音」，告訴他們自己不夠好。他們自己的負面想法侵蝕著自信心，使自己離卓越愈來愈遠。因此，約爾與我分享了他父親傳授的智慧：「你把自己看得多重要，才可能變得那麼重要。」

約爾表示，消除這段負面錄音的唯一方式，是注意自己對自己的想法，並讓它們與你對未來的願景保持一致。想要擺脫債務嗎？還是減掉二十磅？或希望打造一個蓬勃發展的事業？無論成功對你來說是什麼，你都必須能夠想像自己實現夢想的樣子，否則你永遠不會採取行動去實踐。

或許現在，你認爲你並不會對自己的能力存疑，因此不會在自我懷疑中掙扎。然而，還有第二種形式的自我懷疑，那就是對自我價值的懷疑。有太多人暗中苦於認爲自己**不配**變得卓越，甚至連優秀都稱不上。

因此，我非常感激我的朋友丹・米爾曼告訴我「好，謝謝」這個簡單又有效的練習。當成功的機會來臨時，請選擇相信這是你應得的，接著只要對世界說「好，**謝謝**」就可以了。藉由練習這種回應，你就能夠承認自己生而爲人的價值和所值得的一切。

你並不比任何人更值得，但也不比任何人不值得。我們常常自我阻撓，因爲我們不相信自己配得上成功。**我不夠好，我不值得。**由於我們認爲自己不配，所以得出這樣的結論，認爲任何最初的成功都只是暫時的而

已。因此，我們會下意識地把事情變得更艱難，只因為我們不相信自己配得上回報。你對失敗的恐懼成了自我實現的預言、對成功的恐懼限制了自己的可能性、對他人評價的恐懼導致了妥協，這一切就只因為你不相信自己值得。

請每天都練習善待自己，或像丹所說的，天天問自己「我今天能做得多好？」日復一日，努力提高自己對優秀的耐受性，直到你可以說：「我值得擁有卓越。」

> 當成功機會來臨時，請選擇相信這是你應得的。

雕琢中的作品

善待自己，是戰勝自我懷疑這個夢想殺手的最大關鍵之一。雖然我們可能會對他人表示極大的謝意，但大多數人卻很難好好感謝自己。例如，我可以對自己一貫地說到做到表示感激：也許我準時參加了活動、堅持完成我的三十天挑戰、每天喝到自己規定的水量，甚至取得我為了發揮最佳狀態而需要的睡眠。在所有這些例子中，無論是多小的事情，我都能感謝自己，因為我已經夠好了。我的意思不是要像自戀狂那樣吹捧自己的自尊心，而單純只是要認可自己的成功，並對我們自己的貢獻心存感激而已。

我所看到的例子，是史奴比狗狗（Snoop Dogg）獲頒好萊塢星光大道地磚時的影片。他劈里啪啦地說出一長串他感激在心的事物，也向很多人致謝。最後，他說：

> 我值得擁有卓越。

我要感謝我自己。我要感謝我對自己的信任，感謝自己做了這麼多辛

苦的工作。我要感謝自己不休假，感謝自己從未放棄。我要感謝我總是樂於給予，努力試著讓自己的付出多於回報。我要感謝自己努力嘗試去做的，是正確的事情多於錯誤的事情。我要感謝我自己，因為我始終都只做自己。[27]

　　這是真的，我們往往不夠感激自己。當我們付出努力並完成工作、做一些具有挑戰性的事情、進行了那段難以啟齒的對話、打電話和曾經鬧翻的人和解、進行必要的情緒療癒工作來走出生活中的創傷，以及面對恐懼和不安感並設法克服時，我們對自己的感激都是不夠的。

　　我發現了一種強大的做法，來肯定我們實際上已經夠好了。請在每天的早上和晚上，各表達一次對自己的感激之情。每天這樣做，你就會釋放出一股豐盛的源泉，流過你的身體，並吸引其他積極正向的機會朝你湧來。

　　回到丹·米爾曼，他認為為自身價值建立自信的方式，就是去欣賞自己的個人故事和成長之旅。丹在《每日啟迪》[28]一書中，說明了「個人成長的十二條途徑」。其中的第一條途徑，就是體認到自己生而為人與生俱來的價值。對於人的價值，丹有著巧妙的見解。他認為每個人都有一個完全獨特的故事，還在不斷地展開。因此，我們需要欣賞自己的故事，尤其是其中痛苦的部分，因為這些障礙使我們變得更堅強。

　　我們每個人都有獨有的過去，通往未來的路途也是獨一無二。而你通往未來的路途，看起來也許也和隔壁的人不同。這就是為什麼丹警告說，拿自己與別人比較是對我們自己過程的「極度不尊重」。事實上，你的過

27　https://www.vibe.com/news/entertainment/snoop-dogg-walk-of-fame-speech-explanation-651073/

28　Everyday Enlightenment: The Twelve Gateways to Personal Growth，暫譯，原作於一九九九年出版。

程可能與其他人的步伐不同。丹身為一名體操教練，總會看到孩子們以不同的速度學習翻滾。諷刺的是，花較多時間才學得會的孩子，往往比學習速度快的孩子掌握得更好。因此他的結論是，正確的道路不會只有一條；會有的只有此時此刻適合你的道路。當你在過去和未來發現了自己旅程的價值時，你就不再需要和別人比較，而是能夠認識自己的價值。

約爾・歐斯汀也認為克服自我懷疑的方法，就是專注於自己、找出並讚美你自己的個性。在我們討論冒牌者症候群的一次對話中，他分享了父親去世後，自己在接管湖木教會（Lakewood Church）時是如何克服自我懷疑的。那時，他的父親已經帶領教會四十年，也培養出為數眾多的忠實信徒。來到這樣一個歷史悠久的教會，約爾覺得自己有義務像他的父親一樣，因此試圖改變自己，以填補父親留下的空白。**每個來的人都是為了我爸來的**，他心想，**他們不是來聽我講道的。**

儘管他們關係緊密，但約爾畢竟不是他的父親。他的講道風格很悠然自得，與父親高聲、熱情的布道完全不同。然而，在最初的三、四個月裡，約爾還是盡力根據他父親留下的筆記，來傳講父親的內容。儘管約爾認為這麼做是對教會最好的安排，但實際上，他只是在模仿他的父親而已。後來在第五個月，他偶然看到一段經文，其中說大衛為他那一世的人，實踐了他的目的（使徒行傳13:36）。在那節經文中，約爾聽到了這些話：**約爾，你父親完成了他那一世人的使命，現在輪到你完成你為這一世人的使命了。**約爾意識到，上帝賜給他的天賦與他父親的不同，但同樣強大。

當他終於允許自己做自己的時候，教會開始成長得愈來愈快，人們對他傳道方式的回應很正面。在與我分享這個故事時，約爾告訴我這句充滿智慧的強大話語：「你有能力做你自己，在這方面沒有人贏得過你。」這就是我們對抗冒牌者症候群的方法。如果你不想成為任何人、只想做你自

己的話，你就不可能成爲冒牌者。另一方面，當我們努力去模仿別人時，我們甚至可能做得很出色，但根據約爾的說法，只要我們試圖模仿別人，我們就是在「削弱自己的力量」。正如他所說，「如果你沒有意識到自己就是曠世巨作、有別人所沒有的東西可以貢獻的話，你就是在爲自己設限」。

> **做自己讓你真正能夠真心地讚美他人。**

對了，做自己的另一個好處是，它讓你真正能夠眞心地讚美他人。看到別人成功並不會貶低你的才能，因爲雖然他在某方面可能比你強，但你在其他時候也有自己了不起的一面。

如果你在生活中一直處於自卑和自我價值低落的狀態，那麼讚美自己的想法可能會顯得狂妄自大；期許自己變得卓越甚至感覺起來都像是一種特權。雖然謙遜和犧牲通常被視爲美德——它們當然可以是美德；但你必須先欣賞自己的價值並投資自我，才能發揮自己的潛能，盡自己最大能力去幫助他人。你必須先自我充實、照顧好自己的健康、心態和能量。請記住，「卓越心態」是一種成長心態，而不是固定心態。在「成長心態」中，有部分就是代表優先考慮你自己的旅程，而這趟旅程仍在進行中。

你會成為哪種教練？

你可以採取哪些實際行動，讓自己從自我阻撓者變成自我雕琢者？毫不意外地，讓我從體育運動開始舉例吧。身爲足球員，我曾遇過會批評我、讓我難堪的討厭教練。即使我全力以赴，但他們仍然會不斷責罵我，貶低我。但我也曾有一些教練會以積極、充滿關懷的方式，讓我體會到嚴厲的愛。他們可能會公開罵我、把我當成例子拿出來講，但到頭來他們還

是會表現他們對我的關心，也希望能看到我有所成長。

　　這兩種教練方式之間的不同天差地遠。同樣地，我們可以成為自己最棒的教練，也可以成為自己最嚴厲的批評者。以愛為基礎的內在教練會告訴你：**我已經夠好了。我愛自己現在的樣子，同時我也在努力進步。**但你內心的恐懼型批評者會告訴你的卻是「我不夠好」。內在批評者的聲音雖然也是在要求你改進，但它是從否定的角度出發，而以愛為基礎的內在教練，則總是出於關懷。

　　要療癒自己的自我懷疑，首先需要轉變內在心態，成為一位以愛為基礎的教練，並停止將自己與他人比較。相反地，你應該將目光轉向過去的自己。當你拿現在的自己，跟上個月或去年的自己比較時，就能夠看清楚你所實現

> 我們可以成為自己最棒的教練，也能成為自己最嚴厲的批評者。

的一切。接著，你就可以認可這些進步，並設定新的目標。關鍵在於你不是因為自己不夠好，才去追求進步的；你之所以進步，是因為你懷抱著成長的心態。

　　第二個提升自信的實際方法，是與一個有幫助的支持性群體為伍。我曾問過勵志演說家兼作家賽門・西奈克（Simon Sinek），如果人們自我懷疑，該如何向自己灌輸信念。他告訴我一個朋友的故事，當時那個朋友正經歷人生中一段艱難的時期，對自己產生了懷疑。他試圖藉由鼓勵來重新肯定她，卻無濟於事，因此他改變了策略。他請對方教自己一項自己很弱、但他知道對方在這方面很有天賦的技能。當她成為那個給予、而不是接受建議的人時，她的信心突然大增。

　　因此，如果你擔心自己在某個領域不夠好，那就想辦法用你有信心掌握的技能，來為你的社群提供服務。然後也給社群其他成員同樣的機會，讓他們教你想加強的技能。如此一來，你就能處理自己缺乏信心的領域，

同時也會對自己已經擁有的專業知識更加欣賞。

最後，有時克服自我懷疑的解決方式，就是著手實際行動。賽斯・高汀（Seth Godin），一位曾任網路公司執行長的作家，將其簡化為克服自我懷疑時必須採取的核心步驟。他告訴我，我們只需要停止爭執就好：

我已經連續寫了七千五百篇部落格文章。明天早上，也就是星期五，又會有另一篇文章出現。它會公開發表的原因並不是因為它是有史以來最好的文章，也不是因為我決定明天要把它貼出來。它之所以會出現，就只因為明天是星期五。而且二十年來，我從來沒有重新考慮過這個決定。

這樣，我就不用和自己開會，討論是否該寫一篇部落格文章了；一定會有一篇部落格文章的。只要靠著擺脫爭辯，你就可以真的開始做事了。

想想你做過多少曾被認為是不可能辦到的事。開車穿越整個城市曾經是一種找死的行為，但現在的我們已經習慣成自然。我們為它建立了一種模式，這就是我一直嘗試在做的：讓為一百萬人寫部落格文章這件事不再讓我緊張，因為我每天都在做。我已經訓練過自己了，所以這不再是那麼冒險的事。

也許你在人生中的某些領域需要與自我懷疑搏鬥，甚至已經讓它成為你夢想的殺手；那麼在面對這些領域的時候，你可以考慮和賽斯採取相同的方式：下定決心面對，並且實際去做。給自己一個系統，讓你能夠克服恐懼；並藉由不停地付出努力，來成為自己最強大的教練。

> **下定決心面對，並且實際去做。**

儘管我們每個人都有真正的缺點，但若要追求卓越，你就不能讓自己的不安全感和恐懼成為阻礙。缺點並不是不去嘗試的理由，而只是你必須克服的問題而已。克服的第一步就是接受自己，將自己視為一件

正在雕琢的作品。請記得，你已經**夠好了**，而且還在變得**愈來愈好**。事實上，你正在變得**卓越**。

打造卓越

接下來你要採取的行動，就是投入恐懼轉化工具組中的活動（第118頁）。但在你開始之前，先問自己幾個簡單的問題：

- 要克服自我懷疑這個夢想殺手，對你來說有多困難？
- 你得經過怎樣的掙扎，才有辦法相信自己值得得到美好？
- 這種自我懷疑如何阻礙你全心全意地追求自己的意義使命？
- 你準備好採取行動了嗎？

Chapter 8

你的恐懼轉化工具組
YOUR FEAR CONVERSION TOOL KIT

這個恐懼轉化工具組包含了一些我最實用的練習，能夠將你的恐懼轉化為你卓越旅程的動力。你可以一一進行每一項，或選擇那些感覺起來最適合目前的你的練習。

你準備好克服那些阻礙追求卓越的障礙了嗎？讓我們開始吧！

練習一：恐懼轉化工具

該是辨認出你的恐懼，並且正面面對它們的時候了 —— 接著請翻轉你對它們的看法，以一種豐盛的態度、而不是恐懼的視角，來面對每一個恐懼。

第一步——列出一張恐懼清單

我們要把縈繞在我們腦中的所有恐懼都寫在一張紙上，藉此清理我們的思緒。我將這個過程稱為恐懼清單，這是你可以為自己做的能夠最了解自己、也最有效的練習之一。這個練習不僅能顯現出你的感受，還能把它們從可怕的、令人生畏的想法，轉變為紙上的簡單文字。任何時候，只要我們能把事情從內心深處抽離出來並將其具體化（例如寫在一張紙上），我們就能有意識地向前邁進。

列出你的恐懼不需要什麼規則，關鍵是把它們寫下來。你害怕失敗

嗎？害怕看起來很可笑嗎？害怕被人批評嗎？害怕會賠錢嗎？害怕讓家人失望嗎？或者，你只是害怕邁出追求意義使命的第一步而已。在列出你的恐懼時，記得把每一個想到的恐懼都寫下來。

我早期的一些恐懼包括公開演講、接觸人群以及與陌生人見面、學跳騷莎舞、學說西班牙語以及在公共場合唱歌。這些恐懼都與害怕他人的看法有關。人們會怎麼看我？他們會嘲笑我嗎？如果我不完美，他們會接受我嗎？

如果你在開始時遇到了困難，不妨問問自己：**對我來說，真正擁抱卓越意味著什麼？**又或者是，生活在豐盛而不是匱乏之中，會是什麼樣子？

第二步：描述恐懼

也許你之前已經聽說過**限制性信念**這個詞，這是心理學家和教練常用來幫助個案識別關於自己的侷限性信念的術語，基本上並不是真的。這些信念讓我們變得渺小，而不是讓我們活出最充實、最有自信的人生。

看看你寫下的恐懼清單，找出你認為在你實現自己的熱情時，最常出現的前三到五種恐懼。舉個例子，假設你寫下了「害怕公開演講」，讓我們使用「如果……那麼」的敘述來更深入探討，並真正界定你所害怕的是什麼。

我害怕如果我在公眾場合發言，就會結結巴巴、滿頭大汗。我會忘記自己要說什麼，看起來既愚蠢，準備得也不夠充分。如果我不學會接受公開演講，那麼我就無法在投資人面前進行提案。如果我找不到投資人，那麼我將永遠無法開創我的新事業。我會永遠困在這份我討厭的工作中。

在這個例子裡，可怕的其實並不是公開演講，而是顯得愚蠢和準備不足。但只要付出努力、流點汗水、做好充分準備，這些都是可以克服的。關鍵是要使用「如果……那麼」的敘述，沿著抽象的階梯層層拆解，找出導致你恐懼的原因。

當我們的恐懼只是在大腦中揮之不去時，我們無法從中獲得有用的訊息。但是當我們在「描述恐懼」時，我們就是正在找出驅動因素，並想辦法找到我們限制性信念的**真正來源**，與之對抗。

第三步──轉向豐盛

現在該是利用你所描述的前三到五種恐懼，來擺脫你自己的限制性信念，並進入豐盛思考模式的時候了。舊的思考模式將會消亡，而新的思考模式將會生根。

> 追根究柢，卓越心態就是擁抱你生命的潛能，並且朝著自己的意義使命邁進。

與其說**我害怕演講**，不如說**我知道自己有一個訊息，能夠幫助很多人。我知道我在內心深處，擁有成為優秀講者所需的一切；只要有足夠的準備和練習，我就能自信地演講。**

帶著你的恐懼去做這項練習。在進行時，注意觀察你自己的身體。每當你說出一段充滿豐盛的陳述時，你是否感到一點點解脫？你是否從脊椎底部開始感到有點坐立難安？這樣很好，因為你在追求新使命的過程中，會需要這兩種感覺。

就像我們在健身房訓練肌肉一樣，我們也必須訓練自己的心智，讓它停止過度思考，並對採取行動適應自如。描述我們的恐懼，選擇豐盛而不是匱乏，是我們停止過度思考、擁抱行動的一種方式。

我們必須從**我不能**轉變為**我會**，從**我不知道怎麼做**轉變為**反正我做就**

對了。追根究柢，卓越心態就是擁抱你生命的潛能，並且朝著自己的意義使命邁進。前進動力的取得始於勇敢面對恐懼，這樣你才能將恐懼轉化為卓越的動力。

練習二：把問題縮到最小的神奇處方

我猜想你以前在嘗試追求新事物或準備做出重大改變時，一定浮現過擔心或恐懼。你可能會覺得自己唯一能做的，除了順應重大改變或新計畫所帶來的情緒波動之外，別無他法；**但你錯了**。戴爾·卡內基（Dale Carnegie）可能是有史以來最具影響力的自我成長大師之一，有一個他稱之為「解決憂慮的魔法公式」；這是一個冷靜、超然的過程，能夠用來戰勝憂慮並找到平靜。

只要提前做好計畫，我們就能學會**控制**情緒的波動，平和穩定並腳踏實地地向前邁進。在接下來的練習中，我們將學著如何處理我們的憂慮，協助自己完成使命。

第一步：分析問題

要開始運用卡內基的魔法公式，我們首先必須以一種比較超然的客觀態度來看待我們的問題，這可能會讓我們感覺不太舒服。第一步是對問題進行**勇敢且誠實**的分析。首先寫下你所擔心的問題，即使事關個人隱私，無論是什麼都寫下來。

繼續寫下此刻困擾你的一切。這裡的重點不只是清除你腦海中的每一項擔憂，而是要寫出可能發生的最壞結果。在你寫下每個煩惱時，問問自己並回答：「可能發生的最壞情況會是什麼？」

我擔心如果我追求自己真正的熱情，就會失去工作，因為他們不會想要我在工作時間以外做這些事。

第二步──接受可能發生的最壞結果

當我們把每項擔憂和每個最糟糕的可能結果都寫下來之後，接下來要做的，就是**接受**可能會發生的最壞情況。我們必須接受最壞的情況，這樣我們才能**放鬆**。當我們的心智被恐懼所干擾時，就無法集中注意力、無法自信地做出決定，無法理解眼前這場挑戰的本質。但好消息是，只要我們不再抗拒那些令我們恐懼的情景，我們就會開始放鬆。我們解決問題的能力將隨之啟動，因而能夠更快速地朝向自己的意義使命邁進。

在上述例子中，最糟糕的情況是失業。以下是一個人可以如何接受這種情況的方式。

我擔心自己會失業。如果我失業了，那麼我知道別間公司還有其他職位。我可以利用我的LinkedIn帳戶和其他同領域的人建立關係。如果這樣行不通，我還可以聯絡我大學的學長姐，看看能不能得到我可能會喜歡的工作機會。無論發生什麼事，我都可以開始找新工作……或甚至我更想要的事物。

花點時間，把這個練習第一步中的每個問題都寫下來，並寫下你將如何接受它。我想當你這麼做時，你會驚訝地發現，你的身體如何輕鬆自在地立即感受到解脫。

第三步──把問題縮到最小

在這個練習的最後一部分，我們需要花點時間，想想如何改善最壞的

結果。這也許看似沒有必要，因為我們已經接受了最壞的情況；但真正神奇的地方就在這裡。在這個步驟中，我們會「把問題縮到最小」，就像卡內基所說的一樣。我們將專注於未來，拋開所有的假設、責備和羞愧。對於下一步，我們只需要問自己，**我能怎麼將這些結果的影響降至最低？**

讓我們繼續上面提到的失業例子。

如果我失業了，我就無法支付帳單。但要是我的緊急預備金足夠支應六個月的房貸和車貸，我的壓力就會小很多。我會開始每個月存錢，直到我有足夠的資金，在失業時支付六個月的生活費。接著我會去找理財顧問，了解如何確保這筆緊急預備金，能夠獲得最高的報酬。

盡可能多花點時間來檢視你已經接受的每一個問題和最壞的情況，並寫下如何改善每一種情況，來將結果的影響降到最低。

一點總結的想法

這個練習不僅是寫下事實的一種方式，例如真實的擔憂和風險可能帶來的後果；它也是客觀、超然地面對自身恐懼的一種方法。哥倫比亞學院前院長赫伯特・霍克斯（Herbert E. Hawkes）曾對卡內基說過：「如果一個人願意花時間以公正、客觀的方式去獲取事實，那麼他的擔憂通常會在知識的照耀下煙消雲散。」只要有一點計畫，恐懼就會消散，而行動和真正的平靜將取而代之。

練習三：自我引導的解決方案

你已經成為多少次腦海中批評或絕望聲音的受害者？正如我在第一章

提到的一樣,你的想法會形塑你的現實,尤其是你腦中的喋喋不休。有一種方法可以引導自己處理內在的批評,擺脫負面情緒的泥淖。在這個練習中,我們將改變與自己對話的方式,使用第三人稱代名詞和自己的名字來指稱自己。根據實驗心理學家、神經科學家及《強大內心的自我對話習慣:緊張下維持專注,混亂中清楚思考,身陷困難不被負面情緒拖垮,任何時刻都發揮高水準表現》[29]一書的作者伊森・克洛斯博士(Dr. Ethan Kross)的研究,使用第三人稱對自己說話不僅可以緩解壓力,還能改變我們的心態,從**我辦不到**變成**我辦得到**。當我們用我們對待所愛之人的方式,來對自己說話時,就能夠學會控制和應對負面思想,而不是讓它們主導局面。

第一步──承認迴圈的存在

你在面臨個人壓力的時候,腦海中很可能會浮現一個劇本。**我不會成功的。我沒有那個能耐。每個人都會嘲笑我。我很笨。我爛透了!** 這些很可能是我們在青少年時期所經歷重大情緒事件的餘毒,甚至是從我們的父母那裡繼承下來的。

我敢打賭,你腦海中至少會有一個那樣的想法,一遍又一遍地循環播放;你甚至可能都不曾大聲把它說出來過。該是承認這些想法的時候了。卡爾・榮格(Carl Jung)曾經說過:「潛意識如果沒有進入意識,它就會引導你的人生。」花幾分鐘的時間,將這些負面的思維迴圈寫下來,讓你自己更能夠意識到它們。如果時常在干擾你信心的喋喋不休的想法不只一個,就花點時間把它們都寫下來。

29　CHATTER: The Voice in Our Head, Why It Matters, and How to Harness It,繁體中文版於二〇二一年由天下雜誌出版。

第二步——進行分析

負面的喋喋不休幾乎總是誇大其詞。如果你腦中循環播放的聲音之一是**每個人都一直在看我、嘲笑我**，那麼請花點時間確認一下這個聲音，然後對它進行分析。

在這個例子裡，我們就從**一直**這個詞開始。一直所代表的，是每一天的每一刻。你是否在知覺和理性的層面上，都認為讓自己害怕或倍感壓力的事情，在每一天的每一刻都「一直」在發生著？你很可能並不這麼認為。認知到這一點非常重要，因為一旦我們意識到這個聲音很可能是在說謊，我們就更能掌控接下來要發生的事情。我們會從喋喋不休的泥沼中解脫，進入一個可以自由、快速前進的地方。

針對你在上一個練習中寫下的每個迴圈，花點時間找出誇張或戲劇性的敘述。你的迴圈很有可能是自動播放的，在遭受壓力的情況下就會啟動。有多少例子可以證明你內在的批評者真的是正確的？我猜數字會低得出奇。你的成功率可能還遠高於失敗率。

接下來，問問自己這些關鍵問題：

- 你上一次經歷這種特定的壓力時，是在什麼時候？
- 你挺過來了嗎？
- 你有沒有從中學到什麼？
- 情況有可能更糟糕嗎？
- 從那次壓力產生了哪些正面的事物？

然後——我知道這可能會讓你覺得很彆扭，但我還是希望你去做——我希望你站在鏡子前面，為每個負面想法的迴圈，配上一句新的自信宣言。用你自己的名字，把這些宣言大聲說出來。

進行方式可以是這樣：

來自第一步的敘述：每次我在工作中進行簡報時，都會弄得一團糟，看起來蠢到不行。我結結巴巴、滿頭大汗、口乾舌燥，我知道每個人都在批評我，認為我在公眾場合發言時的表現應該更好才對。

自信宣言：路易斯，你上次在工作中的簡報比之前的每一次都要來得得心應手。老闆說他很喜歡，同事甚至還被你最後說的笑話逗笑了。你是出了點汗沒錯，但那是「我現在很緊張」的肢體語言。沒有人提到這一點，但他們確實說這是一場出色的簡報。在我們下一次的報告中，讓我們接受你可能會出一點汗的事實，因此記得穿淺色衣服或多穿幾層內搭，這樣別人就不會看到汗漬。我們假設你會口乾舌燥，所以一定要準備一瓶水。除非你講了笑話，否則從來沒有人會嘲笑在台上的你。只要你準備充分，成功的機率就比失敗高。路易斯，在下一次工作場合公開報告時所需的一切，你都已經具備了。

用我們對所愛的人說話的方式對自己說話，是讓我們遠離壓力、恐懼或痛苦的有效方法。從表面上看，這可能只是一堆「委婉」的肯定性言論。但我保證，如果你在使用這個策略的同時，也盡全力投入並擁抱恐懼直到它消失的話，那麼神奇的事情就會發生。繼續為每一個新意識到的自動播放迴圈寫下並說出新的自信宣言，直到你已經全部認可。

第三步 —— 在當下引導自己

為了能夠在需要的當下實際應用這個練習，我希望你找一張自己年輕時的照片。要是沒有，拿一張你喜歡的獨照也可以。如果把照片印出來的效果會更好的話，就把它印出來，放在你容易拿到的地方。你可以考慮把

它放在包包、皮夾或手機裡。

下一次，當你的內在批評者帶著沒完沒了的負面迴圈，占據著你內心舞台的正中央時，請移步到一個私人空間，像和朋友聊天一樣地與你的照片交談。

路易斯，我剛聽說你認為自己沒有能耐創業；我想告訴你，這種想法是錯的。第一，你已經努力做好準備了。第二，你值得擁有創業所帶來的美好事物。第三，克服這種恐懼後會帶來美妙的喜悅。所以，讓我們一起努力吧。無論發生什麼事，我們都會撐過去。我知道你做得到。

對著自己的照片說話可能會讓你覺得自己很傻，但它能幫助你承認負面雜音、減弱它的影響，並提醒自己，你可以實現了不起的事情。這麼做的目的不在於讓負面雜音閉嘴，而在於奪取它的力量。大聲宣示自信是一種強大的工具，可以幫助我們擺脫負面思考。**無論什麼時候**，當負面思考威脅著你，讓你無法採取行動時，你都可以這樣做。

第四步 —— 盡力理解你的內在批評者

在追求卓越的道路上，盡力去理解你的內在批評者十分重要。我們在某些無法控制的事件或情況下會感到壓力，但與其透過自動播放重溫記憶、或傾聽頭腦中的喋喋不休來重新體驗這種壓力，我們需要奪回控制權，並讓它的毒性煙消雲散。

你是否過著安逸的生活？你是否過著舒適的生活？它會不會太舒適了，還是你每天都會做些什麼來幫助自己克服自己的不安全感、恐懼、疑慮，以及那些阻礙你在生活中獲得更大快樂的事物？每一次的卓越，都是

> 提醒自己，你可
> 以實現了不起的
> 事情。

在你克服不安全感的時候產生的。靠近你的不安全感，盡力讓你無意識的雜音進入意識，因爲我告訴你——當你克服之後，奇蹟和美麗就會降臨。你被愛著，你是值得的，你是重要的。是時候走出去追求卓越了。

練習四：與恐懼共處

恐懼並不是什麼妖魔鬼怪。避開讓我們害怕的行動和情感，是人類的天性。我沒聽說過有哪個人，是會因爲故意去面對痛苦而感到興奮的。問題在於，當我們在迴避自己的恐懼時，就無法眞正快樂，因爲我們會知道，有些事情在阻礙我們成爲最卓越的自己。

儘管我們可能試圖忽視，但它仍然會迎面來襲。讓我們先從學習如何面對開始。

第一步——想像自己的勝利

在第一個練習裡，你列出了自己所有的恐懼，並承認它們在阻撓你實現豐盛的過程中所扮演的角色。回到這份清單，找出長期以來最讓你崩潰的恐懼。請讓自己能夠每次花三到五分鐘的時間，與這些具破壞性的恐懼共處。

此練習的關鍵，是允許自己去思考那些會引發對你來說最重大、最難以承受的恐懼的情況。給自己一些空間去感受身體的反應、承認內心誇張的雜音，並與任何可能出現的壓迫感共處。

在這個過程中，請一邊想像著海浪，一邊在呼吸時深吸深吐。把你的恐懼想像成那道波浪。一開始恐懼雖然來得猛烈，但它隨後就會減弱。當

我們承認自己的恐懼並練習與之共處時，恐懼就會逐漸消退。

以下就是我所謂的「與恐懼共處」：

1. 將計時器設定為五分鐘。
2. 想像自己正在做某件令你害怕的事。
3. 想像場景中的每一個片段。
4. 深呼吸，慢慢吸氣和吐氣。
5. 在腦海中記下你身體的任何變化。

每一次的卓越，都是在你克服不安全感的時候出現的。

比方說，社交焦慮讓你無法去健身房，但你曾經非常喜歡。請想像自己換好運動服準備去健身房的樣子。想像自己開車前往健身房，走進健身房和其他人打招呼。想像自己把東西放進置物櫃，找到合適的播放清單並戴上耳機。想像自己拿起運動日誌，走向重訓區或有氧區。想像運動後的感覺。你滿頭大汗，但很有成就感。想像你開車回家時，自己臉上的笑容。

當你想像自己正在克服恐懼時，你可能會感受到身體的反應，比如出汗、呼吸急促等等。這是正常的。你的任務就是使用你心智的眼睛，在心中克服這種恐懼。盡力讓自己保持緩慢而規律的呼吸——吸氣四秒、閉氣四秒、吐氣八秒。

當計時器到了五分鐘結束後，請花點時間欣賞你在面對恐懼時，所展現出的勇氣。

第二步 —— 犒賞自己

接下來，讓自己沉浸在自己喜歡的活動中，為時三十分鐘。你喜歡畫畫嗎？還是跳舞呢？你有喜歡用FaceTime跟他聊天的朋友嗎？或你有沒有自己最喜歡吃的美食？你喜歡到地下室去用沙袋自主練習拳擊嗎？什麼都好，在接下來的三十分鐘裡，給自己一個享受美好時光的機會。做自己喜歡的事有助於建立自信，讓我們感覺自己更有能力。

第三步 —— 前進一小步

在挑戰自己的恐懼和獎勵自己之後，該是向前邁出一小步的時候了。此時，你將為此做好充分準備。讓我們繼續健身房的例子：

考慮打電話到附近的幾家健身房詢問：尖峰時段是什麼時候？有沒有哪些課程是可以改成一對一教練課的？是否有高敏感族群友善時段？

我們不必立刻做好一口氣跳得又高又遠的準備，而是只需向前邁出一小步而已。這些一小步一小步會隨著時間的推移慢慢累積，我們採取的每一個行動都有其意義，無論當時看起來多麼微不足道。花點時間想出幾個你可以執行的小步驟，然後至少動手做其中一個，向前邁進。

在你踏出了雖然渺小卻意義深遠的一步之後，再次花點時間來欣賞你的勇氣。歡迎借用先前在第62頁的自我引導解決方案來練習，用第三人稱對自己說：「幹得好，路易斯。這需要勇氣，我為你感到驕傲。」

克服我們的恐懼既需要思考，也需要行動。如果我們不能同時做到，就無法全心投入夢想，也無法鼓起勇氣給自己希望。我相信，這個練習能幫助你走上這條道路。

> 當我們在迴避自己的恐懼時，就無法真正快樂，因為我們會知道，有些事情在阻礙我們成為最卓越的自己。

選擇披上另我披風的這個方式，無論是音樂家、專業講者、創意人士、運動員或商務人士都會採用。由於另我將我們與核心自我分開了，因此他們可以非常強大。你可能聽說過碧昂絲（Beyoncé）的另我「凶猛莎夏」（Sasha Fierce）的故事[30]，她幫助碧昂絲克服了在舞台上的恐懼和壓抑。當我在重要比賽前踏進橄欖球場、或是參加全國十項全能賽事時，召喚另我可以幫助我自己更容易從任何失敗中抽離，並為我的成功進行更周全的準備。在這個練習中，我們將使用我自己在打造另我時，所使用的相同概念。

第一步——尋找靈感

當時我身為運動員，我很渴望找到一位英雄，一個能激勵我的榜樣，讓我相信我可以做自己想做的事。我找到了幾位鼓舞人心的橄欖球員，看完他們的精彩回顧影片。我還查到**他們的**英雄是誰，也看了那些影片。

在這一步，我希望你只要先做到這一點就好。在你所從事或想從事的領域裡，很有可能已經有具影響力的人存在於你的生活中。如果你很有野心或一心求勝，那麼你也許已經評估過有誰已經在這個圈子裡，但還是讓我們正式進行這個過程。找出是誰正在做你想做的事，觀察他們，研究他們。找出是誰啟發了他們，找到**他們的**導師。

接著請再深入研究他們，在社群媒體上追蹤、聽他們的Podcast，讀他

---

30 碧昂絲在接受奧普拉（Oprah Winfrey）採訪時表示，「當我聽到鋼琴聲、穿上細高跟鞋，一如既往地緊張……然後莎夏（Sasha Fierce）就出現了，接著我的姿勢和說話方式，都變得不同了。」碧昂絲想像自己在舞台上成為充滿自信、有力量、性感的莎莎，讓全世界數千萬粉絲為她瘋狂，奠定了天后寶座。
來源：https://www.managertoday.com.tw/articles/view/60345?utm_source=copyshare
©經理人

們的書。要是他們不是公眾人物，就試著聯絡他們，詢問能否進行訪談。這是你做功課的機會，找出驅動他們的力量，並決定自己想要擁有哪些特質。在這個階段，盡量先確定幾個關鍵人物。

在研究你的榜樣們幾個星期後，寫下他們有哪些特質和優點，是你想學習的。他們是否看起來無所畏懼？他們是否從不放棄？他們能夠自嘲嗎？他們是否把失敗視為通往卓越的踏板？用你發現的內容，來幫助自己明確辨認出你在通往卓越之路上的目標是什麼。

為你帶來啓發的榜樣	你希望擁抱的特質
1.	
2.	
3.	
4.	
5.	

第二步——進行想像

在我為十項全能比賽進行訓練時，就知道撐竿跳會是對我來說最難的比賽項目了。我擔心自己會倒掛在空中、摔到地上，腦袋開花。所以，我每天晚上在看完頂尖撐竿跳選手的精彩比賽影片之後，就會在睡前想像自己越過橫桿的樣子。我不斷重複這件事；一點都不意外的是，它能讓我隔天的練習進行得更加順利。當我要翻越橫桿時，我會想起自己在想像中越過那根橫桿的畫面。我會把我的另我顯化成我在精彩回顧片段中看到的某

位偉大運動員，我會相信我可以做到。我每天晚上都這麼做，持續了六個月，直到我覺得自己已經飛了起來。

而這也正是我希望你做的，我希望你每天晚上都去想像自己想做的事。你甚至可以用言語來練習接受自己的卓越，我們已經從先前的練習知道言語的力量非常強大了。

我很高興自己參加了演講會的開放麥克風之夜（Open Mic，又稱開放麥），能夠站上台還有不錯的表現，眞是太令人興奮了。

不管是大事小事，反覆思考和自我對話對我們都有幫助。在這些練習中，我們可以讓自己爲從未發生的事情感到沮喪，但也同樣可以讓自己感覺強大並充滿自信。

請花點時間寫下一些具體的事物來想像。

第三步──尋找圖騰

在研究榜樣並想像自己變得卓越之後，你就已經準備好克服那些威脅著要阻撓你的恐懼了。我鼓勵你做的下一件事就是找到一個圖騰，讓你的另我成眞。溫斯頓·邱吉爾（Winston Churchill）以前會戴上不同的帽子，以幫助他喚醒不同的人格。視力超好的馬丁·路德·金恩會戴著眼鏡，是因爲他覺得當自己看起來很「有氣質」的時候，會更受人尊敬。

你可以利用什麼東西來讓自己更有自信？你的法寶是一副眼鏡還是一頂帽子？也許是一抹口紅、甚至就是一雙襪子這麼簡單而已。我猜你家裡可能已經有這類你用來讓自己感覺更有自信的東西了，請讓它變得更有儀式感一點。現在，你已經在成爲你自

> 你的勇氣將讓你成長，接著引領你走向專精。

己的凶猛莎夏的路上了。

第四步——成為超級英雄

　　追求卓越是個大膽的目標。當詹姆斯‧勞倫斯（James Lawrence）立志要在五十天內參加五十個州的五十場鐵人三項比賽時，他一開始只是個凡人。但到了第三十天，他已經打造出「鋼鐵牛仔」，也就是他的超級英雄另我。每次戴上眼鏡，他就不再是詹姆斯‧勞倫斯，而是鋼鐵牛仔了。在第三十天，鋼鐵牛仔成了詹姆斯充滿自信的那個自己，準備好在接下來的二十天繼續奔跑。假使鋼鐵牛仔不存在的話，詹姆斯可能已經對自己的恐懼或焦慮屈服了。

　　當你無法用理智克服恐懼時，就以你的另我身分向前邁進。你不僅會激發自己的玩心，還能給自己勇氣。你的勇氣將讓你成長，接著引領你走向專精。

練習六：快樂調節法（Joy Conditioner）

　　理解我們的恐懼可以增強我們的韌性、提高創造力，甚至提升我們的情緒智商。在我與溫蒂‧鈴木博士的一次對談中，她分享了她的快樂調節理論；我認為這是一種令人興奮的方式，可以協助我們開始克服我們一些人所面臨的自然焦慮，無論情境是在日常生活中，或當我們在追尋意義使命時。

　　在這個練習中，我們將學習如何重新定義我們的焦慮觸發因素，並與之抗衡。其中許多概念皆改編自鈴木博士的著作《焦慮之益》。

第一步——了解你的觸發因素

當你確實理解是什麼使你感到焦慮時，你就能把這股能量引導到更正面的方向。這樣的了解，可以讓我們從匱乏的感覺轉變為豐盛的感覺。

一開始，先寫下三到五個你已知的焦慮觸發因素。在你老闆突然召開會議時，你會緊張嗎？當計畫在最後一刻改變時，你會感到憂心嗎？不管是什麼，都寫下來。

接著，寫下最近引發焦慮情緒的某段想法或記憶。要加上說明，不要只寫**上週三的晚餐**。寫一兩段關於這些想法和記憶的描述。

現在，請寫下你重新回想這些記憶時的**感覺**。你是否感覺到不安？悲傷？還是生氣？無論是什麼感覺，都寫下來。在這裡花點時間，靜靜面對這些情緒。記住這些感覺，讓自己深入感受它們。這種主動面對的方式提醒著我們，我們可以**克服**這些不適、恐懼或焦慮的感覺。現在，我們正在訓練自己的韌性。

第二步——回憶你的快樂

接下來，寫下五段快樂、有趣、刺激或愉悅的回憶，就像之前一樣，要具體描述。盡可能多寫一點你記得的細節：你穿了什麼衣服、身邊的人是誰，以及你的身體感覺如何。

然後，在每段回憶的旁邊，寫下任何與它們相關的氣味。氣味記憶是如此強大，可以幫助我們喚起與這些記憶相關的正面感受。如果你的其中一段回憶，是在爬了十二英哩之後，上到一個風景優美的觀景台所感受到的成就感，那麼與它相關的氣味有哪些？防曬乳、大自然還是營火？又或者是你登山杖上的橡膠手把呢？如果你對小時候去迪士尼樂園的經歷記憶猶新，你還記得空氣中瀰漫著什麼味道？大街麵包店？還是烤過的堅果香？無論你能記得什麼，都把它寫在你的快樂回憶裡。

最後，寫下你在每個時刻的感受。光是做這個練習，你就可能開始感覺到積極正向。你甚至可能會發現自己在寫下這些內容時，臉上洋溢著燦爛的笑容。讓這些正面情緒席捲你的全身。如果你感到歡欣鼓舞、十分滿足、興奮或完全放鬆，就放任自己再次去感受這些感覺。

第三步——對抗觸發因素

既然你已經允許自己深入體驗喜悅和焦慮，現在該是擬定行動計畫，來對抗你的焦慮觸發因素的時候了。首先，回到你在第一個「恐懼轉化工具」練習中所記錄的記憶清單。針對每段記憶，請花點時間看看你可以如何調整自己，讓自己在焦慮中感受到正向的情緒。

舉個例子：

下次再有突然召開的會議，讓我感到不知所措和憤怒時，我不會抗拒這種不知所措和憤怒的感覺；我會承認這些感覺，並允許自己去感受它們。接著，我會切開一顆檸檬並吸入它的香氣；這會讓我想起蜜月期間，當我和伴侶在悠哉的散步之後，吃著最美味的美式檸檬派時，我是多麼幸福、放鬆和平靜。

在感受到焦慮的時候，這個行動計畫也許無法完全消除你的焦慮情緒，但它可能可以幫助你放鬆夠長的時間，讓你在繼續前進的時候，感覺比之前更好。你將不再把注意力放在負面的想法上（匱乏），而是專注於正向（豐盛）。

在為你的五個觸發因素寫好行動計畫之後，花點時間來想辦法，讓你能夠輕鬆接觸到與正面回憶相關聯的氣味。有沒有可以隨身攜帶的精油、蠟燭或芳香噴霧？找到這些東西之後，就把它們放在一個地方，不管是在你車上、家裡或辦公室裡。（甚至三個地方都可以！）

焦慮會傳達一些訊息。它是一種感覺，提醒著我們需要找到解決方案、另闢蹊徑，甚至設定新的界線。如果我們不准自己去感受它，就等於剝奪了讓自己更有力量、更有韌性的機會。而當我們刻意接近不適感，並將其與愉悅感結合在一起的時候，我們就會成為一股強大的力量，**即使是在不堪重負或焦慮不安的情況中**，仍然能夠往前走。對於我們的意義使命來說，還有什麼比這更好的呢？

值得擁有更多

最近，我想起了羅摩克里須那（Ramakrishna）的一句話：「一片汪洋般的幸福可能會從天而降，但如果你只高舉一塊頂針，你能得到的也不過如此。」我們之中的許多人一直只舉著頂針指向天上，因為我們認為這就是我們的價值。我們一直讓恐懼主導自己的人生，因為我們認為我們的恐懼和懷疑值得站在舞台的正中央。它們並不值得，**值得的是你**。

不要讓你的恐懼阻礙自己實現目標。這一路上的日子有輕鬆、有困難，而且它們會交錯著出現。萬事起頭難，接著就會漸入佳境；重要的是莫忘初衷，**繼續設定目標並採取行動**。即使在你遇上困難的日子，還是會有進展的。

比起只有一個頂針的量，你值得擁有更多的幸福。你是值得的。你**很重要**。你會被創造出來，是為了實現比你目前接受的現狀更卓越的一切。你來到這個世界上是有原因的。你值得擁有愛、豐盛和更多的機會。

堅持不懈地克服困難，繼續向前邁進。你的突破即將到來。

若需要更多幫助你實現卓越心態的資源，請見：
TheGreatnessMindset.com/resources。

卓越心態

The Mindset of
Greatness

Chapter 9

療癒過去
HEALING YOUR PAST

　　最近在亞特蘭大搭乘Uber時，我和司機大姐聊了起來。她的父親在她還小的時候，就拋棄了她和吸毒成癮的母親，她只能一個人照顧媽媽。直到成年後，她還是繼續在自己的戀愛關係中，照顧需要幫助的人。她發現自己會被藥物成癮的男人所吸引，更試著幫助他們戒毒。結果，她承受的卻是一連串身體和情感上的虐待關係。隨著她分享更多細節，顯然她的人生軌跡源自於童年的創傷。她接受了有害的關係，因為她的內在小孩想要藉由幫助他人，來療癒自己。

　　然而，那天坐在計程車裡的我，並沒有聽出任何挫折感。沒錯，過去在她身體上留下的傷疤仍然存在，但她散發出的能量充滿了積極和善良。然後，她說了一句讓我印象深刻的話：「我不會再因此痛苦了。我已經學會了如何療癒，並將痛苦轉化為智慧。」

　　哇！就是這樣。這位了不起的女性正在成為一個全新的自己，一個不受過去創傷所限制的自己。事實上，她正在療癒自己的過去，這樣才能健康地繼續前行。她告訴我，她現在的先生是一個很棒的人，兩人就像隊友一樣，共同支撐著他們的融合家庭。她已經帶著意識去行動，以結束創傷的惡性循環。

　　我們所有人都有某種形式的過去創傷。無論你的創傷是什麼，如果不加以療癒，那麼它也將影響你的未來。創傷會再次引發創傷。要停止這種惡性循環，你必須讓**成年**的自己做決定，而不是當時那個年輕的、受傷的

自己。

我自己的療癒之旅揭露了很多，是關於我的內在小孩和他的需求的。在我陷於自身一些感情糾葛的過程中，我有幸訪問到研究自戀型人格的權威專家拉瑪妮・杜瓦蘇拉博士（Dr. Ramani Durvasula）。她解釋說，自戀型人格通常不會被診斷出來，因為他們拒絕就醫。就醫接受治療會迫使一個人面對自己的決定及其後果。然而，自戀型人格更偏好將他們的問題投射到別人身上，然後假裝自己是受害者。

拉瑪妮這麼一說，我突然明白了什麼。我在三段不同的戀情中，都曾要求女友和我一起接受伴侶治療，但她們全都拒絕。我因此感到非常困惑。我以為多數女性都會喜歡願意傾訴自身感受、願意在治療中改善兩人關係的男人。但是，即使在關係已經完全破裂、而我終於說服她們去找人談談的情況下，她們也不願聽從治療師的建議。

現在，我並不是在說自己在過去任何一段戀情中都是完美的，差得遠了！問題的一部分當然是出在我身上；我無法在關係中設定適當的界限，因為我會願意為了保持和平、取悅他人，而犧牲自己的某些部分。另一位幫助我意識到這種傾向的人，是《設限，才有好關係：不築牆也不揮霍善良，斷絕累到厭世的偽關係》[31]一書的作者內達拉・格洛弗・塔瓦布（Nedra Glover Tawwab）。我意識到自己在選擇對象的時候，選擇的都是活在情緒混亂中的人。她們對自己懷抱著不安全感或批評，所以我會為了想要幫助她們、讓她們相信自己的價值，而進入她們的世界。

現在回想起來，我早就該意識到，我不能在其他人還沒準備好的時候，就強迫她們成長。我早該明白自己可以接受她們當時的樣子，但不一定要和她們談戀愛。她們每個人都有自己過去被遺棄的創傷，而這些創傷

31　Set Boundaries, Find Peace: A Guide to Reclaiming Yourself，繁體中文版於二〇二二年由三采文化出版。

與我自己的創傷相互碰撞，簡直就像量身打造的毒藥一樣。

你懂的，我的父親很疼我，但我到十三歲都還很怕他發脾氣。只要他一回家，氣氛就明顯變得緊繃。相較之下我的母親則很被動；為了維持和平，她什麼都做，甚至放棄了各個部分的自我。長大之後，我也跟著扮演自己親眼看著媽媽扮演過的角色，為了維持和平而放棄自己的界限。我在有害的關係中停留了太久的時間，自以為有能力改善。我自然而然地重複了自己兒時目睹的一切。

在進行內在小孩需要的療癒工作之前，我在每一段戀愛關係中，最後都會感到羞愧和委屈。一切在剛開始的時候都很好，但接著我的觸發因素就會啟動。我看得出來這段關係無法繼續，但我對孤獨的恐懼和對完美關係的執著，卻驅使著我盡己所能地挽救；我甚至放棄了自己。然而一直以來，我感覺自己並沒有忠於自己，也因為失去了發言權而自我厭惡。

只有當我開始療癒內在小孩和過去的創傷時，我才終於開始感覺到我是真正地在做我真實的自己。我學會了告訴我的內在小孩所需要聽到的話；一旦我承認他也是我自己的一部分，我就會覺得自己有能力成為一個全新的

> 我感覺自己並沒有忠於自己，也因為失去了發言權而自我厭惡。

人。現在當我面對觸發因素時，就可以大方表明，那些不健康的行為不再是我會做的了。我不必再情緒化地反應，或是繼續舊時的我的那種有害模式。不要誤會我的意思，這是一趟持續進行的療癒過程。我必須不斷提醒自己，我是一個全新的人，不再需要對小時候的恐懼做出反應。

我得和我的內在小孩一起療癒的，還有其他的創傷。正如同我在《男子氣概的面具》[32] 一書中所寫的那樣，我小時候曾遭受過性虐待。在學校

32　The Mask of Masculinity: How Men Can Embrace Vulnerability, Create Strong Relationships, and Live Their Fullest Lives，暫譯，原作於二〇一七年出版。

裡，我因爲上資源班而受到嘲笑，哥哥在我八歲時進了監獄；我爸則在一場車禍中，因爲嚴重的腦部創傷而完全變了一個人，我基本上等於已經失去他了。所有這些創傷導致我內心一直有一種恐懼，害怕自己不夠好。

嘉柏・麥特博士（Dr. Gabor Maté）是一位成癮問題專家，在童年創傷的領域也很專業。他向大眾宣導了童年創傷會如何導致自我安慰的成癮行爲；這些成癮行爲不僅限於酒精或毒品的成癮。嘉柏博士說：「如果你得到的訊息是你不夠好、你不值得，那麼你可能會花上一輩子的時間，試圖證明事情並不是這樣。」這樣的孩子長大後可能會成爲極端的討好者，就像我自己一樣，會犧牲自己的一部分來試圖讓自己感覺自己已經夠好。

我的解決方式是成爲最成功、最強大的運動選手，這樣就沒有人能再讓我感到卑微。在某些方面來說，這麼做眞的有效！它讓我獲得了外在成果，然而，這也讓我對自己的過去懷抱著更深的不安全感和羞愧感。直到我開始療癒過去，才能體驗到內心的平靜。

> **直到我開始療癒過去，才能體驗到內心的平靜。**

事實上，大多數人都有一個飽受創傷、需求也未被滿足的內在小孩。通常，就像我自己的情況一樣，這個孩子的應對機制並不健康。

要擺脫這些不健康的習慣，唯一方式就是重新與內在小孩建立連結，並給予他們一開始就需要的東西。也許你需要告訴這個小孩他們是被愛的、他們已經夠好了；或向他們保證，他們是受到保護的，你會一直支持他們。總之，你需要向你的內在小孩發出積極正向的訊息，這樣你才有可能完全擁抱卓越心態。

尚未處理的創傷

　　活在未療癒的創傷中讓我感到身體不適。我常有窒息的感覺，喉頭好像被鎖了起來，胸口壓著沉重的負擔。我無時無刻都疲倦不堪，感覺如果滿分是十分的話，我的生活大概只能拿六分而已。我覺得我犧牲了自己的完整性，因為我並沒有忠於自己的價值觀或願景，一切都只是為了徒勞無功地讓某個人開心。至少我是這麼認為的。事實證明，我真正試著去滿足的那個人，其實是我自己的內在小孩。

　　未療癒的創傷可能會以許多方式束縛著我們，其中之一就是受害者心態。《綻放如妳：徹底覺醒的當代女性之道，妳就是一個完整無缺的圓》[33]一書的作者喜法莉‧薩貝瑞（Shefali Tsabary）博士，將受害這個狀態定義為某些人身處的一種真實狀態。假使有人遭受強暴或身體虐待，他們就是受害者，應該有權正視自己所受的痛苦，並且毫不掩飾地說：「我是受害者」。相較之下，受害者意識會在個人將自己與那次傷害緊緊連結時產生。有受害者意識的人開始依照該事件的模式生活，放任自己由它來定義，卻等於無意間將權力交給加害者。薩貝瑞博士說：「真正的賦權是要奪回所有的力量，包括負責的權力。」

　　這並不表示加害者可以免除責任，或你必須原諒發生過的一切。加害者絕對必須為他們的扭曲行為承擔責任，但沒有人需要活在由他人過錯所定義的未來之中。相反地，人們可以選擇過一個值得自己自豪的未來，而實現這一點的第一步，就是開始療癒的工作。

　　即使你擺脫了受害者意識，未癒合的過去仍然可能以其他方式對你造成阻礙。我們往往會發展出應對機制，來幫助自己度過眼前的創傷；這種

33　A Radical Awakening: Turn Pain Into Power, Embrace Your Truth, Live Free，繁體中文版於二〇二三年由遠流出版社出版。

自我保護的自然能力，是一種生物的天賦。然而，這些臨時解決方案可能會逐漸演變成不健康的模式。我們在年輕時用在緊急情況下的防禦機制，隨著歲月流逝，可能會成為有害的應對習慣。

妮可‧勒佩拉（Nicole LePera）博士是《全人療癒：你就是自己最棒的治療師，400萬人見證的每日自我修復療程》[34]一書的作者，她分享的例子，是在描述一個人在表達悲傷時，感覺沒有被接納的情況。這個人在未來，可能會學會藉由壓抑自己的情緒，來避免類似的創傷。這些應對機制的吸引力，在於它們在當下能夠帶來的緩解；只要重複的次數夠多，有害的應對方式也許就會變成第二天性。

對於勒佩拉博士來說，壓力循環成了她熟悉的應對機制。曾幾何時，她缺乏應對生活壓力的工具，於是她在壓力的刺激中找到了慰藉。壓力帶給她腎上腺素的飆升和皮質醇的分泌，是當時她的最佳選擇。她告訴我，她現在有時會發現自己居然在尋找負面評論，因為負面評論會讓人感到焦躁不安。為什麼？因為這是一種熟悉的狀態。妮可說，我們潛意識的運作所根據的是熟悉定律。我們的潛意識讓我們相信，熟悉的事物一定會比不可預測的事物要來得好，即使 —— 重點來了 —— 採取新的方法可能會得到更好的結果。

> 成為平靜的關鍵在於根據自己的意義使命，與那些認同並支持該使命的人設定關係界限。

我自己熟悉的狀態經常使我陷入有害的關係之中。我害怕傷害對方，光是想到會傷害到自己在乎的人，我就無法忍受。此外，我也害怕他人的看法，因為他可能會在事後說我的壞話。

在一年的時間裡，我積極參與治療，目的是找到內心的平靜。我剛開

---

34 How to Do The Work: Recognize Your Patterns, Heal From Your Past, and Create Your Self，繁體中文版於二○二一年由方智出版社出版。

始治療的那年，我的治療師問了我一個充滿力量的問題：「你對這次治療的期望是什麼？」我回答：「我想要清晰、平靜和自由。」每次治療的時候，她都會問我同樣的問題：「你想要什麼？」我總是給出同樣的答案：「清晰、平靜和自由。」到了快滿一年時，她問我：「你找到你要的了嗎？」這時我才意識到，我並不是**找到**我想要的，而是**成為**了這些事物。我**就是**平靜。我**就是**清晰。我**就是**自由。我告訴你這些，是因為在你追逐世界上的任何事物之前，你必須先成為你自己的平靜和喜悅。

成為平靜的關鍵，在於根據自己的意義使命，與那些認同並支持該使命的人設定關係界限。這不僅適用於你的戀愛對象，還包括工作關係、家庭、朋友或任何身邊的人。

當你奪回力量、療癒過去並開始與自己的願景保持一致時，你會感覺自己有無限的可能。你的自信心將會提升，因為你將會進入一個積極正向的循環，而不是負面的迴圈。

教練或批評者

讓我們回到我之前提到的觀點，也就是每個人的內心，都有一位教練和批評者。我親身體會過一個嚴格但不吝於鼓勵人的教練，與只會否定的批評者之間的差異。一位充滿愛心的教練會在不貶低你的情況下挑戰你，讓你成為最好的自己。

生活也是如此，只不過對你來說，最有效的教練或批評者就是**你本人**。你可以有意識地選擇成為那位鼓舞人心的教練，接受自己目前還只是個雕琢中的作品而已。你可以在自我提

> 要比較的話，對象應該是你過去的自己，而不是其他人。

升的同時接受自己。要比較的話，對象應該是你過去的自己，而不是其他人；記得慶祝你這一路已經走了多遠。

有專業認證的神經科醫師大衛・博瑪特博士（Dr. David Perlmutter）透過對阿茲海默症的研究，確立了自己在腦科學領域的專家地位。根據他的研究，大腦分為兩個部分：基於恐懼的部分，以及充滿同情心的部分。基於恐懼的部分是反應性的，會促使我們尋求即時滿足，並產生戰鬥或逃跑的感覺；而充滿同情心的部分則是對於未來的思考。在你感覺到被觸發的時候，就是這部分的大腦，負責讓成人掌握局面。這個成人會做出頭腦清楚的慎重決定，作為對未來的投入。根據博瑪特博士的研究，當大腦被啟動的是基於恐懼的部分時，它不可能做出慎重的決定，因為你的冷靜程度並不足以達成重要決策。那部分的大腦不是為了做這件事而設計的；它是用來快速做出生存決策的。

博瑪特博士所稱的基於恐懼的狀態，我稱之為負面狀態。負面狀態往往會導致情緒高漲，進而使你做出不符合真實自我的反應。相反地，正向的狀態會讓你可以說出：「我不喜歡這種情況，但我會有意識地決定不受不理性的恐懼所觸發。」要達成這樣的控制，會需要密切注意自己的感受。

> 超越極限即意味著去探索如何活在美好的存在狀態中。

幾年前我去印度時，參加了一世界學院（One World Academy）的冥想課程。在兩週的時間裡，我們除了冥想之外什麼也沒做。學院使用另一組術語，來描述這些正面和負面的心理狀態：美好狀態，以及苦難狀態。美好狀態是指活在愛、喜悅、豐盛和感恩之中，而苦難狀態是指生活在焦慮、壓力、嫉妒和懷疑之下。我在那裡學到的是，超越極限即意味著去探索如何活在美好的存在狀態中；這代表我們要培養長遠的關係、有意識地克服挑

戰、找到成就感，以及成為更能夠關懷一切的領導者。

因此，我們擁有美好狀態和苦難狀態、正向心態和負面心態、基於恐懼的心態和充滿同情心以及未來的心態，最後是教練和批評者。所有這些概念的核心，都是需要學會愛自己，以及去療癒一個想法、一段記憶，或一次創傷的經歷。

假使我們能夠始終堅持愛和正向的引導、也就是美好狀態的話，會怎麼樣呢？要實現這一點，你必須練習將自己從過去中解脫出來，才能進行療癒。在你進行時，你的旅程仍然會充滿挑戰，但這些挑戰不再對你造成阻礙。相反地，它們將賦予你更多前進的力量，因為你不再活在對失敗、成功或他人評價的恐懼中。

偏向恐懼的批評者會告訴你，**我不夠好**；而充滿關懷的教練，則會強調你已經夠好了：**無論你現在的狀態如何，我都是愛你的，讓我們一起進步和成長。**成長和療癒將是持續不斷的過程。一位英雄會說，**這種逆境不會決定我餘生的道路，它只是一個路障，而不是道路的盡頭。在我學會克服之後，這次障礙將讓我變得比現在強大得多。**

> 更卓越的未來，要有以清晰願景為根據並帶有意識的行動，它才會成真。

如果你想要打造一個更卓越的未來，它不會偶然發生，而是要有以清晰願景為根據並帶有意識的行動，它才會成真；只要你活在混亂的心理狀態中，就不可能擁有清晰的願景。

精神科醫師保羅‧孔蒂（Paul Conti，M.D.）是《創傷：看不見的流行病》[35]一書的作者，他從治療的角度研究精神疾病，尤其是社會對創傷的預防。他建議我們想像一種疾病，雖然只有極度輕微的外在症狀，卻能在不知不覺中侵襲你的全身；這種疾病很容易在親子之間傳播，如果不加以

35　Trauma: The Invisible Epidemic，暫譯，原作出版於二〇二一年。

治療，可能會持續終生。

　　孔蒂博士認爲，這正是社會應該看待創傷的方式，將其視爲一種失控的流行病，可能會導致致命的後果。最重要的是，它是能夠治療的。倘若我們意識到一個關鍵事實，也就是創傷既可以治療也可以預防的話，那麼作爲個人和社會，我們就能夠做出改變，來緩解創傷的影響，並防止進一步受到精神創傷。

打造卓越

　　爲了幫助你辨識出自己故事中的創傷，並且開始療癒過去，這裡有一些你可能會覺得有用的活動。

練習一：你的應對機制

　　每個人都有麻痺痛苦、應對失望，或處理被觸發的創傷的方法。這些方法可能各式各樣，從極端的藥物成癮，到還比較可以接受的工作狂。不管是什麼，我們都有各自的方式。在這個練習中，我們將更深入地了解我們的應對機制，以及我們從中獲得（或沒有獲得）了什麼。

第一步 ── 確認你的麻痺方式

　　是時候更深入地探討個人問題了。拿出你可靠的日記本或手機上的筆記應用程式，列出你的應對機制清單。你可以讓下列問題協助你開始。這些問題的目的不在於煽動你自我批判，而是爲了幫助你辨識出自己的生活中，那些在幫你麻痺痛苦的同時，卻會產生強烈不良影響的事物。

- 你喝酒嗎？
- 你會暴飲暴食嗎？
- 你抽菸嗎？
- 你抽大麻嗎？
- 你看色情片嗎？
- 你是工作狂嗎？
- 你是極端的取悅者嗎？
- 你晚上會狂看電視嗎？

你看得出來我希望你問自己的問題類型。在我年輕的時候，為了得到和平與清晰，**任何事情**我都願意妥協——甚至是自己的界限和渴望。由於我內心並不平靜，我成了一個極端的取悅他人者，不惜一切代價尋求內心的和平。當我們經歷痛苦或創傷時，我們經常在應對機制中尋求安慰（就像當時的我一樣）。這是我們撫慰自己的方式之一。

花些時間反思，找出你自己的應對方式。如果你發現自己陷入死胡同，無法辨認出你的應對方式，就請一位你信任的朋友或伴侶，來與你分享他們是否注意到你是怎麼應對困難情況的。

第二步——我從這些成癮行為中得到了什麼？

接下來我想請你深入研究自己從這些應對機制中得到了什麼。你可能會注意到我將它們稱為「成癮」，因為它們確實會讓人上癮。當我們擁有的方式，可以讓自己屢試不爽地麻痺痛苦並逃避感受時，我們就已經將自己的幸福交給了別的事物來控制了。

花點時間來檢視一下你的應對策略清單。它們是如何為你提供價值

的？你過度過度的時候，就能夠阻止那些侵入性思維了嗎？你在喝酒時，是不是覺得自己比較笑得出來？是否只有吸食大麻，才能讓你獲得足夠的寧靜來入睡？你對上述的任何一件事有沒有依賴？

這裡沒有錯誤答案。我希望你誠實地看待你的應對策略，並找出它們的吸引力所在。假使它們不是以某種方式來說對你有所幫助，你也不會一直尋求這些東西的慰藉。

寫下你想得到的任何事物。

第三步──這些成癮行為對我成為最理想的自己來說有意義嗎？

此時，你已經找到你的甜蜜點，為你的目的進行了一些準備，並且確立好自己的成長路徑了。為了達到你想要的目標，你需要成為最理想的自己。我希望你花點時間來想像一下你最理想的自己（我們稍後會在這方面進行更多練習），想像你在實現自己的意義使命，活出你的傳奇。

你最理想的自己會麻痺痛苦嗎？還是你會竭盡所能去面對自己的痛苦？

在我們準備好從麻木狀態進入戰鬥區域之前，應對機制對我們大有幫助。我們為了成為最理想的自己，必須有意識地踏出步伐，走上人生的擂台。我們需要繫上象徵性的手套，奮力向療癒之路前進。

你需要做些什麼，才能讓自己準備好應對挑戰？倘若你想終結在戒除任何一種依賴時所產生的戒斷症狀，會需要什麼幫助？心理治療師？互相激勵的夥伴？醫生？教練？花點時間思考一下，你在情緒、精神和身體上會需要什麼準備，才能擺脫依賴，進入療癒的境界。

如果你準備好了，就把它們寫下來。

你真的很棒

這個練習對你來說可能很有挑戰性。我花了多年時間才找出我自己的依賴，好不容易鼓起了我所需要的勇氣來拋開它們，擁抱療癒。我想提醒你，你已經夠好、夠值得，你已經**足夠**了。你有能力過著有目標、有意義的生活。你成功所需的一切都已經存在於你的內心。邁向卓越之路的一部分，就是找到你所需要的工具，來發掘你的完整自我。

練習二：心靈與身體的自我檢視

直到幾年前，我的神經系統都還是我思考、人際關係和身體的主宰。面對那些讓我感到壓力的情境或對話，我總是用自己的身體和思考模式來回應。我會出汗、感到恐慌，或在看似不需要那樣反應的情況下提高嗓門。我似乎總在戰鬥或逃跑的模式中進進出出，但自己也不太確定原因何在。

直到我能夠意識到這些反應，並且追溯它們的起源，我才能開始療癒的過程。只要是和痛苦或創傷性記憶相關，意識到我們身體的反應以及它發生的**原因**，是通向更完整自我的第一步。在這個練習中，我們將針對我們的觸發因素做一些功課，並檢視我們身體的反應。

第一步——反應清單

若要意識到我們被觸發之後的身體反應，第一步就是等到我們不再感覺到這些反應時，再退一步評估情況。如果你的情緒還很激動，就不要做這個練習的第一部分。你會想在心平氣和的時候進行這個練習，這樣才能公正地評估自己的反應。

拿出你的日記或一張紙，花點時間思考並回答這些問題：

- 你會在什麼時候生氣？
- 你會在別人怎樣的時候覺得很煩？
- 你會在什麼時候覺得最孤單？
- 負面的自我對話總會緊接著什麼事情出現？
- 什麼時候你會感覺最悲傷？
- 你覺得自己在什麼時候反應會很大？
- 你在哪些情況下會覺得失控？
- 有哪些情況會引發你的焦慮或恐慌？

這裡的關鍵，是讓你能夠**有意識地**思考自己的身體和情緒反應。我們希望能讓自己處於一種積極正向、充滿活力的狀態，**即使在受到觸發時也是如此**。我們在處於這種握有掌控權的狀態下，就更能創造豐盛和機遇，並展開自己的意義使命。

第二步——辨別你的身體反應

接下來，讓我們盤點一下自己的身體對觸發因素有何反應。假設你身處在上一步已經詳細描述的情況中，請寫下你注意到自己的身體所感受的一切。舉例來說，你生氣的時候會不會握緊拳頭？還是會咬牙切齒？你在傷心的時候，是不是也會覺得很疲憊？

這裡還有一組問題，可以幫助你發現自己對情緒觸發因素的一些生理反應。

- 什麼事情會讓你冒汗？（運動除外）
- 什麼事會讓你想翻白眼？

- 什麼會讓你握緊拳頭？
- 你在什麼時候會提高音量？
- 除了失眠之外，什麼事會讓你感到疲倦？

在檢視你的觸發因素並評估身體反應時，請寫下你想得到的每一種反應。你要盡可能地從無意識得到訊息，並使其進入意識中，愈多愈好。

第三步──承諾轉變為全新的反應模式

現在，你已經確定了自己的觸發情境和身體對它們的反應，是時候承諾轉變為新的方式來處理自己的反應了。學著這麼做是一個漫長的過程，你需要反覆練習你的反應，直到它們開始感覺更自然而然。

承諾轉變為全新的模式看起來可能會像這樣：

- 當我開始冒汗或感到恐慌時，我會先從現場離開，暫時休息一下。
- 當我感覺自己的情緒被引發的時候，我會深呼吸，放鬆下巴、拳頭和肩膀。
- 如果我提高音量或大吼大叫，我會立刻為自己的語氣道歉，並用更和緩的方式說話。要是我做不到，我會先離開現場，稍後再繼續對話。
- 當我大發脾氣、或在某個時刻無法控制自己的情緒時，我會在日記中寫下這段經歷。我會找出讓我感覺如此憤怒的原因，並寫下我未來可以如何做得更好。

在你思考自己的反應時，請把意義使命納入考量：

- 身為一個擁有意義使命的人，在受到觸發的情境中，你**希望**自己如何應對？
- 有沒有哪種應對方式，能讓你更接近自己的使命？
- 你會如何在回應時，有意識地保有責任感？

我們每個人都會對觸發因素產生身體反應，因為我們背負著過去的某些痛苦。將這些反應從無意識釋放出來，讓它們進入意識當中，是我們能夠將自己照顧並愛護得更好的一種方式。人生很長，有時候還很殘酷。就算我們不去療癒也不去改變行為，我們還是會在面對壓力或令人害怕的情況時產生身體反應；這是一項我們的身體天生擅長的事！當然，我們仍然會被「觸發」，**但我們會更有意識地察覺到這一點。**

花點時間來記錄你想試著建立的新模式。借用第一步的清單，寫出以反應為開頭的句子。

療癒是一場旅程

療癒我們觸發因素的目的，並不是讓我們永遠不再感到沮喪或受到觸發。我們的目標是去了解那些對我們有控制力的事物。我們的目標是去承認那些讓我們的身體、心智和心靈做出反應的事物——無論是戰鬥、僵住還是逃避。

你想成為什麼樣的人？你想成為一個對什麼事的反應都很大的人，還是一個對自己有深刻了解，能在你還沒開始回應、或在回應當下就迅速讓自己從反應階段中抽離的人？當你對自己的觸發因素有所意識之後，你就會開始療癒自己，讓自己感到安全，並把自己照顧得更好。

對自己要有耐心，療癒不會在一夕之間就實現。它是一段**旅程**。

根據你的創傷起源，你可能會想和你的治療師或諮商師一起進行接下來的幾個練習。如果這個練習開始以你覺得不安全的方式讓你感到無法招架的話，請立刻停止，等你準備好再和你的治療師或諮商師一起回來進行。

療癒過去創傷最重要的其中一步，就是找到我們痛苦的根源。在我的人生中，我曾有多次不得不這麼做，這樣我的事業才能有所進展、在面對人際關係時把握良機，並學會如何與我在乎的人溝通得更順利。

第一步——寫下你的回憶

你是否有一份清單，上面列滿了遺憾，或是你每次回想起來都讓自己痛苦不堪的回憶？例如，你還記不記得在學校被霸凌，或者在一群人面前感覺被羞辱的記憶？

在這個練習中，我希望你花盡可能多的時間，把你知道現在仍然影響著自己的每個過往記憶、事件或問題人物都記下來。你已經詳細記錄了你的身體反應和應對機制，現在該找出會將它們引發出來的是什麼了。

拿出一張紙或你的日記，寫下過去每件導致你現在身體反應和觸發因素的事件。回顧你的身體反應清單可能會有幫助，請以此為指南，追溯到你最原始的創傷。

以下是本練習的一些指引問題：

1. 造成觸發因素的記憶或事件有哪些？

2. 有哪些人會引發觸發因素？

3. 你的痛苦根源是來自哪裡、來自誰或什麼事物？

4. 你能寫下哪些將你與這種感覺連結起來的痛苦回憶？

　　此練習可能需要爲期幾天的多次嘗試。如果你在回想這些記憶時覺得不堪重負或是受到觸發，請隨時停下來。療癒不是一條筆直的道路，而是一段旅程；而我們在這一站的停留，可能會需要幾天的時間。

第二步 —— 寫封信給年幼的自己

　　在這項練習的第二部分，我希望你爲每個寫下的記憶或事件，都寫一封信給你年幼的自己。如果你不想逐一做這件事，請確保至少爲你認爲對你人生影響最重大的那些事件寫信。這項練習的目的，是在你痛苦的時刻給予自己主導權，並感謝年幼的自己所展現的力量和韌性。

　　我的意思大概是這樣：

親愛的貝琪：

　　凱蒂在六年級時因爲生妳的氣，創立了「我討厭貝琪俱樂部」，這對妳來說眞的難熬。她的做法不只錯誤也很刻薄，任何一個小孩都不應該有那種經歷！

　　容忍這一切需要很大的勇氣。我知道對十一歲的妳來說，這是難以承受的痛苦。我爲妳感到驕傲，儘管每天都要面對霸凌妳的人眞的很難受，但妳還是日復一日地去上學，也盡己所能地和朋友們一起玩得開心。妳眞的很堅強！我也爲妳從未選擇以暴制暴，並總是在他人需要幫助時伸出援手感到自豪。妳不應該受到那樣的對待，我很佩服妳依然能夠繼續保持妳的善良。

　　我在想，妳現在是否需要任何事物，來讓妳釋放那種痛苦。我們現在已經長大了，比起十一歲時擁有更多的技能和力量。我能怎麼幫助妳釋放

這份痛苦呢？

　　寫完信後，花點時間觀察你內心的年幼自我，需要什麼來擺脫痛苦。就像我們之前練習過的那樣，在寫信時感受一下自己的身體狀況。你開始冒汗了嗎？或是感到如釋重負？覺得悲傷還是憤怒？這些感覺都沒有對錯，重要的是在寫每封信的時候，都好好檢視自己內心的感受。

　　請記得在這些信裡問問你年幼的自己需要什麼，來給予自己主導權。這種練習會非常有效，因為它可以幫助我們把自己的不同部分，整合成一個更完整的人。

第三步──決定停止逃避

　　我們的創傷之所以會繼續帶給我們痛苦，其中一個最大的原因就是當它們浮出表面的時候，我們總會持續試著逃避，並拒絕感受其所帶來的感覺。當我決定勇敢面對過去的痛苦時，就能大步向前邁進。面對過去的創傷也許的確會讓人感到害怕，所以我們需要與自己達成協議，正視它、接受它，並打造一部新的未來。

　　我們所遭受的痛苦可能是不公平的、錯誤的，甚至是違法的，**但它還是發生了。我接受這件事情發生在我身上。這是不對的，我不應該受到這樣的對待，但我還是接受了。**我們能夠愈早說出這樣的話，就能夠愈早擁抱意義使命，走上新的成長之路。

　　這並不意味著你需要和傷害過你的人做朋友，或讓他們留在你的生命中；但對過往的痛苦耿耿於懷，只會在未來讓你更痛苦而已。

　　今天，當你坐下來面對你列出的痛苦事件時，請花點時間接受你所經歷的一切。向自己保證，無論付出什麼代價，你都會面對自己的創傷並且得到療癒。

唐納・米勒曾對我說：「如果我沒有心碎過，就不會對我的生活感到如此感激；我辦不到。痛苦對我們大有助益。」和我一樣，我相信你也承受了許多痛苦和失望。當我們面對自己的創傷時，就是在走上一條新的道路。我們在走的路，正是走向卓越的英雄之路。

Chapter 10

找出你的身分認同
FINDING YOUR IDENTITY

多年來，我總覺得內心好像少了點什麼。無論我變得多成功、實現了多少目標，事後我總會感到失望。我以爲自己會感到很充實，但實際上感覺到的卻是空虛。別誤會我的意思；把待辦清單上的事項做完後刪除的感覺很好，但更深層的成就感卻離我愈來愈遠。在花了幾年、甚至幾十年追求一個目標之後，我的感覺只有，**那現在要怎樣？**

正如我在《男子氣概的面具》一書中所分享的那樣，在我建立事業的最初幾年，從表面上看來我是成功的，賺了不少錢，品牌也一直在成長。但我並沒有得到滿足感，因爲在我的人生中，還有許多不同的事物尚未療癒。而且，我還因爲與自己的整體性、價值觀和願景變得不一致而感到沮喪；比起幫助他人、完成我的意義使命，我卻更專注於如何賺更多錢、如何獲得更大的影響力，來證明別人是錯的。

我逐漸意識到，在我人生大部分的時間裡，我所做的一切都只是爲了證明別人錯了而已──不管是我小時候的霸凌者，還是在挑選球員時總要到最後一刻才會選我入隊的那些人。我一心只想撫平過去的傷疤，證明我不是他們想像中的樣子；或者說不是我所認爲他們對我的想像。我成功的動力來自於我受傷的內在小孩，但這種動力既沒有意義，也無法長久。它導致我出於自私的原因追求目標，而不是出於純粹的愛。

簡而言之，我讓別人來定義我的身分，試著成爲一個不是我的人。然而，透過我在《卓越學校》的旅程中釐清自己的身分，我才得以轉變爲專

注於幫助他人的人。我的動力變成了，**我該如何從專家那裡獲得智慧來改善自己的生活，同時也把這些智慧傳遞給他人，讓他們成為更好的自己？**

若要讓你能夠提出這個你自己自始至終都必將回答的最核心問題——**你是誰？**療癒過去的過程是非常重要的。

而且，這個問題只有你自己能夠回答。

身分認同：培養或調整

身為ClassPass創始人、藝術家，以及《人生通行證》[36]一書作者的帕雅爾·卡達奇婭（Payal Kadakia），小時候過著兩種生活。她在美國朋友面前是個典型的美國人；而在印度朋友身邊的時候，則是一個自豪的印度人。而且，她還是麻省理工學院商學院的校友，同時也鑽研舞蹈。

無論她身處哪個群體，都會感到壓力，為自己看似對立的另一部分感到羞愧。事實上，真實的她是真正的兩者兼而有之。隨著年齡和見識的增長，帕雅爾說，當你為了取悅他人而活時，「你就不再知道成功是什麼樣子了。」她稱之為B計畫的成功，你只是在無意間遇到而已，卻不是你為自己選擇的成功之路。難怪你得不到什麼成就感；因為那就不是你的路！

我認為我們都能從帕雅爾的提醒中獲益，她說：「我們是可以從我們不同的身分中汲取力量的。」在回顧過去時，她告訴我她現在才明白，正是自己多重身分的結合，才使她有能力解決那些她注定要去解決的問題。此外，她也很慶幸自己能夠在商業和創意的世界中都有所經歷，因而得以探索不同的思想和過程。

---

36 LifePass: Drop Your Limits, Rise to Your Potential -A Groundbreaking Approach to Goal Setting，暫譯，原作出版於二〇二二年。

你的身分認同是由誰或什麼事物來塑造的？是你自己培養出來的，還是他人選擇對你進行調整，讓你朝著特定方向成長？這種調整往往是在無意中發生的，是我們所處環境的產物。

　　你必須朝著自己意義使命的方向來培育自己的成長，否則它將被引導至其他人的方向，不管目的地是哪裡。這樣的培育過程既是自我導向，也是思想開明的旅程。你應該有意識地選擇自己的道路，但也要準備好探索新的方向。組織心理學家亞當．格蘭特（Adam Grant）和我分享過一個有趣的心理學專有名詞，叫做「**認同早閉**」（identity foreclosure）。這是指人們在探索其他選擇之前，就已經承諾投入單一身分——即使這身分讓他們很興奮。亞當曾在一些大學生身上看到過這種情況，他們在真正嘗試其他選擇之前，就已經投入某一職業。通常，到了某一刻來臨的時候，這些學生才會認為自己的選擇是錯誤的；但由於他們的身分認同已經和自己的工作牢牢地綁在一起，因此感覺無處可逃。

　　也許你能體會到身分認同與工作之間的密切連結，又或者你比較偏向透過你往來的群體，來定義自己是誰。如果是這種情況，你得注意不要讓你在該社群中的成員身分，凌駕於你自己的價值觀之上。社會心理學家艾美．柯蒂博士和我討論過這種傾向。她提醒我，我們的價值觀決定了我們是什麼樣的人；因此，為了一個群體對這些價值觀妥協，就意味著放棄

> 你必須朝著自己意義使命的方向來培育自己的成長，否則它將被引導至其他人的方向，不管目的地是哪裡。

了對我們生活的主導權。順從同儕壓力、接受與你最親近的人相同的信念聽起來可能很有吸引力，但請堅持對你和你的使命而言正確的做法。

將自己看清楚

　　要活出你自己的卓越，而不是別人的想法，你就必須有意識地打造你自己的身分認同。這種意向性的一部分可能意味著拋棄自我的某些舊有部分，並設想出你想要成為的全新自己。

　　南卡羅萊納州眾議員雷昂‧霍華德（Leon Howard）在和我討論改變的必要性時，分享了一篇他讀到的故事，內容是關於兩個決定要戒菸的男人。其中一人在被請抽菸的時候，回答：「不了，我正在努力戒菸。」他仍然把自己看成會抽菸的人；雖然他正試著戒菸，但再怎麼說也還是會抽菸。另一個人則回答：「不了，我不抽菸。」他藉由褪去舊的自我並宣稱新身分，來完全投入他的新身分之中。

　　這又再回到一個事實：你**已經**夠好了，**而且**還在變得愈來愈好。你不是只能二選一，而是兩者兼具。正如雷昂與我分享的一樣，「我很欣賞現在的自己，但更重要的是，我也很欣賞自己即將成為的樣子。」事實是，你的身分認同將不斷地演變，也會包含形形色色的元素，因此你必須小心謹慎，不要為自己設限。

　　你是你自己所有經歷、群體和信念的綜合體；正是這種獨一無二的組合，讓你成為追求自己獨特意義使命的最佳人選。若你在心中將你理想自我的清晰圖像當作你的北極星，你就會做出循序漸進的生活改變，更接近你自己覺得很有成就感、具有深遠意義的那種成功。

　　研究表明，最成功的人往往是那些嘗試多重身分的人。倫敦商學院教授荷蜜妮亞‧伊巴拉（Herminia Ibarra）一直在研究人們如何建立職業生涯。她發現，成功人士會嘗試和轉換多種身分，而不只是接受身分以取悅他人而已。他們會主動探索不同的角色，以找到適合自己的最佳組合。

　　有時就像亞當‧格蘭特的情況一樣，你的實驗可能會需要你褪去自己

已經穿戴一段時間的身分。亞當希望在公共場合分享他的想法，但他長期以來穿戴著的身分，卻是一個害怕演講的內向人。爲了幫助他自我調整，他聽完了其他發表過精彩演講的內向者的演說，像是布萊恩・李托（Brian Little）、蘇珊・坎恩（Susan Cain）和麥爾坎・葛拉威爾（Malcolm Gladwell）。他決定放下過去的身分，那個侷促不安的講者，並嘗試以一種全新的身分來完成他的使命。而現在，從YouTube到TED Talks，你到處都能找到他激勵人心的演說。

組織心理學家班傑明・哈迪博士（Dr. Benjamin Hardy）也承認擁有彈性身分的重要性。他告訴我，擁有彈性的身分並不意味著它不在你的控制之下。你應該始終是引導自己身

> **若要追求卓越，首先必須了解自己。**

分變化的人，但你的身分不可避免地會改變。你過往的自我有不同的方式來實現一套不同的目標，正因如此，班傑明才告誡我們，要始終堅持爲現在的自己、而不是過去的自己服務的目標和信念。他鼓勵你問問自己現在應該專注在什麼事物上，而不是拘泥於舊標準。他認爲這種當前專注的心態，將幫助你選擇性地把注意力，放在有助於你實現人生下個卓越目標的事情上。

人生教練、勵志演說家暨企業家提姆・史托雷（Tim Storey）在參加我的節目時，分享了這樣的智慧：「當你找到自己來自何處、你是誰、以及你的目標爲何的時候，就沒有什麼能夠阻擋你。」

若要追求卓越，首先必須了解自己。沒有人可以替你做到這一點，有些問題是你注定要解決的。不要錯過能夠了解自己，並在自己應得的成功中，感到徹底滿足的機會。

英雄或反派角色

　　唐納・米勒給了我們一個好方法，來檢視我們的身分是如何形成的。他告訴我身分就是一切，因為我們會根據我們如何看待自己在故事中所扮演的身分，來採取行動。正如唐納所說，在每個故事中，基本上都會有四種主要角色：受害者、反派、英雄和指引者：

　　受害者認為自己注定失敗，無路可逃，總是在尋找救星。反派則是讓他人變得渺小的人，會為了握有權勢的感覺而貶低他人。英雄是那個原本沒有能力可以辦到，但卻接受挑戰並改變自己，直到能夠完成任務的那種人。指引者則是因為已經扮演了很長時間的英雄，所以擁有足夠的專業知識，能夠回過頭來幫助其他人。

　　唐納的重點是，這四個角色會同時存在每個故事裡，是因為它們也同時存在於你我之中。在任何時刻，你我都在扮演其中一個角色。而且，那個角色在平凡的一天裡，還有可能、甚至會改變好幾次。我們或許無法選擇發生在自己身上的事，但在大多數情況下，我們可以選擇自己在故事中扮演的角色。

　　唐納告訴我：「你愈認為自己是受害者，你的故事就愈糟糕。受害者不會改變，他們只是讓英雄看起來更正派、反派看起來更邪惡的小配角而已。如果我們扮演的是受害者的角色，那麼我們的故事就會無疾而終，永遠得不到自己想要的、不會產生任何影響，也沒有人會記得我們。」從上一章的角度來看，受害者不會努力療癒過去的創傷，而是讓創傷定義了自己。

　　然而，關於我們選擇如何對待過去的痛苦，還有另一個微妙但更重要

的區別需要注意。唐納是這樣說明的：

反派和英雄的幕後故事其實一模一樣，他們的背景故事都很痛苦。從電影一開始，英雄就有某種痛苦；同樣地，反派也有痛苦的背景故事。因此，反派和英雄的差別就只在於一件事情：他們如何應對痛苦。反派說，**這個世界傷害了我，所以我要報仇**。但英雄卻說，**這個世界傷害了我，我不會讓這種事發生在別人身上**。

你選擇如何應對人生中迎面而來的痛苦，會決定你在自己的身分故事中所扮演的角色是受害者、反派還是英雄（你也很可能在這過程中成為他人的指引者）。正如唐納告訴我的，

> 療癒就是一趟旅程，是你探索自我的必經之路。

學習往往發生在英雄採取行動的時候——接受治療、建立關係、從過去的錯誤中學習，或者是幫助他人。療癒是一趟旅程，是你探索自我的必經之路。

打造卓越

如果你已經準備好揭開自己的身分，以便看清自己的話，我鼓勵你投入以下的練習，來幫助你辨識自己是誰，以及你想成為什麼樣的人。

練習一：你目前的身分認同

如果你不愛自己現在的樣子，就很難追求意義使命，並開創自己本該

擁有的人生。我眞心認爲你是這個世界的禮物，也值得擁有豐盛的身分認同。即使這感覺起來也許不眞實，但我知道它們對你來說是眞實的。建立一個更強大、不受侷限的豐盛身分認同的最佳起點，就是弄清楚你現在是誰，並規劃出你想成爲什麼樣的人。這個練習將幫助你起步。

第一步──評估你現在的自己

自我意識是培養新身分認同的關鍵，假設你不知道從哪裡開始，就無法抵達終點。請針對以下敘述，以1到10分的分數爲自己評分。務必把你的答案記錄在這裡，或寫在其他幾個月後你還可以查看的地方，你會想追蹤自己的進步的。

我對自己的身分認同很滿意。

非常不同意			同意				非常同意		
1	2	3	4	5	6	7	8	9	10

我想要吸引機會、豐盛和重要的人際關係。

非常不同意			同意				非常同意		
1	2	3	4	5	6	7	8	9	10

我想讓我對自己的感覺，比現在好得多。

非常不同意			同意				非常同意		
1	2	3	4	5	6	7	8	9	10

我有一些壞習慣需要改進。

非常不同意			同意				非常同意		
1	2	3	4	5	6	7	8	9	10

我知道我需要為自己開始什麼新行為。

非常不同意			同意				非常同意		
1	2	3	4	5	6	7	8	9	10

我知道自己需要做什麼，才能成為我想成為的人。

非常不同意			同意				非常同意		
1	2	3	4	5	6	7	8	9	10

我了解自己需要怎樣的身分認同，才能支撐我的意義使命。

非常不同意			同意				非常同意		
1	2	3	4	5	6	7	8	9	10

我知道我的意義使命是什麼。

非常不同意			同意				非常同意		
1	2	3	4	5	6	7	8	9	10

我可能還不清楚自己的意義使命是什麼，但我想採取一些行動去探索，並且建立一個能夠成為其後盾的身分認同。

非常不同意			同意				非常同意		
1	2	3	4	5	6	7	8	9	10

　　這些敘述只是為了評估你的起點，並不代表你的新身分認同可以有多麼強大和豐盛。請記得，這不過是一段精彩旅程的**開始**而已。如果你的評分低於自己的期望值，不要灰心。相反地，請花點時間思考上述任何你想進一步探討的答案，並寫下你的想法。

第二步——撰寫一份意義使命宣言（Meaningful Mission Manifesto，MMM）

只要是人類，或多或少都體驗過自己不夠好的感覺，自信心的起伏也是人類經驗的一部分。當我們的身分認同受到侷限，而且建立在負面經驗的基礎上時，這種不夠好的感覺會讓人崩潰。即便有人每週工作六十個小時、每次追求升遷都無往不利，但要是他們的身分認同不是建立在穩固的基礎上、或者其行為並非與自己最真實的自我一致，那麼他們仍然會覺得自己的工作表現很糟糕。

如果你覺得自己無論做什麼都不夠好、感覺總是在卡關，有可能是由於你採取的行動和你真正的目的不一致，或是因為你尚未療癒促使你產生這種感覺的創傷。無論你做什麼、達成什麼成就，或做了多少所謂的好事，假使你不是走在正確的道路上，就只會覺得空虛而已。

> 你必須了解自己最終想成為怎樣的人，並規劃出一條通向那人、那個目標和那個身分認同的路徑。

要從負面思考的牢籠中解脫出來，你必須了解自己最終想成為怎樣的人，並規劃出一條通向那個人、那個目標和那個身分認同的路徑。在這個步驟中，我希望你花幾分鐘回顧上一步的答案，好好思考其中的幾個問題，並具體確定你想要的結果。

這些是我知道自己想要改變的行為：＿＿＿＿＿＿＿＿＿

我最理想的自己不會再花時間：＿＿＿＿＿＿＿＿＿＿

相反地，我最理想的自己想要把時間花在下列事物上：＿＿＿＿＿

我最理想的自己想要透過＿＿＿＿＿＿＿＿＿＿＿＿來幫助他人

在我想像我最理想的自己是什麼樣子時，以下是我擁有的特質：

＿＿＿＿＿＿＿＿＿＿＿＿＿＿＿＿＿＿＿＿＿＿＿＿＿＿＿＿＿

既然你已經寫好這些內容了，那就花點時間把它們整合成一份意義使命宣言。

　　我，＿＿＿，承諾不再做那些與我想成為的人不相符的行為。我將停止＿＿＿＿＿。我不會再花時間＿＿＿＿＿。取而代之的是，我會花時間＿＿＿＿＿，因為我想幫助其他人＿＿＿＿＿。當我以最真實、最崇高的自我在人生中前進時，就能實現自己的意義使命，幫助他人、吸引豐盛，並為自己創造積極的機會。

範例

　　我，安東尼・庫柏，承諾不再做那些與我想成為的人不相符的行為。在該遵守期限的時候，我將停止拖延。在我失敗時，我也會善待自己、愛護自己。我不會再為小過失生氣，並且學會更寬容。我不會再花時間狂看電視或打電動。取而代之的是，我會限制這些活動的時間，花時間和朋友相處、找一位商業教練以及學習如何寫日誌。因為我想幫助其他人，教導他們如何以企業成功為目標來寫作。當我以最真實、最崇高的自我在人生中前進時，就能實現自己的意義使命，幫助他人、吸引豐盛，並為自己創造積極的機會。

　　這份宣言將有助於引導你建立一個全新的、更積極正向的身分。假設你與自己想要成為的人、你看待自己的方式以及你所採取的行動之間，都缺乏整體一致性的話，你就不會覺得自己是完整的。你將感覺到一種深刻的匱乏感，將對你的身分認同有害。

　　你的意義使命宣言是你對自己的承諾，你將採取行動，確認你豐盛的

身分認同，支持著你的成長，並最終幫助你實現自己的意義使命。你會有某幾天、某幾個星期或某幾個月不太想去做對自己理想身分認同有所助益的事，但你必須堅持下去，原因就是你宣言裡的最後一句話。

第三步──磨練新技能

在寫完意義使命宣言之後，你很可能需要學習並發展一些新技能，來支持你的新道路。改變習慣、學習新技能和尋求新的成長，都能幫助你建立全新的身分認同。此外，新的行為和技能將幫助你對自己的想法更正面、吸引有意義的關係，並辨識出好的機會。

請根據你在第一步的回答，花點時間在下面列出任何你可能需要發展的新技能。在這些技能旁邊，寫下你要如何實現（找教練、課程、書籍等）。我提供了幾個例子，這樣你就會知道我在說什麼。請再拿一張紙或日記，來完成你自己的清單。

我想學會的技能	如何才能學會的方法
簡樸	找線上課程或買書來學
韌性	找一位自我對話治療師
不再拖延	在網路上尋找分享如何學習相關技能的人；找一個人幫忙維持自己在這方面的責任感

為卓越做好準備

感激你自己從過去到現在所付出的努力和堅持。如果你在練習過程中

覺得自己不夠好、對自己不滿意，我想提醒你，你正在打造一個**全新**的自己。你正在創造的身分認同，並非建立在創傷、批評或關於你所能取得的成就的謊言之上。現在，請花點時間深呼吸，

> **卓越在等著你！**

你與生俱來的力量將幫助你抵達自己想去的地方。卓越在等著你！

練習二：欣賞你自己的身分認同

當我開始走上自己的卓越之路時，我對什麼事的反應都很大，內心也充滿了恐懼和焦慮。當時我所建立的身分認同，是根據深陷於創傷和痛苦經驗之中的過去。因此，我必須有意識地療癒創傷、克服恐懼，為自己創造一個全新的身分認同。我在療癒之路上跨出的一大步，就是**接納**。我必須決定愛自己，愛自己的過去、未來，以及當中每一個過程的自己。我必須停止因為自己不完美而自責，並採取具體的步驟，來保護自己免受內在有害想法的影響。

我們的內在想法形塑了我們的身分。我們必須以關愛、正向的眼光看

> **我們的内在想法形塑了我們的身分。**

待自己，這樣我們才能建立自己想要的身分認同。今天就花點時間清理你內心的負面情緒，並為**現在**的自己喝采。

第一步 —— 替換你的負面想法

負面想法是能量的吸血鬼，它會影響你的意義使命、工作表現，最重要的是，它還會影響你的人際關係。阻止負面想法的最佳方法之一就是將它們找出來、讓它們浮出水面，承認它們。不去壓抑負面想法可能有些違反直覺，但它們是我們身分中的反派，每當我們把它悶在心裡或束諸高

閣、等著「總有一天」再處理的時候，它們反而會變得愈來愈強大。在這個步驟，我希望你花點時間，來識別那些造成你封閉自己、反擊、防禦或孤立自己的想法和感受。

拿出你可靠的日記本或一張白紙：

1. 找出你長期以來的負面想法和感受。
2. 問問自己：**這種想法或感覺對你豐盛的身分認同有幫助嗎？**
3. 以豐盛的心態重新解讀你的侵入性思維。

畫一個表格，如下所示，並請填寫空白處。我已經填好一些例子了，這樣你才知道我要你做什麼。

侵入性思維／感覺	重新解讀你的想法
我真是一團糟，我不可能幫得上別人的忙。	我已經做好充分的準備，來向那些曾有過負面經歷的人展現同理心並提供幫助。
我已經太老，無法開始進行新的嘗試了。我已經沒機會了。	由於我比較年長，所以我有能力幫助年輕人避開我曾遇過的陷阱。
我永遠比不上我的同儕，他們都遙遙領先我了。	唯一與我有關的經歷是我自己的經歷。我正走在一條新的成長道路上，它將帶我到達我想去的地方。

很多時候，我們所體會到的想法和感覺，並不屬於我們真實的自己。它們是由我們的創傷所創造，或是透過我們的恐懼所想像出來的。就像畫

家坐下來創作時，要是他們總想像別人會在Instagram上對自己的作品評論些什麼，那就永遠畫不出任何東西。假使有跑者準備好要參加波士頓馬拉松，耳邊卻不停聽到大學時的教練說他們是失敗者，那他們永遠也無法完成比賽。

我們最真實的身分不會苛責自己，或對我們是什麼樣子而感到失望。我們最真實的本質是對自己充滿愛、善良和鼓勵的。當我們把那些認為自己不值得和不夠好的想法攤開在陽光下的時候，它們就無法繼續存在。

第二步──為自己喝采

你是**值得**的。

你**值得**擁有精彩的人生。

你很**重要**。

你是一份禮物。

花點時間來慶祝這個名為你的奇蹟，該是列出我們喜歡自己哪些地方的時候了。寫下任何你愛自己的原因，隨便什麼原因都可以！不需要用太多詞彙，但一定要具體。與其說「我很擅長硬舉」，不如深入研究為什麼你喜歡自己這一點。「我很擅長硬舉，因為我從來不會被槓鈴上的重量嚇倒。」然後花點時間思考一下，在你進行療癒及追求意義使命的過程中，這些喝采能夠如何幫助你。

它看起來可能會像下頁這樣：

我覺得自己的這一點很棒	我可以如何將它運用在我的 意義使命和豐盛的身分認同上
我很擅長硬舉，因為我從來不會被槓鈴上的重量嚇倒。	如果我把障礙看作是槓把上的另一片槓片，我就可以喚起內心從不畏懼的一面，充滿信心地大步向前。
我是一個很棒的朋友，因為我非常鼓勵他人，而且總會在需要我的時候出現。	我能像看待朋友一樣看待自己、鼓勵自己，在自己處於危機時，努力給自己所需的支持。
我喜歡自己對我遇到的每個人都很友善，即使在我覺得煩躁的時候也是如此。	當我因為自己的不完美生氣時，我知道我有能力善待自己。如果我能為陌生人找到力量，我也能為自己找到力量。

　　當你完成之後，把這份清單放在你常看得到的地方。用手機拍下來，這樣你就可以放在口袋裡隨身攜帶。把它夾在你的日記本裡，或是貼在冰箱上。把它貼在任何你能看到的地方。當你感覺到沒完沒了的負面想法開始侵襲時，這份清單會提醒你自己的價值，幫助你重新調整思考。

第三步——寫一封來自未來的你的信

　　接下來，將你在第二步中的所有正面感受，貫注到一封由未來的自己，寫給現在的自己的信件中。想像一下未來幾年後的你自己寫了一封信，要給現在正在進行療癒和成長工作的你。在這封信中，你可以說任何你想說的話，這裡有一些建議，可能可以幫助你開始：

- 感謝你自己每天所做的行動，它們幫助你建立了更強大的身分認同。
- 提到你對年輕時的自己，為了進行療癒而付出的努力感到多麼驕傲。
- 談談你為什麼為現在的自己感到自豪。
- 感謝你自己一直以來的努力。
- 提及你在年輕時必須克服的障礙，並為克服這些障礙而喝采。
- 寫下你已戰勝的成癮或破壞性行為。
- 感謝你自己建立的生活習慣。
- 鼓勵自己堅持到底。
- 與自己分享「若要打造全新的身分認同，你會需要持續擁抱什麼行為」，來引導你自己。
- 讚頌年輕時的自己，成為了你自己意義使命的支柱。

在寫這封信時，請跟隨你的直覺。你是在慶祝當下的自己，努力抵達了自己想去的地方。**你真的很棒**。

只有你自己辦得到

你之前可能已經聽我這麼說過了：如果你想找到那個能夠改變你人生的人，就去照照鏡子。**你所想要的一切，只有你自己能給自己**，你必須願意每天都付出努力。這就是為什麼接受自己、為自己的努力鼓掌，以及重新設定自己的負面想法這麼重要。你現在已經走在通往卓越的道路上了。發展你的技能、正視自己的不安全感，並為自己的能力喝采。每天都努力進行練習，將自己打造成一股力量。此時此刻的你，已經擁有成就目標所

需的一切了。

靈感是一個我們隨處可見的詞，也很容易有變得平庸的感覺。但是真正的靈感，在你打造新身分認同的旅程中**不可或缺**。靈感能為你插上帶著你飛翔的翅膀、讓你與眾不同，幫助你學到更多並過著更好的生活。如果生活中有人可以帶給我們靈感的話，無論是實體還是虛擬（例如線上教練），我真心相信我們會更快樂，也能夠產生更有意義的影響。這個練習將幫助你找到激發你靈感的事物，確認你想要從中獲得什麼，並擬定計畫來實現。

你所想要的一切，只有自己能給自己。

第一步──寫下靈感清單

在這個步驟中，請找出你仰慕並且從他們身上獲得靈感的人。任何人都可以──父母、兄弟姐妹、朋友、老師、線上教練、作家、名人，或著名的角色。隨意列出你想得到的任何人，即使你覺得這樣看起來可能有點奇怪。如果他們能激發你的靈感，就把他們寫下來。

- 寫下激發你靈感的人的名單。
- 在每個名字旁邊寫一到兩句話，說明他們給了你什麼靈感。

了解你仰慕的人以及你仰慕他們的**原因**，可以幫助你找出自己想要擁有的特質。

第二步——具體地想像

接下來，更具體地列出你想爲自己培養的實際特質。請參考第一步的清單，分析一下這些特定人物擁有哪些值得仰慕的特質，也許會對你有幫助。

- 想像自己想成爲什麼樣的人。
  —— 你有哪些特質或特徵？
  —— 這些特質或特徵如何幫助你完成自己的意義使命？
- 當你在想像未來的自己時，請評估一下：
  —— 你是遲疑不定還是充滿自信？
  —— 你對自己有什麼看法？
  —— 你是充滿恐懼還是無所畏懼？
  —— 你還感受到了其他哪些情緒？
- 對你在第一步中列出的人進行同樣的評估。
  —— 你認爲他們對自己有什麼感覺？
  —— 即使在缺乏自信的時候，他們是否仍在追求自己的目標？
  —— 他們如何解決問題或阻礙？
  —— 他們如何激勵自己？

在你準備好之後，拿出一張紙、日記本、筆記應用程式（現在你知道該怎麼做了），記錄下你想擁有的特質。

第三步——根據這些提示進行冥想

既然你已經確定了自己想要培養的特質和特徵，那麼請花點時間進行冥想。正是在冥想的寧靜時刻中，我們才能集中思緒，以新目標爲中心開

始健康的思考模式。冥想還能夠幫助我們探索實現目標的具體步驟。在一片靜謐中，很多奇蹟都可能發生。

　　準備冥想時，先找個舒服的姿勢。很多人都說當他們的雙腳平踏在地面上時，冥想的效果最好，但你也可以用任何對你來說最舒適的姿勢。

1. 開始冥想時，先進行幾次深呼吸。你可以藉由數吸氣和呼氣的拍子，來把注意力集中在呼吸上，七拍吸氣，八拍吐氣。

2. 花點時間在內心審視一下你的身體，從頭到腳對自己進行掃描。感受你的手臂，留意你的雙腳，意識到你的背部和雙手擺放的位置。如果身體的哪個部位有緊繃或緊張的感覺（尤其是下巴或肩膀），請花幾分鐘的時間試著放鬆那裡。

3. 檢視一下你的能量、思想和感覺。你現在的感覺是正面還是負面？疲倦還是充滿活力？飢餓還是飽足？這裡的答案沒有對錯，只是觀察一下自己的狀態而已。

4. 花些時間來讓感激充滿內心。在你的生活中，找出你心懷感恩的三件事，並花一點時間專注在每一件事情上。

5. 從以下提示中選擇一個，冥想三到五分鐘。在思考的過程中，試著有意識地敞開心靈，讓新的想法進入。你可能會發現自己的思緒飄忽不定，沒有關係，只要讓自己回到提示上，繼續冥想就可以了。

　　——本週有什麼事物給了你靈感？為什麼？

　　——擁有這些特質或特徵，會在哪些方面改善你的生活，或為你帶來更多喜悅？

　　——這些特質將以哪些方式，幫助你建立一個豐盛的身分？

　　——這些特質或特徵如何幫助你完成自己的意義使命？

　　——你可以用哪一個方法，來開始納入這些新特質？

—— 你可以如何實踐？

—— 不斷默念，冥想你意義使命宣言中的這句話：當我以最真實、最理想的自己在人生中前進時，就能實現自己的意義使命，幫助他人、吸引豐盛，並為自己創造積極的機會。

冥想能讓我們的神經系統平靜下來，並且訓練我們的大腦一次又一次地回到當下。這是一項建議你可以隨時運用的實用技能，它能在你感覺到被觸發或崩潰的時候，幫助你面對負面想法並擺脫限制性信念。在你繼續建立自己的新身分認同時，一定要騰出時間進行冥想；你會發現冥想既具有啟發性，也同時平靜且美好。

你就是靈感的源泉

> 當你有勇氣進行自我療癒、擺脫有害的思考並打造新的身分認同時，就會激勵其他人也傚仿。

當你有勇氣進行自我療癒、擺脫有害的思考並打造新的身分認同時，就會激勵其他人也傚仿；你的啟發會擴散到與你接觸的每一個人。建立新身分認同是一項艱難的工作，但你在設定和實現目標的過程中所表現出來的默默堅持，會像是你自己受到激勵一般地激勵他人。你是誰、你在做什麼、你在人生中被放在什麼位置，這些都沒有錯。你的存在就是為了帶給其他人啟發——所以，繼續前進吧。

　　我在跑步跑到一半快要放棄的時候，會做一件事情。如果我想停下來，或感覺累到不行，我就會對自己重複一句咒語。**我跑得很快、我很健康、我很自由**。每跑一步就告訴自己，**我跑得很快、我很健康、我很自由**。跑著跑著，我的疲勞似乎消失了、疼痛減輕了，速度也開始變得更快。我們的想法和表現是緊密相連的。這個練習將協助你創造出你在建立自己的豐盛身分認同時，對你有幫助的咒語。

1. 寫下你最渴望的事物，什麼都可以——從事業成功到擁有甜蜜的愛情，甚至是成為世界上最頂尖的檸檬專家。無論是什麼，都寫下來。
2. 在每個願望旁邊，都寫下一句宣告式的肯定句。
3. 想像你已經擁有自己最想要的東西了。如果你寫的是**我想要找到人生中的眞愛**，那就在這句話旁邊寫下**我是值得被愛的，我深深被愛著**。
4. 將你的句子精簡爲幾個詞，創造一個簡短、易於記憶和重複的咒語。

以下是一些寫咒語的技巧：

- 固定用第一人稱來寫你的咒語，用**我或我的**來開頭。
- 咒語要寫得具體。
- 咒語要是肯定句，不使用任何否定的字詞。

利用這個公式，就可以創造咒語，讓你在生活中需要克服阻礙、應對困難局面，或者引導你心智的方向，使其遠離負面想法、轉為積極正向的任何時候使用。接著就像我一樣，在任何需要的時候，在每走一步路、每次呼吸的時候，都重複你的咒語。沒有什麼比在當下改變你的負面想法，更能賦予你力量的了。

Chapter 11

轉變中的心態循環
THE MINDSET-IN-MOTION CYCLE

如果你放下這本書，走到浴室的鏡子前看看自己，你會看到什麼？你會看到的，很有可能就是你一直以來的**自己**。當然，你會看到自己今天的樣子，但你可能不會注意到自己自從完成上一章的練習之後，所發生的細微變化。在這人生的旅途中，這些變化每一天的時時刻刻都在發生。

請把這與你久久才和某人見一次面的情況比較看看，也許是你二十年沒見過的青梅竹馬、前任，甚至是你長大就沒再看過的親戚。

在這些情況下，你會注意到**極端**的不同。你過往記憶中的那個人已經不在了；他原本可能更年輕、頭髮比較多或髮型不一樣，穿衣風格變了，甚至可能走路和說話的姿態或樣子也不再相同。

諷刺的是，別人身上的變化好像都發生在一瞬間，但我們自己的變化卻似乎總是悄然而至。只有在朝著同個方向走了很久之後，我們彷彿才能看到改變對我們自身的影響。

但是，追求卓越最重要的就是改變。

正如我們討論過的，卓越來自於療癒我們過去的傷痛，也來自於我們在成為全新的人、成為不同且更好的人時，找到自己的身分認同。這些改變需要時間、努力和精力。它們也需要我們意識到，只有在我們檢視位於**心態**這個大概念之下的三個主要組成部分時，改變才會發生。**心態**是由三個相互交織且重疊的部分組成的：

- 你的想法（你如何思考）
- 你的情感（你怎麼去感覺）
- 你的行為（你如何行動）

我們會在本章中進一步分析這些元素，但我想先討論為什麼這三者結合在一起，會對**心態**造成影響。說到負面情緒對行為的強大影響時，《開啟你的驚人天賦：科學證實你能活出極致美好的人生狀態》[37]一書的作者喬·迪斯本札博士（Dr. Joe Dispenza）曾經說過：「如果我不去克服這種情感，那麼我就會活在過去；這就是業力，因為這種情感會驅動我的行為和想法。我的未來將會與我的過去非常相似。」

情感會讓我們活在曾有傷害或創傷發生的過去，因而對你現在的行為造成影響，進而遏止你未來的成長。情感影響著行為。

如溝通病理學家暨認知神經科學家卡洛琳·麗芙博士（Dr. Caroline Leaf）告訴我的：

你無法控制事件和環境，但你可以學著管理自己的心智⋯⋯新冠肺炎、創傷、死亡、生活中的種種事件都會發生，但是⋯⋯卓越來自於我們內心，管理著我們的心智。卓越的意思不一定是你銀行裡有幾百萬的存款，或者成為一位知名的超級巨星；卓越意味著你擁有內心的平靜，或你確實正在成長。你作為一個人，對自己感到很滿足。

事件——尤其是創傷或負面的事件——會在我們內心產生情感，而情感會產生想法。這些想法必須加以應對，否則它們會以負面的方式控制我

37　Becoming Supernatural:How Common People Are Doing the Uncommon，繁體中文版於二〇一九年由三采文化出版。

們的行為。

　　世界知名的快速轉化療法（Rapid Transformational Therapy，RTT）培訓師瑪麗莎・皮爾（Marissa Peer）指出：

　　你所想的每一個念頭都會變成現實。你要是不相信，不妨想想看：如果你想到尷尬的事情，臉就會紅起來；如果你想到悲傷的事；眼睛就會充滿淚水；如果你想到食物，你的胃就會咕嚕咕嚕叫；如果你想到性感的對象，可能就會變得血脈賁張。因此，身體會實現你的想法。無論你在想什麼念頭，你的身體都在忙著把它變成現實。假使你的想法變得更好，你就會得到更好的情緒反應和更好的回應。

> **｜情感影響行為。**

　　思考、感受、行動。你是否看見事情是怎麼糾纏在一起的了？

　　成長並不是一蹴而就的。它隨著時間的推移逐漸發生，你的想法會變成行為、感受會變成想法，行為導致更多的感受，情感又影響著你的行為──如此循環往復。

　　讓我們進一步分析它們之間的連結。

生活的循環

　　要前往任何值得去的地方，都需要採取行動；你可能已經在自己的生活中看到了這種現實。光是坐在那裡想**我應該開始運動、我需要吃得更健康、我應該聽聽不同人的意見、我需要暫時遠離社群媒體、我應該跟那個人聯絡並主動道歉**，並不會實現卓越的結果。

上述內容也適用於情感。像是**我晚上一個人在家的時候覺得很孤單、我說的那些話很刻薄，讓我覺得自己好丟臉**；或者是**那個人超我車害我很生氣、他為我做的事讓我感激不盡**之類的感覺，也都不會改變你的行為。

> **要前往任何值得去的地方，都需要採取行動。**

這些想法，需要的是行動。

這會需要處理好內在和外在的力量，處理好你的過往自己（療癒你的過去）和你正在成為的自己（找到你的身分認同）之間的關係，以及在你真實的過去、所有你正在努力療癒的一切、你理想的未來，也就是你正在努力打造的全新**卓越**身分認同之間，找到平衡。

這是一個需要時間的過程，是一個持續運動中的方向。

請仔細思考這張圖示，我稱之為轉變中的心態循環：

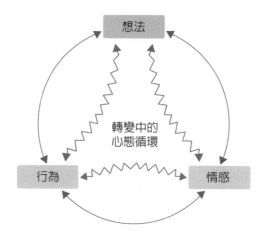

卓越心態是你的思考方式、感受方式和行動方式完美結合的甜蜜點。心態本身是中性的，可以正面，也可以負面；可以混亂，也可以清晰。這就是圖示中兩種不同類型的線條所代表的意義。鋸齒狀線條代表的是與卓越心態對立的狀態。想法、情感和行為之間雖然互相連結，但它連結的方式無法通往成長和卓越。

　　當發揮作用的是這些鋸齒狀線條時，你的想法可能大多是負面和自我毀滅的，結果導致自己的心態畏縮，出現像這些類型的想法：**我的能力永遠不足以實現自己的目標、我永遠不會成為別人想要尋找的伴侶、我每次嘗試新事物都會失敗**，還有**這種事情總是發生在像我這樣的人身上**。這些想法顯然會對你的情感產生有害的負面影響，讓你感到失敗、無力、陷入困境、焦慮、渺小和停滯不前。如果你有這種感覺，就不會有採取行動的動力。你的負面心態告訴你，行動是徒勞無功的。

　　另一方面，還有一種循環能夠帶來拓展和成長——也就是通向卓越的循環。外圍的平滑線條代表著一種卓越心態；在這種心態下，一切的進展都很順利。你的想法大多是好的、積極正向的，並且能夠提振你的情緒。換句話說，當你感到**自信、安全、積極正向和躍躍欲試**時，你的想法也會覺得能夠順暢地交流。這些情感會影響你的行為。只要你看到一個機會，你就會抓住它！你會有意識地行動，克服障礙時充滿勇氣和決心。當你成功時，內心就會滿溢新的積極想法，像是：**我做到了，我克服了障礙，我在這個過程中成長了；在同樣的情況下，我不會再有像之前那樣的反應了**。

　　正確的想法會引發更好的行為，並帶來更好的情感。

　　正確的情感會帶來更好的行為，產生更卓越的想法。

> 只要看到一個機會，就抓住它！

正確的行為會強化更好的想法，因而產生更好的情感。

真正困難的部分在於駕馭思想、情感和行為之間的緊張關係；這有點像是試圖在立式划槳板上保持平衡。在水面平靜時，你也許有可能站著也能夠平衡，但只要突然一起浪，你就可能搖搖晃晃。要是試著划槳，你會搖得更嚴重；一撞到水底的什麼東西，大概就直接翻船了。它需要內在的力量來穩定你的核心、站穩你的腳步，並朝著你的目標繼續前進。

這就是「轉變中的心態循環」的運作方式。這等於是在你每天進行微調以獲得穩定的時候，針對日日影響著你的想法、情感和行為，進行無形且持續的覺察。但隨著學會如何駕馭這三個組成部分，你就會逐漸從過去的自己，蛻變為你正在成為的自己。

解開這三個組成部分

由於心態的這三個組成部分容易糾結在一起，因此我們最好逐一拆解，然後再將它們重新結合起來。讓我們先從想法開始，接著處理情感，最後再以行為進行總結。

改善想法的循環

對於與自己的思想搏鬥並努力找到正確的心態這件事，我並不陌生。多年來，我腦海中的無聲對話，會反覆告訴我自己既一無是處又愚蠢，不會再有人愛我。最糟糕的是，我以為只有我一個人有這種感覺，但事實上我們大多數人都面對著這樣的挑戰。謊言的內容也許不同、播放的時間和觸發的催化劑也可能因人而異，但它的訊息仍然具有相同的破壞性。

更難熬的是，這些錄音中的聲音是**我自己的聲音**。除了自己之外，我們最信任的人還能有誰呢？所以，當我的聲音告訴我這些內容時，感覺起來似乎更有分量，也更像是真的。

喬・迪斯本札博士告訴我：

有些人早上醒來……做的第一件事就是去想他們的問題。那些問題是刻在大腦中的記憶，與特定的人、特定的物體、特定的事物在特定的時間和地點有關。每一個問題……都與某種情感相關聯。所以，他們就突然開始心情不好了。從現在開始他們的身體處於過去，因為想法是大腦的語言，而感覺則是身體的語言。

你聽懂最後一部分了嗎？**想法是大腦的語言，而感覺則是身體的語言。**

在這裡從中運作的，就是轉變中的心態循環。我們的想法與我們的大腦交流，而我們的感覺則與我們的身體交流。當這些想法偏向負面或與痛苦的過去有關時，就會影響我們在當下的行動和行為；它影響著我們的未來，影響我們正在成為什麼樣的人。

喬接著說：「有些人的情感會影響想法。有些人則比較是分析導向，他們的想法會影響感覺，但它還是一個循環；這就是思考的循環。

> 正確的想法、情感和行為將引導我們成為自己想要成為的人。

所以問題就變成，你要怎麼改變那樣的思考循環？這是一個我們需要回答的關鍵問題，因為它直接關係到我們的**身分認同**。正確的想法、情感和行為將引導我們成為自己想要成為的人，但錯誤的想法、情感和行為卻會讓我們卡關。

你的想法認為你是誰？

我們每個人，都會有概括的身分認同問題，與自己的想法互相交織。我是誰？我的目標是什麼？我為何會在這裡？為什麼我會表現出這樣的行為？我正在成為什麼樣的人？

這其中每個問題的根源，都是一個想法。就像我們討論過的，這種想法與我們的情感和行為糾纏在一起。這就是為什麼開始去認識並盡力形塑我們的想法，會這麼重要的原因。我們需要學會拒絕與我們自己的卓越身分認同不一致的想法，並接受及強化符合該身分認同的想法。

我喜歡《強大內心的自我對話習慣》一書作者伊森‧克洛斯博士的說法：

我們無法控制那些突然冒出的想法，但我們有能力控制的是，一旦這些想法浮出水面之後，我們該如何與它們打交道。我們可以選擇讓自己沉浸在這些想法中，也可以選擇保持距離或提出質疑。當想法出現時，我們有一系列的選擇——這就是我們所能控制的部分。

> 我們需要學會拒絕與我們自己的卓越身分認同不一致的想法，並接受及強化符合該身分認同的想法。

想法總是會出現的。但你擁有一種不算太神祕的超能力，也許還蘊藏在你自身之中，任由你支配；它已經隨時準備好協助你超越過去的自己，朝你正在成為的自己前進。

正如一支沒有組織和領導的軍隊很快就會瓦解一樣，你心中的想法大軍也可能很快就失去秩序。那些每天在你腦海中跳動數百次的小想法可能很大，也可能很小；可能積極正向，也或者消極負面。它們也許會讓你成長，或將你徹底擊潰；它們可能會幫

助你實現最大的卓越夢想，又或者可能阻礙你，讓你在生活的邊緣掙扎。

要變得卓越，你就必須學會整頓你的想法，讓它們為你效力。

掌控你的想法

此時你可能會想，太好了，**路易斯，但我要怎麼讓我的想法為我效力呢**？多年來我在採訪這方面的專家時所學到的一些方法，就在這裡。

首先，你必須建立一個「想法保鏢」，站在你心智的大門口，讓好的想法進來，把不好的想法擋在門外。我是從作家兼勵志演說家梅爾‧羅賓斯（Mel Robbins）那裡聽到這個詞的，她說：「我不停地在訓練自己的心智為我效力。」

她是如何做到的呢？就是藉助所謂網狀活化系統（reticular activating system，RAS）的力量。以下是梅爾的說明：

> 要變得卓越，你就必須學會整頓你的想法，讓它們為你效力。

想像一下你的大腦上有一個髮網，只不過它帶有電流，這代表它是活的。網狀活化系統只有一個任務，那就是攔截百分之九十九的外界資訊，只為我們在此時此刻需要知道的百分之一的內容放行。你的網狀活化系統工作量非常龐大，它就像酒吧裡的保鏢一樣，會說：你不能進來。」

這一點在我們想法中的應用非常神祕。梅爾說我們的網狀活化系統會放行的，有四件事情：第一是我們名字的聲音，第二是對我們的安全造成威脅的任何事物，第三是當有人對我們感興趣時；但可以徹底改變我們思考方式的，卻是第四種（這是我本人的強調）：

這就是每個人都需要知道的珍貴祕密。你腦中的保鏢，會讓**任何你認爲對自己重要的事物**進入你的大腦。因此，當你有意識地告訴大腦什麼對你來說很重要的時候，你的大腦就會很自然地表示，**進來吧！** 但是，這也有一個缺點。如果你在過去十年一直告訴自己你是個爛人，那你只好猜猜看你的大腦會認爲什麼是重要的了。

還記得我多年來反覆播放的那個片段嗎？**我既愚蠢又一無是處，沒有人會愛我。**

這樣，我就是在訓練自己的網狀活化系統，讓更多這類的想法湧入。我基本上在把自己的身分認同塑造成那樣的人——即使這一切都是不經意的。

梅爾解釋說：「當你有意識地決定你想如何看待自己時，這件事就會即時改變你的大腦會放行和攔截的事物。」想法會連結到情感和行動，使人變得軟弱的想法會導致消極負面的行動。

以下是打破這個循環的方法，也就是梅爾所說的「擊掌習慣」。她建議我用這種方式思考：

就從明天開始。在你起床整理好床鋪，並讓你的神經系統平靜下來之後，先確立自己的目標，然後與自己擊掌。現在，你將以一種完全不同的方式，帶著平靜的神經系統與明確的目標，以及受到支持、被愛和被讚美的激勵感，來開始早晨的日常活動。

要完全擺脫那些打斷轉變中的心態循環的負面想法，你需要重新爲你腦中的保鏢設計程式。每天早上照照鏡子，給自己一個擊掌，並確保你只讓正面的想法進入大腦，產生正向的情緒，進而轉化爲積極的行動。

嘉柏麗‧伯恩斯坦（Gabby Bernstein）在她的著作《超級吸子》[38]中說明了她的「再次選擇法」，藉此來掌握自己的想法。她說：「第一步是注意你反覆出現的負面想法，並注意到它們為你帶來什麼感受。」要在這個早期階段就發現你自己的想法是需要練習的，但這會變成一種習慣。第二步是「原諒自己有這樣的想法。當你原諒自己有這種想法時，你就不再和它有任何共鳴了。」這會將負面想法與你的身分認同分離，讓你可以更加抽離地從更遠的距離看待它。她說，第三步「就是有趣的部分了。這時你可以**再次選擇**，追求下一個讓你可以擁有最好感覺的想法。」

這個例子可能有助於理解。假設你擔心自己要什麼沒什麼，因而讓你變得非常自私，並且抱著匱乏而非豐盛心態。這時，再次選擇法可以幫你洗心革面，專注於幫助他人。你也許沒有大量的金錢或時間來為每個人提供協助，但你能夠打開一扇門，自願付出自己的時間和精力，或只是幫別人把嬰兒車抬上階梯。你會因為做了這些事，而感覺自己更有價值；你會覺得自己有價值，是因為你為別人生命中的某個時刻提供了價值。你在一天中愈是經常這麼做，就會愈覺得自己像個百萬富翁。這個祕密始於一個簡單的想法：你不需要是個百萬富翁，才能覺得自己像個百萬富翁。

情感

我們每個人都了解去體會感覺代表的是什麼意思，因為我們一直都有所感覺。感覺本身沒有好壞之分；就像溫度計只是告訴我們溫度一樣，感覺告訴我們的，是我們的內心在任何特定時刻發生了什麼事。但和看溫度計不同的是，我們的感覺和情緒，往往與過去已經發生或未來可能發生的

38　Super Attractor: Methods for Manifesting a Life beyond Your Wildest Dreams，暫譯，原作於二〇一九年出版。

事情有密切的關係。

這對我們目前的情況造成了重大的影響。

正如丹・米爾曼在我的節目中所說的：「專注在當下，也就是此時此刻，**才是**我們擁有力量的時刻。這是我們真實的一刻，是我們理智的一刻。我們總是有能力應對這一刻的。」

隨後，他分享了自己曾在一次哥斯大黎加的靜修營主持了工作坊的精彩故事。在靜修營中，其中一個活動是乘坐滑索快速下滑。就在他帶著他的團隊，沿著環繞森林深處一棵巨木的螺旋樓梯往上爬的時候，隊伍中的一名女性明顯聽得出來非常緊張。他問她以前有沒有走過樓梯，答案當然是肯定的。於是他說：「我們現在在做的就是走樓梯而已。」這讓她鬆了一口氣。接著，他們到達了平台的頂端，四周有護欄圍著，他們身上也都扣住了環繞著大樹的安全纜繩。

丹看得出來她又開始緊張了。

丹告訴她：「我們現在站在這裡，唯一可能受傷的方式就是摘下我們的安全帽，然後用頭撞樹。」她笑了，這讓她回到當下，情緒再次得到控制。最後，他們把身上的扣環扣上滑索，站在平台邊緣。她臉上的緊張再次顯現，丹說：「妳現在可以害怕了，至少在當下這個時間點還滿適合的。」

然後，丹將故事帶回重點：「專注於當下，就能簡化我們的生活。現在就是我們的力量時刻，此時我們應該關注的不是宇宙的意義、最終目的或什麼二十年目標，而是專注於我現在需要做的事。我此刻的目的是什麼？」

感覺和情感往往會劫持我們的想法、凍結我們的行動，讓我們無法在當下成就卓越。這就是為什麼，以解放自己的方式來處理它們非常重要。

僵化、卡關,停滯不前

有時候,我們會深陷於過往發生的事,或擔心將來,以及將來可能發生的事。這讓我們無法享受當下,也無法自信地邁向未來。

《情緒靈敏力:哈佛心理學家教你4步驟與情緒脫鉤》[39]一書的作者蘇珊‧大衛博士(Dr. Susan David),是這樣定義情緒靈敏力的:

情緒靈敏力是成為健康人類的能力。我的意思是,我們每天都有成千上萬的想法和情緒。這些情緒可能關乎孤獨、焦慮,以及已經變成故事的孤獨和焦慮;我們都在用這些故事,告訴自己在這個世界上的我們是誰。我們每天都會有這些情緒。在我們遇到壓力、不確定性和複雜性時,這些想法、情緒和故事往往會變得更加氾濫,對我們的影響也會更大。

身體的敏捷性讓我們能夠靈活地行動和反應。這表示我們可以快速有效地行動,轉而面對新的機會或避免危險。身為運動員的我不斷訓練自己的身體敏捷性,以確保它是我的一項資產;但事實證明,努力讓自己的情緒和感覺維持健康的情緒靈敏力也一樣重要,甚至可能更加重要。

當我們的情感僵化、停滯不前時,就對我們實現卓越造成阻礙。它將我們禁錮在過去,讓我們的情緒急速失控。我們則會陷入惡性循環,陷入一個充滿消極和懷疑的漩渦。

蘇珊描述了三種我們可以處理這些情緒的方式。前兩種是壓抑和憂慮。壓抑,顧名思義,就是將情緒鎖在心裡,或只是先試著把它們推到一邊。這可能表現為強迫性的積極正向,或者乾脆忽略不好的事情,並用一些讓你感覺更好的事物來取而代之。用蘇珊的話來說,「壓抑指的是當你

39　Emotional Agility: Get Unstuck, Embrace Change, and Thrive in Work and Life,繁體中文版由天下文化於二〇一七年出版。

遇到困難的情緒體驗時，你懷著非常正面的目的去把它推到一邊，然後試著繼續去過你的一天或你的生活。但實際上，長期的壓抑與較低的幸福感有關。」因為「你沒有練習過情緒技能，所以當面對一個基本上算是失控的情況時，就會完全不知所措。」

憂慮可能也同樣糟糕。在這種情況下，我們會沉浸在自己的情緒中，感覺自己眼前所見的一切全都不公不義。憂慮讓我們只看到自己的痛苦和感受，看不見其他任何東西。

所有這些壓抑和憂慮，都會對我們的身體和神經系統造成嚴重破壞，讓壓力荷爾蒙飆升。以我個人而言，當我感覺到壓力和焦慮在我內心累積時，我會專注於呼吸。與其沉浸在痛苦中，把它悶在心裡、耿耿於懷，我反而會試圖將我的身體與呼吸連結起來，用整個身體來感受呼吸。這能幫助我平靜下來，然後我可以自問，**它是一種對我有幫助的感覺或想法，還是與我尚未處理的過去有關？**

嘉柏麗·伯恩斯坦告訴我：「只要你發現自己處於那種恐慌模式時，就請先站到一邊，說一句肯定句，例如『我很安全，現在只要呼吸就好。』或者你可以說，『我是被愛著的。我受到了支持。』因為在每個觸發因素背後的，都是一種不安全的感覺。」

除非我們學會打造那個安全的空間，來審視自己的感受和情緒，否則可悲的事實是，我們將會一直停留在原地，而卓越卻遠在天邊。那些像**我在理財方面永遠都是個白癡、沒有人會愛我、我的未來失控了和我永遠無法達成目標**這類千篇一律的想法，都會激發出匱乏、孤獨、恐懼和徒勞無功的感覺。

但這一切都可以改變，也一定會改變。

感受並前進

感受，就像疼痛一樣，往往有著重要的作用；它們告訴我們某些事情出了問題。我喜歡丹·米爾曼的說法：

有句話說，恐懼是個好僕人，卻是個壞主人。它可以幫上我們的忙。假使我們的恐懼是生理上的，比如做某事可能會受傷或喪命，那麼恐懼也許就是一位睿智的顧問，告訴我們「等一下，離這遠一點，你還沒準備好」，或要我們做好更充足的準備、採取預防措施。但如果這份恐懼是主觀的，像是我們害怕看起來很愚蠢、尷尬或丟臉，那就無論如何都要去做。這就是兩種不同的方法。你何時才會知道什麼時候應該要聽從恐懼？什麼時候又應該要突破恐懼？

這些都是很棒的問題。如果你希望開啟卓越心態，就必須親自回答。

恐懼（或任何情緒）其實只是一個過濾器，來幫助我們看清楚什麼是重要的。以恐懼而言，如果成因是出自身體上的危險，那麼你就需要評估自己的處境、下一步該怎麼做，以及如何確保自己的安全。但在許多情況下，我們的情緒與生死攸關的實際情況無關，卻反而是阻礙我們實現卓越的心理障礙。

首先，我們的情緒可能預示著需要解決的問題。就像汽車儀表板上的引擎故障警示燈一樣，當情緒出現時，就代表有些事情需要你的注意。換句話說，該是打開引擎蓋深入研究看看的時候了。當你感到恐懼時，就需要問自己為什麼。**我到底在害怕什麼？**會正好是丹·米爾曼所說的「意見之神」，擔心著其他人是怎麼想的嗎？光是看出這一點，就能幫助你超越情緒，更理性地思考。

身兼作家及講師的尼爾‧艾歐（Nir Eyal）提出了這樣一個有趣的觀點：

我們被灌輸了這種對幸福不切實際、不健康的迷戀和執著。大多數人都不明白，我們並不是進化來一直過著幸福快樂的日子的。你會希望一個物種永遠處於不安之中。你會希望我們永遠都在努力追求更多、永遠都不滿足，因為這樣我們才會去解決問題。

不適感是很重要的，因為它們會促使我們尋找並修復出問題的地方。

尼爾說，做到這一點的方法是開始「重新想像內在的觸發因素」，重新去想像不適感的意義。當我們感到無聊、孤獨、不確定、焦慮、疲憊或恐懼時，我們必須先明白，這些不舒服的感覺都是一份禮物。這種禮物幫助我們把不適感作為朝著目標前進的動力，而不是試圖用分心來逃避——這是大多數人在感到孤獨、無聊、優柔寡斷或恐懼時都會做的事情。

心理學家蘇珊‧大衛博士補充說：「我們的情緒是資料，而不是指令。」這意味著我們必須學會如何將情緒融入轉變中的心態循環裡，確保我們接收到的資料得到正確的詮釋，並引導我們產生能夠推動自己實現卓越目標的思想和行動。

我們的情緒所能做的第二件事，就是向我們指明自己得以探索的機會。當我們體驗到興奮、驚奇、希望和喜悅等更正面的感受時，我們就會充滿活力，勇往直前，就好像在轉角處有什麼我們必須去探索的東西一樣。

重要的是要記住，我們的感覺無論是好是壞、是正面還是負面，它們都並非已成定局。在我們思考如何建立自己全新的卓越身分認同時，記住這一點非常重要。你也許會想憑直覺和感覺迅速做出決定，但片刻的感覺

並不能代表一切。例如我現在很生氣，於是我要跟你分手；或是我在過去二十四小時之內就愛上你了，所以我要向你求婚。又或者我覺得這件生意讓我躍躍欲試，因此即便沒有事先進行市場調查和測試，我就是要推動它。

去感受那些感覺，但在付諸行動之前請先暫停一下。保持你的好奇心，並開始詢問和這種感覺有關的問題。對一段新關係感覺心神不寧？這意味著什麼？對於投資新事業感到興奮？這代表的是什麼意思？在繼續下去之前，先深入探討這些問題。

專業舞者、同時也是《與星共舞》節目常勝冠軍的德瑞克‧霍夫（Derek Hough）告訴我，「情緒是來為你傳遞訊息的。」他說自己

> 要實現蛻變和卓越，只靠正面的情緒是不夠的。

會把它想成就像有人來敲門一樣。你可以選擇無視敲門聲、把門堵上，但這只會讓這些情緒堆積起來，直到有一天它們蜂擁而入；或者你可以逐一將它們邀請進來，審視它們，然後一一進行處理。

感覺來來去去。壞的感覺不會永遠持續，但你必須面對它們。好的感覺也無法永遠為你提供支持，但要實現蛻變和卓越，只靠正面的情緒是不夠的。

蘇珊‧大衛博士說，一旦我們擺脫了情緒的壓抑和憂慮這兩個階段，接下來就必須進入她稱之為「溫柔的接受」的第三步，這對於培養情緒靈敏力非常重要。蘇珊將溫柔的接受定義為：「對自己滿懷關懷和善意，而不是否定自己、告訴自己不應該有自己的感受。事實上，成為自己的後盾才能讓我們真正地去探索、冒險、接受自己的脆弱、去付出愛、去投入商業機會；因為你會知道萬一出了什麼差錯，你也將寬容和善待自己。」

那是一種很好的感覺。

行為

現在我們來看看轉變中的心態循環的最後一部分——我們的行為。想法和感覺主要存在於你的腦海中，周圍很少有人能夠完全了解你的內心世界；然而你身邊的每個人，卻都看得到你的行為。

你可以放任自己受感覺的驅使，以與你想成為的自己背道而馳的方式行事；但你也可以選擇讓自己的行事作風，符合你正在成為的那個人的做事方式。這就是你塑造自己身分認同的方法。

就像尼爾・艾歐說的一樣：「行為的改變，就是身分認同的改變。」

讓我們稍微解釋一下。他繼續說：「我們對自己是誰的認知——身分認同或自我形象——對我們未來的行動有著深遠的影響。自我形象是一種認知捷徑，它會幫助我們的大腦提前做出本來很困難的選擇，因而簡化了決策過程。」

這意味著，等我們決定了自己想成為什麼樣的人——我們對卓越的定義和自己的意義使命——那就會成為我們的身分認同。而當我們的身分明確時，我們的行為就更容易確立。

假設你想參加一場半馬。要是你的確具備開始訓練的基本健康狀況和體能，那麼你需要對自己懷抱著什麼樣的信念，才能開始？

讓我們回到身分認同這件事。只是**想著**有朝一日可以參加比賽，和實際上是一名跑者之間有著天壤之別。只是想成為跑者的人沒有訓練計畫，他們今天跑不跑步取決於當天的心情。但真正的跑者已經確定「**我是一名跑者**」，因此他們會去做跑者該做的事——跑步。他們不用思考也不用看心情，**跑**就對了。

這個概念就從這裡開始延伸出去。當他們心情不好，所以想沉溺在一大桶自我憐憫的冰淇淋裡的時候，他們不會問自己到底該不該吃；他們會

問的是，這麼做是否能讓他們更接近參加比賽的目標。答案是否定的，因為這不是跑者該做的事。雖然冰淇淋可能還是很誘人，但由於他們已經確立了自己的**身分（我是一個正在為參賽而訓練的跑者）**，所以他們的行動變得更容易決定和管理。

這顯然簡化過頭了，我並不是在說你的想法和情緒沒那麼重要，但這個原則是很可靠的。我喜歡尼爾提出來的這個例子：

同樣地，告訴自己「你是個不容易受干擾的人」可以讓你克服分心。如果你不只對自己這麼說、也對別人這麼說的話，你就能夠進一步賦予自己力量。舉個例子，當其他人問你為什麼要做一些「奇怪」的事情，比方說鉅細靡遺地規劃自己的時間、不立刻回覆每則訊息通知之類的，你都可以解釋自己是個不分心的人，而這些行為對一個不分心的人而言十分正常，就像祈禱和齋戒對一個虔誠的人來說很正常一樣。

你想要成為哪一種人？

- 創業家？創業家對自己有什麼信念？
- 更好的朋友？更好的朋友會有哪些行為？
- 更積極參與的公民？積極參與的公民會如何行動？
- 更好的伴侶？那看起來會是怎樣的？
- 你對描述自己的方式所做出的小小改變，可能會為你帶來行為上的重大變化。

行動勝於言辭

我們告訴自己「我們是誰」，以及「我們正在成為怎樣的人」的故

事，具有極大的力量。你告訴自己的是什麼故事？這個故事是否與你的身分認同一致？

嘉柏麗·伯恩斯坦告訴我：「要是我只是在做自己，那就沒有什麼好證明的；我只是在做我真實的自己而已。我認為自信的祕訣之一，就是接受你真實的自己是你本人最酷的那部分。到那個時候，我們就可以開始放下我們認為自己應該成為的假象，只要在當下真實地存在就好。」

我們之前已經提過這一點了，但還是值得再討論一下。你正在成為什麼樣的人？你有辦法給個定義嗎？如果你還沒做這件事，我強烈建議你花點時間把它寫成一句話，然後讓它成為你未來的座右銘。接著，確保你所做的一切，都與這個身分認同一致。

賽斯·高汀和我們分享：

假設我們可以簡單地說，我選擇對我所做的事充滿熱情。我的目標就是我正在做的一切。我就是會投入、會在當下全力以赴；反正我會去做就對了。那你就會知道，我在很久以前就決定了自己的熱情和目標，是以某種方式對某些讀者傳授某些知識。但我本來也可以做完全不同的事，而且我對它也會充滿熱情。

一旦你很清楚自己要成為什麼樣的人，並充滿熱情地投入其中，那麼你就需要檢視哪些行為會**強化**你的身分認同，而哪些行為反而會**侷限**。侷限性的行為會讓你困在過去，讓你回到對失敗、對他人評價，甚至對成功的恐懼之中，也會讓你掉進無所作為或錯誤行動那無法實現卓越的迴圈裡。這些行為都會導致停滯不前。

強化行為是一致的行為，是與你的身分認同相符合的行為。即便你不

覺得或**不認為**自己有什麼不同，但你的行為顯示出來的卻不是這樣。這些行為包括就算你已經很累了，你還是會綁好鞋帶去跑步，因為你的身分認同告訴你**我是個跑者**。在晚上加班斜槓創業也是，因為你的身分認同告訴你**我是個創業家**。還有即使會揭露一些痛苦的感覺，你也同意去參加伴侶治療，因為你的身分認同告訴你**我保證要好好長遠地經營這段關係**。承擔過去的錯誤並繼續向前走也包括在內，因為你的身分認同告訴你**我掌控著自己的未來**。

打造卓越

通往卓越的旅程是一輩子的過程，但你現在可以運用這些設計，來幫助你駕馭自己的想法、感覺和行為的轉變，立刻將剛剛閱讀的內容在自己的生活中付諸實踐。

練習：豐盛矩陣（The Abundance Matrix）

在面臨強烈的感受時，其中一件我們能為自己做的最棒的事情，就是一直保有這種感受，並去抵抗壓抑它的衝動。你已經聽我重複過一遍又一遍了：不要壓抑！把事情攤在陽光下！

下次當你遇上強烈的感受（即使像是興奮感這類的正向感覺）、負面的想法（或侵入性思維）或者需要做重大決定時，請試試看這個練習。

第一步——先停下來，好好呼吸

在探索任何事物之前，先讓你的神經系統平靜下來。

- 請先坐直。
- 把雙腳平放在地上。
- 至少花整整一分鐘來深呼吸，盡量讓自己有平靜和放鬆的感覺。
- 注意任何強烈、反覆出現的想法或感覺，不要試圖阻止，而是像局外人一樣觀察它們。讓這些想法和感受席捲你全身，就像海中的海浪一樣。
- 想像自己站在離岸邊稍遠的海面上。你的腳可能會因為自己的重量而移動，但你足夠強壯，可以挺過那股力道。海浪來襲，但這些情緒和想法不會把你擊倒。

當你感覺平靜下來時，請進入第二個步驟。

第二步──思考

我們不應該因為一時的興奮就立即行動，即使這是正面的情緒。問問自己下列問題，來探索你的感覺和想法。把自己當作一個好奇的局外人就好。

- 我感覺到＿＿＿＿。我認為它可能試著要告訴我什麼？
- 是什麼引發了這種感覺？
- 對這種感覺的什麼回應會讓我感到自豪？
- 我現在想要採取的行動會支持還是傷害我的意義使命？
- 這種感覺是在幫助我還是在阻礙我？
- 這種感覺是來自療癒還是來自於傷害？
- 我該如何處理這種感覺，以免被它吞噬或癱瘓？

- 這種感覺帶來的正向結果是什麼？
- 這種感覺在試圖告訴我什麼？我能從中知道什麼？
- 我最理想的自己會如何應對這種感覺？
- 這種感覺是否有助於我豐盛的身分認同？

在回答這些問題時，請保持平穩的呼吸。現在不是你閉口不談、做出反應或有所防備的時候。記住，你只是個好奇的局外人。

這麼做的目的是評估你的感覺，**而不是**將它們用作決定行動或身分標記的絕對依據。你可以擺脫根據短暫的感覺來確定自己身分認同的做法。如果你想要完全療癒，就不能依賴感覺作為身分認同的基礎；你可以利用的，就只有它們提供的訊息而已。

第三步──填寫豐盛矩陣

既然你已經花時間思考過了，那麼就請把你目前的想法和感覺填入豐盛矩陣中。

請在白板、筆記本、日記本或任何你有足夠空間寫下觀察結果的地方畫出這個矩陣。每當你想要處理內心活動時，這個矩陣應該都能夠幫助你。

	豐盛的身分認同	中性的身分認同
對我的使命非常重要		
對我的使命不重要		

第一象限（左上角）

　　如果你認為你的想法和感覺是豐盛身分認同的一部分，並且會引導你做出對自己的意義使命非常關鍵的行動，請將它們放在這裡。

　　一些例子可能包括你感覺到的興奮，原因出自你將和某個能幫助自己達成意義使命的人物進行有建設性的會議，或是你為自己正在磨練的新技能感到自豪；又或許，你因為許多事情迅速地順利發展而感到不知所措，以致於不知道應該先追求什麼。

　　問問自己這是否對你的使命和隨之而來的豐盛十分重要。如果答案是肯定的，就把它放在這個框框裡。

第二象限（右上角）

假設你的想法和感覺對你的使命來說非常重要，但它們屬於比較中性的身分認同，也就是說這些特定的想法和感覺雖然不可或缺，但不見得格外有助於建立豐盛的話，就請將它們放在這裡。

這類感受的一個例子就是合理的憤怒。假設你有一部分的意義使命是要幫助邊緣群體的，你會需要對現有體制保持憤怒，但不能將這種憤怒內化。「我需要學習西班牙語，但我很難找到時間。」是另一個例子，它是中性的，但同時對我的使命來說也很重要。

在剛剛提到的思考步驟之前，這些例子中的任何一個都可能是有害的，並可能導致匱乏心態。但是，由於你花了時間去探索它們，因此它們已經被中和了。

第三象限（左下角）

要是你的想法或感覺對你的意義使命來說並非不可或缺，但卻能引導你進入豐盛心態的，就把它放在這裡。

也許你在開始本練習之前的思考階段時，就感覺到自己已經被消磨殆盡，甚至想要放棄。但是現在，在平復了你的神經系統之後，你意識到解決方案就是減少一兩項活動，讓自己有更多的空間去享受快樂。將它們付諸實踐對你的使命來說並不重要，但你正透過在生活中創造更多放鬆和快樂的空間，來建立一個豐盛的身分。

第四象限（右下角）

假如你的想法和感覺對自己的意義使命來說既非必須，也無助於建立豐盛的身分，就請把它們放在這裡。這些很有可能是你的負面感受、浪費時間的活動，以及舊有思考模式的遺毒。

在你填完矩陣後，就可以開始做出決定並採取行動了。

對你的意義使命來說，最優先的部分將會是左上、右上和左下象限。

右下象限提供了非常重要的訊息。此象限指出的是你若要維持豐盛的身分，就有待你去進行的個人工作——**它們是你需要有意識地擺脫的事物**。在這個象限中的想法和感覺，如果不加以控制，就會導致一種中立和侷限性的身分認同。你並不是爲了中立而生；你生來就是爲了要實現卓越。

無論我們是誰，或我們達成了什麼成就，負面的想法和感覺都會悄然潛入；我們需要迅速把它們逐出豐盛俱樂部。把那些導致問題的想法踢出去，這樣你才能從引發負面思考的感受中療癒。

思考你的旅程

在你努力變得更善於處理自己的想法和感覺時，不妨考慮每晚都進行反思的練習。在一天結束之前，問自己幾個問題。

- **我今天如何處理自己的想法？**
  - ——當我冒出的想法並非豐盛心態，以及豐盛、充滿關懷或強大心態等各種身分認同的時候，我是不是讓它們留在我的心靈家園裡了？還是我已經成功把它們驅逐出境？
  - ——我是用無限的思考方式守護了自己的心靈家園，還是限制了自己的思維，讓匱乏束縛了我？

在你提出和回答這些問題時，不要嚴厲地批判自己，也不要對自己不友善；你只是在收集資料而已。把自己想像成自己的教練，一位教練會收

集運動員或學員的資料，提供意見回饋，並幫助他們進步。我們與自己進行的無聲對話影響著一切，從我們的使命、我們的健康，再到我們的人際關係。讓我們藉由自我輔導實現卓越，來有意識地將自己的無聲對話保持積極和肯定。

讓我們藉由自我輔導實現卓越，來有意識地將自己的無聲對話保持積極和肯定。

鎖定卓越的
作戰計畫

The Game Plan for
Greatness

有件可能會有幫助的事，就是將卓越心態與其天生的對立面——「無能心態」進行對比。

除非我們有意選擇一個新的方向，否則無能心態就是我們自然傾向於運作的狀態。如圖下頁所示，當我們受到無能心態的影響時，我們會感到被困住、孤立無援，彷彿我們沒什麼選擇一樣，對於明天更好的生活也幾乎不抱希望。

然而，還是有一條路可以讓我們擁抱卓越心態，解除束縛。這需要穿越我所說的「轉變區」。首先，我們需要**覺察**到問題的所在，也意識到自己得為問題做些什麼。接下來，在做出採取行動的**決定**之後，我們最終需要**下定決心**，無論遇到什麼挑戰都要堅持到底。這時，卓越作戰計畫就派上用場了。

了解「轉變區」的關鍵，在於知道這個過程從來都不容易。正如圖中所示，在從一種心態轉變為另一種心態時，道路可能會變得狹窄。但一旦你踏上這段旅程，並持續實踐下去，就會有無限的選擇向你敞開。到那時，你的潛能將不再受到侷限。很快地，全世界都會看到你內在的卓越！

我鼓勵你克服「轉變區」的挑戰，從無能心態邁向卓越心態。

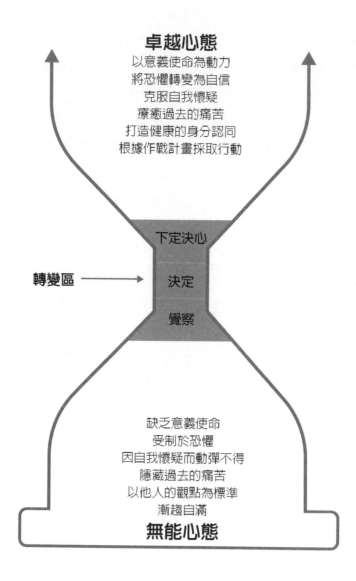

卓越心態
以意義使命為動力
將恐懼轉變為自信
克服自我懷疑
療癒過去的痛苦
打造健康的身分認同
根據作戰計畫採取行動

下定決心

轉變區 →

決定

覺察

缺乏意義使命
受制於恐懼
因自我懷疑而動彈不得
隱藏過去的痛苦
以他人的觀點為標準
漸趨自滿
無能心態

在這一階段的旅程中，我希望你對於找出自己的意義使命並磨練卓越心態，已經感到相當滿意了。但接下來該做些什麼？要怎麼將其轉化成行動，讓你每天都朝著意義和目標前進呢？

很高興你問了這個問題，因為該是實際一點的時候了。

「鎖定卓越的作戰計畫」是我自己實際上用來追求意義使命的過程，這些步驟也已經得到了我多年來所接觸過眾多專家的驗證。你可以使用這些步驟，來引導你追求自己的意義使命。我建議你依照順序，從第一步到第七步逐項進行，這樣你就不會錯過任何關鍵步驟，因為每一個步驟，都是以上個步驟為基礎而設計的。

每個人進行這些步驟的節奏有所不同——這完全沒有問題，但關鍵在於要確實逐步地將它們完成。

就從現在開始。

若需要更多幫助你實現卓越心態的資源，請見：

TheGreatnessMindset.com/resources。

Chapter 12

提出勇敢的問題
ASK COURAGEOUS QUESTIONS

「是什麼讓妳無法開始妳的意義使命？」

「害怕犯錯。」

瑞秋・羅傑斯（Rachel Rodgers）是一位企業家、白手起家的百萬富翁，同時也是《我們都該成爲百萬富翁》[40]一書的作者。她爲了幫助來自邊緣化社群的人們學習如何打造百萬美元的企業，而成立了Hello Seven公司。瑞秋堅信，當有愈多邊緣化群體擁有金錢的時候，這世界就會變得愈公平。因此在這個信念的驅使下，她建立了一個大家將其暱稱爲「俱樂部」的會員制社群。Hello Seven公司取得了數百萬美元的成功，但她感覺自己在企業中的角色，並未完全實現她的使命。

當時，瑞秋已經將她創立非營利組織的想法擱置一年了。她向我坦承：「我知道怎麼創業賺錢，但要建立一個非營利組織，還得做好、不搞砸，我真的很緊張。」

所以我開始問她問題，就像我也對很多人問過的一樣。

一開始我問她，如果她突然多出一千萬美元，她會拿來做什麼。結果，她很清楚該怎麼運用這筆錢，並與我分享她的夢想，就是創辦一個爲非裔母親提供協助的非營利組織。

這家非營利組織將提供三項主要服務：在產前與產後協助新手媽媽的

---

40 We Should All Be Millionaires: A Woman's Guide to Earning More, Building Wealth, and Gaining Economic Power，原作出版於二〇二一年。

陪產員、讓媽媽們有時間休息的夜間護理師，以及托育服務補助，讓媽媽們有機會建立自己的事業。我們計算過，如果有額外的一千萬美元，她就可以為超過一千位母親提供這些服務。

接著我問瑞秋，「這會讓妳有什麼感覺？」

「我會覺得自己站在世界的頂端。」

於是我後續又再問了一個問題，來幫助她實際一點：「假設妳要幫助一位媽媽，她現在正在看著、也在聽著我們說話。她需要跟哪些單位聯絡？她可以寄電子郵件給誰？她需要說些什麼內容？」

我會這樣給瑞秋壓力是有原因的。她已經很成功了；她已經掌握了賺錢和打造團隊的方法，但她對失敗的恐懼可能會讓她停滯不前。我想知道她會因為什麼事情感到躍躍欲試、什麼能激發她的熱情，以及她可能會採取哪些初步行動，來讓她的下一個夢想成真。

「我想我在這個非營利組織想要做的，其實就是提供一份簡單的申請表，來讓人們填寫。」

我說：「好，給我一個妳現在就說得出來的申請頁面網址，而且是妳在接下來幾天就會做好的。」

「HelloSeven.org。」

但我們並沒有就此打住。由於她心裡已經有幾個可以幫助她執行想法的人選，於是我給了她第二個挑戰：「在這次討論結束之後，馬上打電話給那兩個有非營利組織經驗的人。」

最後還有一件事，就是讓那一千萬美金成真：「妳今天可以打電話給哪三個人，請他們開一張十萬元的支票給妳？」真正的重點並不在金額多寡，而在於維持她的動力。我繼續催促：「在一天內把表格準備好，打電話給這兩個有非營利組織經驗的朋友，並在二十四小時內跟三到五個潛在捐款人聯絡。今天晚上傳訊息給我。」

瑞秋採取了我所建議的全部行動，結果她很快就募到了二十萬，這讓她立刻就得以為四十位母親提供協助。

Hello Seven基金會就是這樣誕生的。瑞秋‧羅傑斯藉由提出勇敢的問題、確立目標和期限並採取不完美的行動，將她的使命提升到了一個新的層次。

人們太常把注意力集中在**怎麼做**，但其實他們真正應該考慮的，是自己真正想做的是**什麼**，以及**為什麼**要做這件事。一旦你做到了這一點，「怎麼做」就會隨之而來。

五個勇敢的問題

當你的心態開始動起來時，感覺真的很好，真的。正確的想法、情感和行為會開啟無限可能，未來似乎開始變得光明。

但這只是暫時的而已。

然後問題就接踵而來。**如果……要是……我該怎麼辦……他們會怎麼想……**？

> 正確的問題卻是那些需要真正的勇氣，才能提出和回答的問題。

錯誤的負面問題，會讓你在追求卓越的旅程中迅速偏離軌道。然而，正確的問題卻是那些需要真正的勇氣，才能提出和回答的問題。

問題能夠**透過**你釋放你自己**內在**的潛能。這就是為什麼，鎖定卓越的作戰計畫要從提出勇敢的問題開始。

你需要回答五個問題，才能找到你個人卓越的核心，並促使自己採取行動。我已多次使用這些問題的不同版本，來引導人們克服恐懼和疑惑。

你可以依照你喜歡的順序來回答這些問題，但每一個問題都會幫助你形成行動的傾向，並激勵你盡快前行。

1. 純粹問題：如果你要百分之百做真實的自己，你會有什麼不同的作為？

我們都傾向於展現自己精挑細選地套上濾鏡後的版本，這可能是因為我們不確定人們是否會喜歡我們「真實」的樣子。但也許這也是一種依賴，讓我們無法變得卓越。這個問題賦予你為自己負責的力量，並努力達成你想要達成的目標和成為的那種人。

2. 優先問題：如果你必須在接下來的三十天內加倍實現自己的目標，那麼你的前三個行動會是什麼？

我喜歡問這個問題，因為它迫使人們不僅跳脫固有的思考模式，甚至是徹底地打破框架。我甚至敢這樣問：假使你知道自己若不在三十天內加倍實現目標，你或你愛的人就會死的話，那麼你的前三個行動會是什麼？

這個練習看起來可能很極端，但如果在你感覺到急迫感、絕對必須完成你想做的這件事，卻又被恐懼阻撓的情況下，你會把注意力集中在什麼地方來實現它？你可以根據自己的情況調整時限，但重點是要讓它在乍看之下似乎是一項不可能的任務。

太多時候我們都缺乏急迫感。我們安於現狀，甘願達到不如預期的成就，只因為這樣感覺比較舒服，目標沒有達成也不會死人。但事實上，我們每多活一天，就等於少一天去實現這些目標、活出自己的夢想。如果你不甘心讓這些夢想無法實現，那麼也許你需要在心理上提高賭注，以不同的方式來思考和行動。

3. **可能性問題：如果你可以_____的話，你會有哪些可能性？（請填入你的目標/夢想/使命）**

　　這個問題讓你能夠寫下自己的詳細情況，並嘗試另一種可能的現實。舉例來說，如果你能辭去目前的工作、全心發展副業，你會有哪些可能性？假使你能大幅改善家庭關係，你會有哪些可能性？你明白我的意思。這個問題讓你探索的是如果自己實現了某些目標，你的人生道路可能會是什麼樣子，同時讓你可以為問出下一個問題做好準備。

4. **熱情問題：如果你能夠_____，那會是什麼感覺？（請填入你的目標／夢想／使命）**

　　人類追根究柢都是重感覺的生物，所以這個問題可以讓你自由探索，在對你重要的領域中成功，可能會是什麼感覺？如果你能辭去目前的工作、全心發展副業，對你來說會是什麼感覺？假使你能大幅改善家庭關係，又會是什麼感覺？

5. **財富問題：如果你今天中了樂透，你接下來會做什麼？**

　　這個問題可以讓你擺脫金錢的侷限，讓你自由思考自己真正想做的事情，而不會因為認為自己沒有足夠的資源去實現而打消念頭。要是你不想成長，你就不會在卓越的旅程中走得這麼遠了；但我們往往會小看自己的成長目標，把它們定得太渺小。如果你想得很遠大——遠大到金錢不是問題的話，會怎麼樣呢？來吧，大膽做夢。

　　這些問題還不是全部。事實上，我建議你多想想其他的問題，幫助你勇往直前，做出勇敢的決定。也許你所能做的最重要的事，就是培養固定向自己提出這類型勇敢問題的習慣。

從裹足不前到成果輝煌

我認識葛蘭特‧卡爾登（Grant Cardone）這位企業家兼房地產大亨已經超過十二年了，他曾多次擔任《卓越學校》節目的嘉賓。他的履歷精彩至極，包括寫過八本書、製作了十三個商業節目、擔任過七家公司的執行長，也經常在福斯新聞網和CNBC等大型電視網上亮相。

我可以自信地說，他行事勇敢，不怕提出充滿挑戰性的問題。他與我分享了一些令人難以置信的故事，其中最令人印象深刻的，就是他如何在失去所有之後，又再次打造出十倍原有規模的故事。在經歷了那樣的創傷之後，大多數人都會採取保守的做法，多存一點緊急預備金；但葛蘭特卻反其道而行。

> 培養固定向自己提出勇敢問題的習慣。

葛蘭特真的把他大部分的錢都投進去了。想想看，他沒有任何存款。這聽起來可能很離譜，但葛蘭特知道如何運用他的投資和現金流。顯然，他是那種**孤注一擲**的人。

然而，幾年前我在節目中對他提出質疑，認為他的想法過於狹隘。當時，他的房地產生意每年為他帶來數百萬美元的收入，但我知道這並不足以代表葛蘭特的才能。我不希望他安於現狀，所以問了一些問題。

「要怎樣才能達到十億？」看得出來，我的問題讓他很吃驚。

他回答：「這根本不可能。」

你大概猜得到我對「不可能」有什麼看法。「你說的不可能是什麼意思？」

「我已經沒有足夠的人脈了。」

「好吧，」我說，「那需要什麼才能實現？你需要認識誰？誰那邊會有你需要借的錢？」

我不會放棄，因為我看出了他的限制性想法。當我在問他這些問題時，也看到那些想法開始煙消雲散，他的思維隨之開啟，看到了更大的可能性。

後來他告訴我，這次訪談改變了他的一切。他不停問自己，**我要怎樣才能成長得更快？**他突然發現自己的生意只能觸及一部分人數有限的富裕人群，也開始發現連自己大部分的家人，都沒有足夠的資金來從他的業務中獲益。於是他著手成立一檔基金，讓各種收入等級的人，都有能力循序漸進地投資於規模較大的房地產交易。

那次採訪後的兩年，葛蘭特成為一家市值九億美元企業的自豪執行長，又回來上我的節目。你猜得到我接下來做了什麼嗎？

「要怎樣才能達到三十億？」我問他。

「那根本不可能，」他說。「我們的時間不夠。」

「如果有可能呢？有什麼是需要做的？」

一陣沉思後，他開始列出步驟。

「好，」我逼問他，「那你還在等什麼？」

又來了──葛蘭特再次將不可能變成可能。在我最後一次見到他時，他的業務已經突破了四十億美元。而這次我甚至什麼都不用問；他告訴我，他的團隊計畫在未來三年內突破四百億美元。

從不可能到四百億，這就是勇敢提問的力量；而且這種力量，對所有人都有效果。

不再是醫師

當我們第一次在我的節目中交談的時候，阿里・阿布達爾（Ali

Abdaal）還是英國的一名兼職醫師，但他真正的熱情已經轉向成為一名網路創作者了。在他接受採訪時，他的YouTube頻道訂閱人數已經超過兩百萬；頻道內容主要是在分享如何在健康、財富、愛、幸福和影響力這五大支柱下，邁向更快樂、更健康、更有生產力的人生。

但在我們談話後不久，他就決定要徹底放棄執業醫師的工作。阿里之所以會變成一名**前**醫師，部分原因是有人問了他兩個問題，而這兩個問題正是我們之前討論過的問題的變體：

如果在接下來的三十天裡，你完全停止以醫師的身分看診，不再進行親身、一對一的治療，那會是什麼樣子？

在做出停止行醫的決定之後，你會有什麼感覺？

阿里基本上已經成了醫學領域的業餘愛好者。他不該轉換跑道的合理原因很多：他已經在醫學院投入了八年多的時間，和成千上萬美元的金錢；當醫師很有威望，這也是他在YouTube上打造個人品牌的方式。現在我正在問他，放棄這一切會是什麼感覺。

他的回答既誠實又合情合理。「我覺得這會讓我感到非常害怕，主要是因為自私。我甚至到現在都還可以說服自己，這個YouTube頻道、這份事業以及其他的一切，都只是我的副業而已。」

但是這份副業帶來的收入是數十萬美元，已經遠遠超過了兼職醫師的收入。而且他自己也承認，他當一名YouTuber能幫到的人比當醫師還要多：

我害怕失去傳統醫學界的威望，這與身為YouTuber所擁有的新世界聲望是不同的；我的害怕都只是出於自私而已。我一點也不擔心自己對人們沒有影響力，因為我知道我有。但身為一名醫師，我並不特別；和我相同職位的人都可以做同樣的事情。

我看得出來這些問題讓他想了很多，所以我告訴他一個重要的概念：「從某種意義上來看，和那些眞正想要全職投入醫療的從業者相較之下，你只把十分之一的時間和精力花在自己不熱衷的領域來協助患者；但這其實對你幫助的人來說反而不公平。」

他回答我：「這個觀點很有趣，我還眞的沒想過。」

當然，我非常尊重阿里，我並不是單純爲了逼迫而逼迫他。我只是知道有時候會需要有個人推動，你才能勇敢地相信自己。

當醫師是一項崇高的使命——**如果**這是你的使命的話。但就我聽到阿里所說的，其實他更在意的是恐懼和沉沒成本。他覺得自己身爲一名網路創作者，所做的工作對世界的影響最大。在接下來的節目中，我們又討論了幾個與他的目標有關的問題：

- 如果你的訂閱人數達到一千萬了，你還會繼續行醫嗎？
- 要是你把每月十小時的醫師兼職時間重新分配，把它用來開發新節目，或專注於能夠幫助數位業務擴張的事務的話，會發生什麼事？
- 假使你完全專注於你的數位平台，你認爲自己會產生什麼樣的影響？

在我們的對話結束後，阿里問了自己更多勇敢的問題。實際上，他在幾週後分享了一段YouTube影片，詳細解釋了自己決定永遠離開醫學界的原因。

在做出這個決定之前，他向自己提出的問題幫助了他深入了解自己的心態。他必須想清楚的一些問題包括：

- 如果做YouTube這件事不成功怎麼辦？
- 為什麼不把繼續當醫師這個選項當成安全的備胎？
- 如果網路上的人因為我離開醫學界而討厭我怎麼辦？
- 要是我不繼續自稱為醫師，我的頻道和事業會不會完蛋？
- 為什麼我不把所有事情都當成兼職來做就好？
- 我行醫的唯一原因，是我想繼續保有醫師的光環，才能和其他大多數YouTuber有所區隔嗎？

　　這些都是公平合理的問題，但最後他還是意識到，不能任由恐懼阻礙自己實現卓越的目標。

　　你不用是醫師或YouTuber，才能利用勇敢的問題來做出改變。像這樣的問題，將幫助你從現在的位置前往自己想去的地方。當你發現自己真正想做的事，並擺脫阻礙你前進的因素時，就能夠騰出精力去追求自己的熱情。我已經見識過很多次了——當人們全心投入自己熱愛的事物時，奇蹟就會開始發生。雖然也許不會一秒成真，但卓越終將隨之而來。

問題中的勇氣

　　一旦你學會挑戰自己，學會讓那些在你試圖追求卓越時，突然冒出來的簡單、懶散問題閉嘴，你就會發現問題是無害的。反過來說，正確類型的問題——勇敢的問題——可以迅速開啟你埋藏於內心深處的某些東西。

　　勇敢的問題目標明確且直接。在幫助你排除干擾的同時，它們也能拓展思維的可能性，幫助你放大視野，看到你也許忽略了的事物。它們會為你提供新的視角，以及有待你去探索的新眼界。

最棒的是，它們會在你內心創造行動的傾向。對未來某天的夢想，突然變成在今天就可能實現。而這往往會帶來一連串的動力。

> 當人們全心投入自己熱愛的事物時，奇蹟就會開始發生。

要開始行動，你需要問自己哪些問題？不要再等了。世界需要你的卓越。

打造卓越

練習：向自己提出勇敢的問題

請讓自己有夢想未來的可能性，該是大膽地問自己一些勇敢的問題，並回答它們的時候了。花點時間思考每一個問題，並在筆記本或筆記應用程式裡記下你的答案。在這個過程中，你可能會碰到其他讓你害怕的問題。請不要無視它們；把它們也記下來，並花時間眞誠地回答。不要讓先入爲主的障礙、恐懼或負面想法阻撓你。

鼓起勇氣去夢想你在追求自己的意義使命時，會爲你帶來的各種可能性：

純粹問題：如果你要百分之百做眞實的自己，你會有什麼不同的作爲？

優先問題：如果你必須在接下來的三十天內加倍實現自己的目標，那麼你的前三個行動會是什麼？

    1.

    2.

    3.

可能性問題：如果你可以＿＿＿＿＿的話，你會有哪些可能性？（這裡請填入你意義使命的下一個步驟）

＿＿＿＿＿＿＿＿＿＿＿＿＿＿＿＿＿＿＿＿＿＿＿＿＿＿？

熱情問題：如果你能夠＿＿＿＿＿（實現你的目標／夢想／使命），那會是什麼感覺？

＿＿＿＿＿＿＿＿＿＿＿＿＿＿＿＿＿＿＿＿＿＿＿＿＿＿＿

財富問題：如果你今天中了樂透，你接下來會做什麼？

＿＿＿＿＿＿＿＿＿＿＿＿＿＿＿＿＿＿＿＿＿＿＿＿＿＿＿

＿＿＿＿＿＿＿＿＿＿＿＿＿＿＿＿＿＿＿＿＿＿＿＿＿＿＿

列出其他浮現出來的問題。假如有必要，請在行事曆中騰出專屬的時間，只用來思考每一個問題，並勇敢地回答。

_____

_____

_____

_____

_____

_____

_____

_____

_____

_____

_____

_____

_____

_____

_____

_____

_____

_____

Chapter 13

給自己許可
GIVE YOURSELF PERMISSION

　　我的朋友羅傑是一位才華橫溢的理財顧問，但他一直難以突破每年八萬美元的佣金門檻。他的夢想是打造一家蒸蒸日上的企業，最後卻總會有卡關的感覺。他嘗試過獨立執業、與合夥人合作，然後再次獨立執業——可是無論他做什麼，似乎都沒什麼效果。他不斷地問我：「我要怎樣才能和有更多資金可以投入的客戶合作？」我幫他介紹了一些人，但都不是羅傑想要的大客戶。

　　但就在這時，機會出現了。一位朋友傳訊息給我，說有個十九歲的年輕人剛剛中了數億美元的樂透。果不其然，這位樂透得主的其中一則最新推文，就是關於《卓越學校》的某集內容。我聯絡了這位年輕人，除了向他表示祝賀之外，也提醒他即將面臨的挑戰。畢竟，約有百分之七十的樂透得主都會在幾年內破產、染上毒癮或自殺。我向他提出我這裡可以提供的協助，並告訴他如果需要指導，隨時可以打電話給我。

　　他最後接受了我的提議。在幾次電話交談中，我了解了他的背景。雖然他身邊似乎已經有個穩健的支援團隊了，但我還是提出把他介紹給我的朋友羅傑，並鼓勵他與其他顧問談談看，以確保他有一位受托人來指導自己的財務決策。他同意了。

　　我又回去找羅傑，問他願不願意和這位年輕人電話交流一下，不推銷任何東西，只提供協助並看看會有什麼進展。在他同意之後沒多久，我們三個人就進行了幾次通話。這位年輕人還聯絡過其他幾位專業人士，最後

才告訴我他真的很喜歡羅傑，並希望與他合作。

「我還沒準備好。」

「什麼！？」我倒抽一口氣，「什麼叫你還沒準備好？」

「我從來沒接過那麼大的客戶，我不知道要怎麼管理那麼多錢。」

我出於關心，稍微訓了他一頓。「我告訴你，如果你不願意冒這個險、不願意接受這個挑戰，我們就絕交算了。你跟我要大客戶要了這麼多年，現在我在幫你，你卻跟我說你不能和他合作，就因為你覺得自己還沒準備好？」

然後我告訴他：「要是你不願意做，我以後就不能再推薦客戶給你。」

我為什麼這麼氣羅傑？因為生活給了他一個機會，一個他夢寐以求、渴望已久的機會，但他卻不願給自己許可去接受它。

那時，他活在自我懷疑和恐懼中，這讓他無法實現自己的意義使命。

羅傑同意考慮一下這個機會。幾天後他決定接受這個新客戶，但他必須借助另一家公司的協助；該公司擁有管理較大客戶所需的經驗和資源，他們會收取百分之五十的佣金來和羅傑合作。這種合作關係給了羅傑一開始所需的安全感，但他只花了幾年的時間就提升了自信，不僅能夠管理這位年輕朋友的財務事宜，還能獨自管理其他幾位大客戶。他後來賺進的就是佣金的全額，不用再和其他人分一半了。

從某種意義上來說，羅傑藉由引進合作夥伴，來給自己部分的許可，獲得成功。他並不完全信任自己的能力，因此覺得需要別人的信譽，來承接更大的客戶。這是朝著正確方向邁出的一步，因為他願意採取行動。當羅傑最終意識到自己依賴的人，所了解的並不比自己多的時候，他就有了足夠的信心，給了自己完整的許可，全力以赴。（而且沒錯，我們還是朋友。）

自己設下的牢籠

如今，似乎每個人都在尋求許可。無論是從治療師、教練、朋友、客戶還是家人那裡，我們都在探求他人給予我們許可。

當我在思考人們對於許可的渴望時，我認為似乎有三種形式的許可，是你在實現意義使命的道路上可能需要給予自己的，也就是成為理想中的自己、排除不必要的事物，以及表達情感。如果你在其中任何一個方面拒絕給自己許可，就會為自己埋下隱憂。

1. 給自己許可成為理想中的自己。

不允許自己成為理想中自己的結果，就是嫉妒和不安全感。我喜歡嘉柏麗・伯恩斯坦對這個觀點的說明：「嫉妒是一種形式，其本質是親眼看見了自己尚未充分發展的部分。」你可能會看著別人，對他們所表現出的特質覺得反感；然而，沒有什麼事物能夠阻止你發揮相同的特質。你需要做的就只有給自己肯定，允許自己成為你想要的那個自己而已。

正如賽斯・高汀所說，我們許多人都在等待被選中：

我們的文化本能就是等待被選中，尋求由出版社、脫口秀主持人甚至是部落客所給予的許可、權威和安全感；等著他們說出：「我選擇你。」

一旦你拒絕這種衝動，並意識到沒有人會選擇你——白馬王子已經選擇了另一個家——到那時你才可能真正開始工作。

一旦你意識到有許多問題仍有待解決，一旦你意識到自己擁有所需的一切工具和許可，那麼你就有許多機會做出貢獻。

最重要的是，當你開始認真面對困難，並付出自己最勤奮的努力時，就是在成為你有能力成為的藝術家了。

沒有人會選擇你，請你自己選擇自己。

我們之所以猶豫不決，不願意給自己許可去取得成功，是因為我們恐懼；這並非源於我們在追求自己意義使命的卓越心態。

2. 給自己拒絕的權利。

當我們試圖從雜亂無章的生活中排除一些事物時，很多人都因為覺得需要他人的認同，因而難以拒絕。這又回到了身分認同的問題。你是否在讓他人的期望定義自己？

如果你不練習給自己許可去排除某些任務，你就可能會被別人要求你做的各種任務分散注意力。成功的人會拒絕某些事物，這樣他們就能全力以赴地投入其他事情。

我的朋友羅利·魏登（Rory Vaden）是生產力方面的專家。身為《贏在拖延術：把拖延用在對的地方，反而讓你更有效率》[41]一書的作者，他已經發展出一整套有效利用時間的思考系統。正如他所說，「如果你的注意力被稀釋，你所得到的也會是稀釋後的結果。」換句話說，你愈是試圖完成愈多任務來獲得他人的認可，你實際完成的事情就愈少，因為時間在從你手中悄悄溜走。你必須給自己許可，從待辦事項清單和生活中刪除一些事務，這樣你才能專注於對自己來說最重要的事情。

3. 給自己表達情感的許可。

你是否曾經在過去的某個時刻不允許自己感受完整的情緒，來療癒過去的傷痛？也許你不允許自己去感受那種痛苦，是因為它讓你感到不自在

41　Procrastinate on Purpose: 5 Permissions to Multiply Your Time，繁體中文版於二〇一六年由三采文化出版。

或難堪。

　　嘉柏麗也談到了這種形式的許可。她提到了一類情感，是她所謂的「不允許的情感」。她說，每個人都經歷過某種程度的創傷，而在這些創傷中，往往包含著羞愧的無能、憤怒或自我厭惡的感覺。

　　人們可能會迴避這些感覺，因為說到從過往傷口中保護自己，這是他們知道的唯一方式；但是這些應對機制往往難以持續。這些機制可能會引發各種應對行為或成癮，反而阻礙你實現卓越。如果你想要走出陰影，就必須允許自己進入這些回憶，並允許自己去感受情感。

> 成功的人會拒絕某些事物，這樣他們就能全力以赴地投入其他事情。

做自己的主人

　　讓史蒂芬・柯維（Stephen R. Covey）最廣為人知的，也許是他的著作《與成功有約：高效能人士的七個習慣》[42]，其中的第一個習慣是「主動積極」。但我更喜歡他兒子創作的兒童版，因為它更簡單明瞭：**做自己的主人**。我們如果能夠將這個簡單的表達內化，就可以幫助你避開我們之前談到的那些尋求許可的陷阱。這意味著你有能力引導自己走向卓越，不需要等別人給你許可來做這件事。

　　柯維觀點的指導原則，在於被動回應與積極主動態度之間的差異。被動回應的人會使用「我無法」或「我必須」這樣的語言，來讓環境形塑他們的故事，並忽略了自己對環境的影響力。相反地，積極主動的人意識到

42　The 7 Habits of Highly Effective People，繁體中文版由天下文化於一九八九年出版。

自己對生活中的某些方面無能爲力，但他們會專注於自己能做些什麼，來應對眼前出現的事情。積極主動的人對自己的故事負責，而這一切都始於給自己許可，允許自己掌控自己的卓越旅程。

做自己的主人意味著有意識地生活。例如，羅利·魏登教導說，時間倍增的關鍵在於「給予自己情感上的許可，讓今天的自己把時間花在能爲明天創造更多時間的事情上。」他稱此公式爲「重要性的計算」。這代表著你對自己的時間有掌控權，並利用它來做長期節省時間的事情。

日程安排不僅僅是關於日曆和待辦事項清單而已。在我們的目標之下，還有罪惡感、恐懼、焦慮、野心和動力這些情感。即使我們沒有意識到，這些情感也會對我們的所有決定，產生很大的影響。

我很少在應對新挑戰時感到掙扎，反而往往都迫不及待地想立即投入其中。我的困難通常在於爲了實現目標，而必須允許自己放慢腳步或調整方法。例如，當我沒有依照原訂計畫盡快完成這本書時，我感覺到了嚴重的罪惡感。我花了一段時間才理解把截稿日期延後也沒關係，重點在於把書寫得精彩，而不一定在於確保它符合我當初強加在自己身上的那個時間表。

在我減輕了自己身上的壓力之後，我對這本書的成果就變得更加迫不及待了。

我認爲當人們在以「完美」的方式達成他們的目標這件事上感覺到壓力時，反而往往無法實現目標。成功的人知道要保有內在的彈性以及對自己的寬容，而不是因爲自己不夠好而折磨自己。

最重要的是在通往卓越的旅程中，你需要學會給自己許可，允許自己挺身而出、後退一步、往旁邊站，或者走上任何你需要走的那一步路。

打造卓越

我們很難看穿自己的自我懷疑。有時候，當我們自己打消追尋遠大夢想的念頭時，甚至會覺得自己是在負責任，或是變得比較實際了。這個練習將藉由協助你想像更高的賭注，來為你提供一個新的視角。請將你的回答記錄在日記、筆記應用程式或其他你選擇的地方。

第一步——選擇一個目標

想一個你一直希望實現，但還沒有什麼進展的目標，並把它寫下來。

第二步——提高賭注

想像你生活在一個只有最具生產力的人才能生存的社會。每一年，法庭都會對每個人的成就進行評估，並決定他們的命運。現在輪到你接受評估了。他們檢視了你的成就清單，發現你沒有完成你為自己設定的主要目標（即你在第一步選擇的目標），所以有人上前來準備把你帶走。你嚇出一身冷汗，直接跪下來懇求他們再給你一次機會。在緊張的片刻之後，他們同意再給你最後一年的時間來實現這個目標，但你必須呈送一份令人信服的計畫，來說明你將如何達成。

第三步——實現目標

現在就花三十分鐘寫一份計畫，請嚴肅對待這件事。你的計畫必須是實際可行且具有說服力的。無論如何，你都必須擬定一份計畫。

真實的代價

這種情況在現實生活中不太可能發生，但這個練習能讓你正確地看待自己的時間安排。你也許不會因爲任務失敗而丟掉性命，卻很可能會失去你所渴望的**那種**生活。這才是真正的賭注，雖然沒有那麼緊迫，但我會說它們一樣重要。

練習二：給自己許可

第一步 —— 選擇一個目標

你可以使用練習一的目標，或另外寫一個新目標。

第二步 —— 識別批評

當你想到要追求自己在第一步提出的目標時，會產生哪些疑慮？請使用以下的大綱，寫出阻礙你努力實現目標的自我批判。

我不夠_____。

我太_____了。

追求這個目標太不負責任 / 太自私了，因爲_____。

我過去曾經經歷過_____（**寫出你曾經有過的創傷**）

那讓我很害怕_____。

我不應該感到_____。

第三步 —— 起草許可聲明

使用以下大綱來撰寫許可聲明，以應對你在第二步中提出的批評意

見。

我准許自己控制＿＿＿＿＿＿＿＿＿＿＿＿＿＿＿＿＿＿＿
＿＿＿＿＿＿＿＿＿＿＿＿＿＿＿＿＿＿＿＿＿＿＿＿＿。

我准許自己為＿＿＿＿＿＿＿＿＿＿＿＿（填入原因）原諒自己。

我准許自己以不完美的方式去＿＿＿＿＿＿＿＿＿＿＿＿
＿＿＿＿＿＿＿＿＿＿＿＿。（列出你追尋目標所需要採取的行動）

我准許自己感到＿＿＿＿＿＿＿＿＿＿＿＿＿＿＿＿＿＿＿。
＿＿＿＿＿＿＿＿＿＿＿＿＿＿＿＿＿＿＿＿＿＿＿＿＿。

就算跌倒也是往前

我們都有自我懷疑的時候，也都會缺乏某些技能或特質。我不是職業跑者，但我跑完了一場馬拉松。我沒有接受過採訪訓練，但我製作了Podcast節目。我高中的時候語文差點不及格，但我現在是《紐約時報》的暢銷書作家。你必須能夠說：「沒錯，我不是跑者、記者或作家，但無論如何，我還是允許自己去做這件事。」也許你會跌倒，但至少是向前跌倒。在我看來，這也算是一種進步。

掌握自己的使命

就像我們必須允許自己採取不完美的行動一樣，有時我們也必須允許自己不採取行動，並將專注力集中到別處。記住你的使命，不要讓任何事妨礙你去完成。你要成為自己獲得肯定和鼓勵的來源，因為沒有人比你更關心怎麼樣對你的使命來說才是最好的。

> 有時我們也必須允許自己不採取行動，並將專注力集中到別處。

Chapter 14

接受所有挑戰
ACCEPT THE CHALLENGE

當我為了克服公開演講的恐懼而加入國際演講會時，我收到了一本裡面包含十種演講類型的練習本。每種演講的時間為五到七分鐘，迫使我練習不同的技巧。

我的第一種演講方式叫做「破冰」，目標是連續五分鐘講述一個關於我自己的有趣故事。我當時非常害怕，完全不相信自己能夠在不出現停頓或口吃的情況下撐過五分鐘。但我還是**全力以赴**並完成了任務。

在其他演講中，我練習了使用道具和簡報，並專注於語調和風格的塑造。但對我來說，例會中最可怕的部分是一項名為「即席問答」的練習。在這項活動中，領導員會隨機指派主題給我們，我們就必須站起來針對這個主題發表一分鐘的演講——在完全沒有準備的情況下。這才叫折磨好嗎！但我還是完成練習了，因為我知道自己要想在事業上成功，就必須克服對演講的恐懼，並且做到用語言傳達我的訊息。

我設定了一個目標，在三個月內，我要在國際演講會以外的地方進行我的第一次免費演講，並在九個月內達成我的第一次付費演講。這感覺像是一個不可能達成的目標，但我還是**全力以赴**。有時候，我甚至會在一週內，就參加五次國際演講會的例會。

那位建議我參加國際演講會的會友也鼓勵我採取一種「火之洗禮」的方式，選擇我最害怕的小組。而當我遇到一個由專業講者組成的小組時，我心想，**媽呀，我要加入的就是這組**。

於是，我，一個二十四歲的無業遊民，與一群四、五十歲，西裝革履的專業人士共處一室。在接下來的一年裡，我都在苦思怎樣才能完全融入這個小組，精進我的演講技巧。然後，事情發生了，我透過LinkedIn獲得了第一次免費演講的機會，是一個三十分鐘的本地社區演講。雖然感覺沒什麼大不了，卻是我朝著目標邁出的下一步。之後，我又得到了一次有五百美元酬勞的演講邀約。不知不覺中，我的演講費用已經超過每場五千美元了！

即使我已經開始賺取這樣的收入了，事情也從來沒有變得比較輕鬆。我必須不斷廣發訊息並建立人脈，來為自己爭取機會。我在做這一切的同時也給予自己許可，允許自己成為以前認為不可能達成的專業講者，並全力迎接挑戰，讓自己持續待在舒適圈之外。

我認為許多的社交恐懼，例如對演講的恐懼，追根究柢都是來自於群體的界限。我們看到自己不屬於其中一分子的群體，就會想著**我不適合、我不屬於這裡、他們還沒接受我。這是一個社群，他們說的語言是我不懂的。**

在我決定學跳騷莎舞時，這種身為局外人的感覺格外強烈。我承認，我真的很難掌握那複雜的舞步。相信我，我非常清楚自己就是個完全不會跳舞的高個子白人男性；我邀請過許多女性共舞，但一次又一次地被拒絕。在大約三個半月的時間裡，我每週要面對三到四次這樣的恐懼，然而，這個過程讓我學會了愛自己，即便所有人都在拒絕我。我學會了如何堅持目標，最後也能夠跳得很流暢了。

很多人都太在意群體裡的人會不會接受自己，以致於他們嘗試新事物的時間不夠長。即使在我人生的這個階段，我仍然強迫自己停留在不自在的環境中。我之所以能夠冒著被評判的風險，是因為我已經學會了接受自己。我已經給了自己所需要的全部認可，因此我能夠冒著被拒絕的風險，

忍受摩擦，去學習新的事物。

例如，我目前正在學習西班牙語。這對我來說很不自在，因為我還不完全是這個群體的一分子。但儘管我知道自己的口音可能不正確，我還是會和我女友、她的朋友和家人講西班牙語，並堅持繼續這個艱難的任務。

面對新的挑戰總是會讓人感到不適，但如果你能把不適變成樂趣，那麼你就已經在克服恐懼的道路上成功一半了。

在我開始練習演講時，我找了一位大約比我年長十五歲的資深講者，來給我一對一的指導。他提醒我，那些我在國際演講會上對著他們演講的那些人，他們都希望看到我成功。他還給了我所需的支持，讓我能夠原諒自己，不僅原諒自己犯錯，也原諒自己的拖延。

> 如果你能把不適變成樂趣，那麼你就已經在克服恐懼的道路上成功一半了。

當我們沒有達到自己認為應該到達的人生位置時，我們自己會感到嚴重的羞愧和內疚，但這樣只會更耽誤前進的步伐而已。無論你多年前就想做什麼了，那都不重要；重點是你現在正在做。與其為過去的猶豫不決而自責，不如告訴自己：**以前我沒有足夠的資源、勇氣或自信來做這件事，但我現在全力以赴了。**

允許自己享受樂趣，也是我學會應對社交不適的一種方式。過去在業界，我總是整個場子裡最年輕的人，沒有經驗、沒有工作，我什麼都沒有。但我找到了進入這些場合、參加晚宴並與有影響力的人見面的辦法，因為我富有玩心。我會開玩笑，會問有趣的問題；我充滿了好奇心，並把這當成一個遊戲。我會為自己設定有趣的挑戰：台上有位講者，我要怎樣才能在會後見到他？我要怎樣才能和他待在同一個空間？

這種方式為我打開了一扇很酷的門，原因很簡單，就只因為我**全心投入**，並且樂在其中。在我幾乎還默默無聞的時候，我看到提摩西・費里斯

要舉辦一場研討會，他計畫在研討會上，分享他如何寫作並推出《紐約時報》暢銷書的所有祕訣。我唯一的問題是，門票要價一萬美元。

我在心裡想，**好吧，我想去參加這個活動，但我買不起門票，那有什麼方式可以免費進去呢？還是說，要怎樣才能在這次活動中演講呢？還是說，要怎樣才能讓提摩西‧費里斯在台上訪問我？**這簡直是不可能的事，但我還是敢於提問：**為了讓它成為可能，需要做到哪些事情？**

我在研討會上見過提摩西‧費里斯的助理查理幾次，發現他正在協助籌備這次活動，我也知道這次活動的主題是書籍行銷和新書發表，所以我對查理說：「你們請來了這麼多大人物和名流，卻沒有人在討論虛擬簽書會。」我當時甚至連一本書都沒寫過，但我在這個領域有一些相關的人脈，而且我有一個完美的案例研究可以分享。在一次與蓋瑞‧范納洽（Gary Vaynerchuk）合作的網路研討會上，我幫忙宣傳他的書，還賣出了八百本。

我向查理解釋這個點子，讓他看了那個案例研究，也說明了該主題對與會者來說會多有幫助。最後，我請查理把這個想法告訴提摩西，並告訴他我很樂意免費幫忙。

令我震驚的是，不久之後，我竟然在與查理和提摩西的三方通話中提案推銷我的點子，而且他們還說：「好，那就做吧。」**什麼鬼──你在開玩笑嗎！？**

於是我坐在講台上，就在那些花了一萬美元才能進場的觀眾面前，而且沒錯，提摩西‧費里斯訪問了**我**，一個敢於問**要做什麼事才能實現？**的無名小卒。這就是你追求卓越的方式。允許自己去面對你想做的事，然後接受挑戰，全力以赴。

挑戰的價值

任何有在追蹤我的人都知道，我熱愛挑戰。我會因為接受了三十天、六十天或九十天的挑戰而變得衝勁十足，而且還能順利克服。如果你想變得無所畏懼，就必須毫無保留地面對自己恐懼清單上的每項恐懼，直到它們消失。我會一次先挑出一個恐懼，然後設定挑戰來幫助自己面對。

我還比較年輕的時候，很害怕和女生說話。我問自己，**怎樣才能透過挑戰克服這種恐懼**？我每天都堅持和一個女孩聊天，持續了整個暑假。到夏天結束時，我信心滿滿。我才十七歲，就能自信地和四十歲的女性交談，只是為了挑戰自己，看自己能不能做到而已。

我發現每當自己克服了一種恐懼，就更有信心，相信自己有能力迎接下一個恐懼挑戰。克服與女性交談的恐懼，在我面對跳騷莎舞被拒絕的恐懼時，給了我所需的幫助。恐懼的細節並不重要，重要的是我向自己證明了自己有能力克服恐懼。就因為我能夠學會與女性交談和跳騷莎舞，因此這種自信轉化為我可以成為講者、成功舉辦網路研討會和寫一本暢銷書的信念。

一旦你能識別出自己的核心恐懼，就可以全力以赴地面對它；沒有什麼比面對控制著你的恐懼更能賦予你力量。克服恐懼的關鍵在於自我評估和行動，為你的其中一項恐懼設定三十天、六十天或九十天的挑戰，付諸行動，你就可以看到自己的信心倍增。

這種竭盡全力心態的敵人就是拖延症。我的朋友兼作家羅利・魏登再次指出了這一點。他告訴我，心理學家認為拖延的原因在於自我批評。那個內心的聲音會開始說，**我不夠好，我不夠聰明**。然後你就會發現自己在想：**何必白費力氣呢**？但當你意識到自己現在已經夠好了的時候，你就可以邁出步伐，變得更加出色。

我相信沒有人真正希望自己的使命失敗，但大多數人都說他們覺得自己的生活被困住了。為什麼我們之中會有這麼多人，停留在自己不願意停留的地方？同時身兼經濟學家與賓州大學華頓商學院教授的凱蒂．米爾克曼，就此問題提出了一個有趣的觀點。她說，只要是人都有「內在障礙」，其中最大的障礙就是**現狀**偏誤，這種觀點認為人們傾向於繼續自己熟悉的道路。任何偏離這條道路的改變都會讓人覺得很危險，危險到人們會願意忍受一條沒那麼好但比較熟悉的道路。

這就是為什麼根據我的經驗，過著「美好」生活，是最難擺脫的困境之一。一個對自己的美好生活感到百分之八十滿意的人往往會覺得很舒適，舒適到不敢冒險去追求**卓越**的人生。

現在就採取行動！

羅利．魏登給了我一個思考挑戰的實用方法。他說每個人都想避免痛苦，即使微不足道到像無聊這樣的小痛苦也算。我們拖延是為了避免不愉快的感覺。但現實是，我們並不總能選擇是否會經歷不愉快。有時我們唯一的選擇，就是要**現在**就經歷這種不愉快，還是等痛苦累積到一定程度之**後**再來。用這種心態來看的話，我們花在不愉快上的時間似乎就不算是犧牲，而是對更豐富未來的一種短期預付款。

羅利把這種做法稱為「爬樓梯」，他說：「通往輕鬆生活的最短、最有保障的道路，就是盡快完成事情中最難的部分。」請注意，這種做法並不是要你更努力工作；實際上，你走的這條路反而是比較輕鬆的，但它真正要求的是自律。

這個想法正好與《少，但是更好》[43]和《努力，但不費力：只做最重要的事，其實沒有你想的那麼難》[44]等暢銷書的作者葛瑞格·麥基昂（Greg McKeown）所討論的一個概念不謀而合。格雷格教導我們要有紀律地追求「更少」，這是優先事項被稀釋的解藥；放棄所有的瑣碎事物，來專注於少數真正重要的事情上。你會受到誘惑、很想分心，但這時你要記住，現在先做困難的事，是為了避免將來面對更困難的事情。請大張旗鼓地以行動來創造動力，見證改變的發生。

如果你也是眾多面臨一或多種拖延問題的人之一，請不要責怪自己。你只是在求生存的狀態下運作而已，想要節省體力是很正常的。但根據羅利的觀點，拖延只能節省體力，但決策過程中所需要的能量，其實大部分都是情緒能量；健身就是一個很好的例子。去到健身房所花費的情緒能量，往往大於健身所消耗的身體能量。這都是因為我們的拖延，以及對任務痛苦程度的誇大所導致的。

現在，我要完全坦白地告訴你，**不遺餘力**有時候會很痛苦。有時你將不得不全身心投入未知的領域，做出一些令人害怕的冒險決定。

凱蒂·米爾克曼和其研究團隊發現了一種叫作「新起點效應」的現象，可能有助於人們應對挑戰。改變的動機往往會隨著各種因素（如業務、精力、樂觀情緒）的變化而波動，由於因素眾多，這些波動看似隨機；但凱蒂的團隊發現了一個規律。事實證明，人們會對某些標記著新開始的時刻有所反應，這些時刻可能是新的一年、生日、新工作的第一天，甚至是星期一。在這些時刻，我們往往會退後一步，反思我們的生活、目標或優先事項。

根據不同的新開始，它甚至可以讓人有身分轉變的感覺。例如，當一

43　Essentialism The Disciplined Pursuit of Less，繁體中文版於二〇一八年由天下文化出版。

44　Effortless Make It Easier to Do What Matters Most，繁體中文版於二〇二一年由天下文化出版。

個孩子滿十八歲時，他們可能會感覺到一種轉變，因為在法律上，他們已經是成年人了。這種轉變意味著新的規則、責任和權利，同時也會激發其他改變。若能了解並控制這種「新起點效應」的力量，可以讓自己刻意更頻繁地在生活中建立新起點，並充分利用它們。

另一種讓自己迎接挑戰的方法，是使用《紐約時報》暢銷書作者尚恩‧艾科爾（Shawn Achor）的「二十秒定律」。你可以利用這個定律，策略性地控制進行任何活動所需的能量，並根據你想增加或減少做這件事的頻率，來調整應該需要的能量多寡。舉例來說，如果你想減少觀看Netflix的頻率，可以試著將應用程式從電腦上移除，防止Netflix自動登入。這樣一來，如果你想看Netflix，你就必須上網搜尋網站，並輸入帳號密碼才能進入。只要多做這一點努力，可能就可以阻止你不知不覺地又被Netflix吸引了。

另一方面，如果你想更常在家做飯，你可以購買預先洗淨和切好的蔬菜，或其他已經準備好的食材，來減少需要耗費的能量。換句話說，倘若你正在面對的是要克服恐懼或進行重大的生活改變，那麼你會擁有比自己想像中更多的控制權，來迎接挑戰。

最近，我挑戰自己參加了洛杉磯馬拉松賽。儘管我花了很長時間來訓練自己的耐力，但我從未真正跑過一次完整的測試跑。事實上，在馬拉松比賽的前一週，我跑了大約十三英哩（全馬距離的一半），就幾乎快把我累垮了。我全身痠痛，以致於在馬拉松比賽前的整整一個禮拜，我都沒有跑步。我本來應該會輕易相信自己資質不夠、準備不充分而放棄比賽的。但幸運的是，我已經允許自己採取不完美的行動，並承諾迎接這個挑戰。

讓我堅持下去的是告訴自己，**馬拉松不會很難，會很好玩的**。我設計了一份計畫，決定在每次爬坡和經過補給站時都用走的，來讓它充滿樂趣。比賽當天，我完全沒有偏離計畫。每次遇到小小的上坡，我就用走

的；只要一遇到補給站，我都會邊走邊喝水，然後再開始慢跑。

在長達二十六英哩的路程中，我對舉著標語牌的人們微笑，並和他們擊掌。我一邊笑出來，一邊對自己的身體所做的一切感到驚嘆。我根本沒有試著要比賽，而只是在享受這個過程而已。你知道嗎？我用比預期更短的時間跑完了馬拉松——而且感覺很棒。

在我挑戰了自己的馬拉松初體驗之後，我以為自己再也不會參加了。然而，就在我跑完第一次本地馬拉松的幾天後，我又報名參加了紐約市馬拉松。

挑戰能夠幫助我們努力成為自己想要成為的人。我在健身房和一個人一起打拳，他的體重在過去十年裡有很大的波動。我問他的教練為什麼會發生這種情況，教練說這是因為如果他在完成眼前的挑戰後，沒有馬上進行另一項挑戰，就會回到以前的生活方式。現在他正在為一場重要的拳擊比賽備賽，所以他的飲食控制得很好，也減掉了很多體重。但他已經開始擔心比賽結束後體重又會增加了，除非他再接受其他挑戰。

請給自己挑戰。挑戰可以讓你的生活保持穩定，鼓勵內省，並且建立自信。請永遠都要有兩個挑戰：一個在你腳下，另一個則在排隊，等著你接下來去應對。

為了協助你開始，這裡有一些活動，可以讓你找出並接受自己最初的挑戰。

> 挑戰能夠幫助我們努力成為自己想要成為的人。

打造卓越

當我獲得一個面對提摩西‧費里斯的公開舞台時，我為自己創造了一個令人難以置信的機會。起初，這個夢想似乎有點離譜。為了實現這個夢想，我問自己：**為了讓它成真，需要做到哪些事情**？我給了自己許可，去構思一個非常大膽的夢想；雖然不知道結果會如何，但我還是努力去追求。這個練習將幫助你擬定計畫，**全力以赴**去實現你不可能的夢想。

第一步──找出你的挑戰

再讀一次你的意義使命宣言（第171頁），想想能讓你走上實現這使命之路的最終成就。不要退縮，想一件最不可能的事，並把它寫下來。

第二步──思考需要做到哪些事情

要實現我接受提摩西‧費里斯採訪的夢想，就必須先與費里斯的助理建立關係。因此，我的第一步是充分利用我與他助理的接觸，主動聯絡他。若要讓你不可能的夢想成為可能，需要做到哪些事情？你現在可以採取哪些步驟，讓自己更接近那個不可能實現的夢想？盡可能具體一點。

1. _____
2. _____
3. _____
4. _____

第三步──讓不適變得有趣

在你剛才列出的步驟中,有些(如果不是全部的話)可能會讓你有點不舒服。參加國際演講會幾乎算是我最糟糕的惡夢了,但這卻是我需要採取的步驟,才能實現我看似不可能的目標──獲得一次免費的演講邀請。為了讓這個過程變得能夠忍受,你可以把讓你感覺不適的任務轉變成遊戲,例如試著打破自己的個人紀錄,或者為自己設定時間限制來完成一個小任務;你甚至能夠把在不舒服或費力的情況下尋找幽默感這件事,當成一種遊戲。從你在第二步列出的步驟中選擇一個,並設計一個計畫,來讓它變得有趣。

追求好奇心

你可能在上一步遇到了一些困難。也許你在想,路易斯,你不明白,我很害怕這個挑戰。如果你是這樣的話,請試著將你對這件讓你害怕的事情感到好奇的部分放大。我會在電影中看到有人發表精彩到不行的演講,然後想,**天哪,那看起來真刺激**。然後我就會想知道站在講台上,以積極正向的方式影響別人是什麼感覺。這就是我在自己覺得即席問答變得太難招架時會做的事,請記住這種好奇心。

練習二:三十天作戰計畫

我們的大腦就是設計來以故事的形式思考的。如果把我們的人生看成故事,那麼每個新的「章節」都是一個新的開始。生日是一個新的開始、畢業是一個新的開始,甚至每個新的早晨也可以是一個新的開始。這個練習利用了凱蒂・米爾克曼的「新起點」概念,在你的行程表中加入了基準點。

第一步──選擇一個目標

選擇一個你想在下個月達成的目標,並把它寫下來。

第二步──拆解你的目標

將你的目標拆解成更小的目標。例如,如果你的大目標是找到一份更符合自己熱情的工作,那麼你的小目標可能是更新你的履歷、在熱門網站上設定職缺提醒、查看可能的工作以及填寫應聘申請。請列出你需要完成的小目標,來實現你更大的目標。

1. _____
2. _____
3. _____
4. _____
5. _____
6. _____
7. _____
8. _____
9. _____
10. _____

第三步──分配這些小目標

在你列出來的小目標中,有哪些是你可以在三天內完成的?

1. _____
2. _____

3. _____

4. _____

5. _____

在你列出來的小目標中，有哪些是你可以在一週內完成的？

1. _____

2. _____

3. _____

4. _____

5. _____

在你列出來的小目標中，有哪些是你可以在三十天內完成的？

1. _____

2. _____

3. _____

4. _____

5. _____

第四步──標記新的開始

在日曆上使用一個顯眼的圖案，用來標示三天、一週和三十天的檢查點；你可以使用貼紙、符號或意義深遠的詞語。盡量選擇一些有慶祝意味的東西。這些都是你的新開始！

在完成小目標後，請回頭再看一下，並在各個檢查點上打勾。

第五步──反思

在第三天、第一週和第三十天的時候，請回到這裡，並重新省思剛剛過去的這段時間，寫下你的想法。如果覺得自己卡住了，請使用以下提示來激發想法。

- 你對自己所實現的一切感覺如何？
- 針對自己使用時間的方式，有什麼是你想改變的嗎？
- 你是否在哪項任務上花了太多時間？
- 對你來說，要在這個截止日期之前完成工作，你遇到了哪些挑戰？
- 以下個截止日期而言，你有沒有任何事情是想採取不同做法的？

保護你的時間

在正常情況下，你最好為自己設定一個緊繃的截止期限，因為這能夠迫使你接受不完美。舉個例子，如果你想寫一篇部落格文章，你可以給自己三天的時間來完成初稿、編輯並發布。目標在於採取行動，看看你能創造出什麼結果。這種方式不只能幫你保護自己的時間，還能在你每次達到目標、重新開始時，都為自己創造出衝勁並建立自信。

Chapter 15

定義你的卓越目標
DEFINE YOUR GREATNESS GOALS

從我還小的時候，我就一直對夏季奧運感到雀躍不已。在拆掉石膏並進駐我姐家沙發的幾個月後，我沒日沒夜地連續看了整整兩週的二〇〇八年北京奧運。那年的麥可‧費爾普斯（Michael Phelps）是最耀眼的選手，靠著游泳贏得了一枚又一枚的獎牌；各種不同奧運運動項目的紀錄屢屢刷新。而我只能躺在沙發上，不知道自己還能不能再次參加體育運動。

有一天深夜，其實是凌晨三點左右，我偶然看到了一個叫做手球的運動的精華片段，讓我印象非常深刻。我以前從來沒有聽說過這種運動，但此刻我對它產生了濃厚的興趣，所以迫不及待上網搜尋了所有關於手球的資訊。

這項運動在歐洲非常流行，但在美國卻沒什麼人玩。它是籃球、袋棍球和足球的綜合體，但是用雙手來打。比賽節奏超快，只有六十分鐘，球員們要將迷你足球射入小小的足球球門，努力比對手隊進更多球、得更多分。它與籃球類似，但球員在接球後可以走三步，之後就必須運球、傳球或射門。

我開始相信，這就是我注定要投入的運動。我剛從橄欖球場上退役，但我並不覺得自己的運動員生涯已經完了。所以，我開始更勤奮地上網搜尋、寄電子郵件、打電話，試圖找到任何美國手球隊的資訊。我想參加奧運，我想為美國隊效力。

我發現我所在的俄亥俄州沒有球隊，美國甚至沒有任何職業聯盟，只

在全國各地有一些球會，而最頂尖的球隊在紐約。我發覺打球沒有報酬，都只是在打好玩的而已；但這並不重要。我得想辦法賺到足夠的錢，讓我可以搬到紐約市學打手球、在這支球隊裡打球，並入選美國國家隊參加奧運。

我相信你現在已經猜到了，那時的我**全力以赴**。我開始變得著迷了。我不停地聯絡美國手球協會，但幾乎不可能有人接聽電話或回覆電子郵件。到了二〇一〇年初，也就是兩年後，我終於從我的網路行銷業務中，賺到足夠去紐約的錢了。我還是聯絡不到任何人，但我找到了紐約市手球會的網站。他們沒有電子郵件或電話號碼，只有一個練球地點的實體地址。

當我為了幾場演講要在紐約待一個月時，我決定去參加這個手球練習，看看自己能做些什麼。到了那裡，我才發現自己是唯一土生土長的美國人；那裡大約有三十個來自歐洲各國的球員，說著各種各樣的語言。

我試著採取直接的方式：「嘿，我叫路易斯，來自俄亥俄州。我來這裡是為了學打手球，加入美國國家隊，接著參加奧運。」

他們笑了。

他們開始用各種語言互相交談，就是沒有英語。最後終於有人翻譯了。

「你是誰？你太誇張了，」他們說。「我們上週末才剛贏得全國冠軍，這是我們今年最後一次練球。我們打球只是為了好玩而已。今天我們要踢足球，甚至連手球都不打。你等三個月後，等我們繼續開始練球之後再來吧。」

我告訴他們我會準時回來，也開始認識其中的幾個人。之中有人教了我一些事情，以便為下一次做好準備。我最後還是留在紐約了，並在幾個月後開始和他們一起練習。

我只是毫不猶豫地投入其中，接受挑戰而已：我搬到一個新城市，向來自不同背景及文化經歷的人們學習一項我未曾接觸過的新運動，踏出自己的舒適圈。我說的語言跟大家都不同，但我的決心很堅定。

我開始不停地練習。我雖然有打橄欖球的技能，但作為手球隊員，球技普普通通。幾年前手術的結果就是我還沒有完全恢復，但我有運動的天賦，也願意付出辛勤的努力。

在我第一次來到紐約市的九個月後，我進入了美國國家隊，並前往阿根廷布宜諾斯艾利斯參加泛美錦標賽，這是我的第一次國際比賽。我離實現這個夢想又更近了一步；而且我又更加入迷了。

九年來，我一直為美國國家隊效力，在代表國家出賽的同時，也建立了自己的事業。我曾在西班牙某支職業球隊待過一段時間。我對這項運動**全力以赴**，並繼續在全美及世界各地比賽——包括以色列、倫敦、盧森堡、巴西、烏拉圭、墨西哥和加拿大。

參加奧運的挑戰在於，它不像大多數的奧運比賽項目那樣，大多數國家都能派出一支隊伍或代表；它唯一的途徑是在每四年才舉行一次的泛美運動會比賽中取得參賽資格，南北美洲只有一支隊伍能晉級奧運。北美和南美的所有國家會聚在一起參加這場地下奧運等級的比賽，決定誰將成為那支隊伍。因此，你必須在泛美運動會上取得勝利，才能晉級奧運手球比賽。

巴西、阿根廷和智利都有職業聯盟，他們都已經打手球打了很多年，也很有天賦，但美國的我們全都是業餘選手。無論我個人能變得多麼出色，重點還是整個球隊能贏。這不是不可能，但實在太難了。不過，如果我們是奧運主辦國，就會自動獲得參賽資格。我們曾為二〇一六和二〇二〇年的奧運努力過，但當時美國沒有成功。不過，二〇二八年的夏季奧運會將在洛杉磯舉行，所以一切皆有可能！無論如何，我一生中最驕傲的時

刻之一，就是爲美國國家隊效力。

如果你不設定目標

　　如果你不設定目標，就很難達成卓越，因爲你不清楚自己要去哪裡。
當你看不清楚自己的方向時，就無法訂定實現目標的策略。例如在橄欖球
賽中，目標是把球送入達陣區，獲得足夠的分
數來贏得比賽。如果沒有既定的努力目標和
實現目標的策略，球員們只會漫無目的地在球
場上遊蕩而已。這樣的比賽既不好看，也不好
玩。

> 如果你不設定目
> 標，就很難達成
> 卓越。

　　作爲一名運動員，我一直認爲擁有目標是非常明智的。我爲人生中的
每個階段，以及運動生涯的每個賽季都設定了目標。目標讓我能夠集中精
力、下定決心，讓我得以到達自己想去的地方。

　　在我不再參加職業運動比賽，並試圖搞清楚自己餘生的方向之後，我
意識到自己在場外沒有同樣的自信。我的自信有很大一部分，來自於清楚
知道自己的目標和策略；沒有目標可以實現，就等於失去了重心，漫無目
的地飄蕩。也許你能體會這種感覺。

　　你需要有既定的目標，以及實現目標的專注和動力。如果你沒有得到
自己想要的結果，就可能需要重新評估你的目標和所專注的事物。若沒有
明確的目標，你就很容易因爲他人的價值觀和目標而導致分心。羅利·魏
登的意見還是一樣那麼開門見山：

　　　你必須決定自己願意做什麼、想要追求什麼，並且認清在你完成這些

事情之前，其他的一切都是干擾。但專注就是力量。當你的專注被稀釋，你得到的結果也會被稀釋。大多數人生活中的結果被稀釋，不是因為他們不夠聰明或不夠好，而是因為他們受到了干擾。他們允許自己的時間、注意力和資源變得支離破碎。你需要的是集中精力，來創造突破。

　　注意力被稀釋就等於成果被稀釋。當你變得愈來愈成功，有更多潛在的干擾和互相競爭的優先事項出現時，尤其如此。如果你對自己的意義使命不是極度專注，那麼你想要的結果根本就不會實現。

　　這就是為什麼很多人會覺得自己沒有進步的原因。和丹・蘇利文（Dan Sullivan）合著了《收穫心態：跳脫滿分思維，當下的成功和幸福，由你決定》[45]一書的班傑明・哈迪博士，是這樣向我解釋的：

　　導致人們感覺自己被消磨殆盡的一個原因是，他們耗費了大量能量，卻不覺得自己有什麼實質的進展。當我達成目標時，就會覺得自己精力充沛；實現目標會讓你電量滿滿，令人興奮。如果你真的為自己設定期限、也創造了結果並看到自己成功，你就會建立起自信，因為你是以實現目標之前的自我狀態來衡量自己，而不是和你的理想來相比。當你看到自己在往前進時，就會為你帶來興奮感。成功會為你創造信心和動力。看著自己取得勝利，無論大小，都將賦予你能量。

　　也許沒有什麼地方比軍隊更需要專注的策略了。前海豹突擊隊隊員傑森・雷德曼告訴我，當他們確定一個目標時，就會將其分解，以便確切知道他們要去哪裡，以及要面對的是什麼。他們也為了如何抵達目的地而規劃非常明確的路線，每一個行動都要細分，每一個突發事件都要納入規

45　The Gap and the Gain，繁體中文版由商業周刊於二〇二三年出版。

劃，這樣就不會偏離計畫。換句話說，他們設定目標，並用行動計畫來支持這些目標。

傑森告訴我，這個過程就像他年幼時決定要成為海豹突擊隊員的時候一樣。因為他知道自己的目標，所以他可以擬定明確的策略來達成。他需要應徵入伍、被海軍錄取、簽訂海豹突擊隊合約、通過海豹突擊隊篩選測試，並在特定的學科考試取得夠高的分數，才能成為一名海豹突擊隊員。

當他以這種方式來分解他的旅程時，就更容易看清實現目標所需的道路；對你來說也是如此。你可以輕鬆地一步一腳印，逐步將所需的步驟完成，達到你想去的地方。

> 如果你沒有得到想要的結果，就可能需要重新評估你的目標和所專注的事物。

與其茫然過日子，我鼓勵你花點時間確定自己的目標，並擬好你的策略，來實現你自己的意義使命。

我的個人目標設定

自從我從橄欖球教練那裡了解到設定目標的技巧這件事的價值之後，我就一直是它的忠實擁護者。他在賽季開始時會問我們問題，以確立我們作為一個團隊的目標。

他會問我們：「隊員們，我們的目標是什麼？我們希望達成什麼成就？我們想贏得冠軍嗎？我們想進入季後賽嗎？我們想贏得幾場比賽？我們希不希望我們的每個位置都變得更強？」

接下來，我們就會想出我們的共同目標。

我還記得練球的第一天，我的置物櫃裡就有一張行程表，更衣室裡的

每個人也是。那時我十五歲，第一次看到長這個樣子的行程表，每分鐘都排好具有目的性的行動，來幫助我們達成當天的目標。上面安排了五分鐘的喝水、十分鐘的伸展休息時間，還分成進攻部分和防守部分。這份行程表能夠衡量目標，並清楚顯示我們距離實現目標還有多遠或多近。每一件事情都被考慮在內，並且還有詳細的計畫。

那時我就想：「喔，我在自己的生活中也要這樣做。」從那以後，我就再也沒有改變過。

即使在我的職業運動生涯結束之後，我還是不懂，為什麼會有人無論如何就是不把他們想做的事情安排到行事曆上，並真的照著做。我已經用了這個系統超過二十年，只要是我想做的事情，都必須寫在行事曆上。如果我想跟我媽談談，行事曆上會寫；如果我想去健身，行事曆上會寫；如果我要寫一本書，行事曆上也會寫。這不只是要你列出一份當天要做的事情清單，然後就被其他事情分散注意力；我的每一分鐘都是依照自己的行事曆在過生活。它讓我的生活變得清晰，並確保我正在採取必要的步驟來實現我的目標。

我發現對我的日程安排造成最大影響的其中一件事情，就是我如何開始一天的生活。因此，我規劃了一套個人的晨間習慣，讓我能夠始終如一地保持最高的生產力。

要讓我的一天有個好的開始，我需要……

- 睡眠——睡滿七到八小時充足良好的睡眠，會影響我一整天的精力和專注力。
- 整理床鋪——起床後的第一件事就是完成一件小事，來為成功打造動力。
- 活動身體——運動有助於淨化身心。

- 洗冷水澡——沖個冷水澡能讓我感覺清醒、充滿活力，對免疫系統也大有裨益。
- 冥想——釋放緊張情緒和表達感激之情，能讓我的思緒變得清晰。

良好的晨間習慣會為一天的其餘時間奠定基調，讓你更能掌控並安排自己的行程。第一個小時愈是積極，剩下的一天就愈有力量。當你以創造的心態開始一天，而不是以被動反應的方式度過時，你就能夠**主導**自己的生活，而不是讓生活以消極的方式主導你。

> 當你以創造的心態開始一天，而不是以被動反應的方式度過時，你就能夠主導自己的生活，而不是讓生活以消極的方式主導你。

我曾採訪過許多正在實現自己目標和追求夢想的精英人士，我發現他們會藉由設定時程計畫和結構，並在其中建立責任機制和教練輔導，來投入他們的目標和夢想。

凱蒂·米爾克曼告訴我們，研究顯示，如果你按照行事曆執行，而不是只在期待它成真的話，你的成果會更好。成功的關鍵在於計畫，你打算做什麼，什麼時候做？米爾克曼說，制定「如果……，那麼……」的計畫也很重要。彼得·戈爾維策（Peter Gollwitzer）曾研究人們如何規劃自己的目標，根據他的研究，最能夠貫徹執行計畫的人都有具體的結構和細節。他們更有可能透過使用像「如果發生X的話，那麼我將做Y」這樣的語句，來實現自己的目標——**如果**時間是星期一下午五點，**那麼**我會去健身房，為我的馬拉松進行訓練。比起只專注於結果以及知道需要做什麼，不如寫下具體的時間和細節，這樣你更有可能付諸行動。

追蹤你的目標並看到你的行動所帶來的變化，也是實現行為改變的關鍵。米爾克曼解釋說，如果你無法輕易看出自己在旅程中所處的位置，那

麼就很難獎勵自己；然而，這對你在前進過程中的成就感非常重要。

卓越表現系統（Greatness Performance System，GPS）

　　你的目標會隨著人生階段的不同而改變。在我還是運動選手時，我的目標是維持我人生中最佳的體能狀態；但當我住在姐姐家的沙發上時，我的目標是離開沙發，過著有意義的生活。

　　它始於你個人在此人生階段的意義使命陳述。記住，沒有明確的意義使命是卓越的敵人。重要的是把它寫下來，並在你設定目標幫助自己實現的過程中，讓自己隨時都看得到它。沒了它，你就沒有指引、沒有方向，也沒有努力的目標。你是誰？你想創造什麼？在你掌握了自己的願景、使命和目標後，你就可以開始帶著意識過好每一天，並且問自己：**為了支持自己的使命，我今天做了什麼？**

　　在我自己的生活中，我發現「三」這個簡單的數字，蘊含著很大的力量，因此我想出了一個以「三」為核心的思考績效的方式——三要素、三個目標和三個問題。我利用這個系統建立了**卓越表現系統**，也就是我的人生作戰計畫。

　　我喜歡將生活中的不同領域，視為隨時都在場上的三要素：事業、人際關係和健康。我們很容易只專注於其中一兩個領域，但這三個領域對於持久的成功來說都很重要。如果你不健康，你的人際關係和事業最終都會受到影響。如果你的人際關係不夠活躍，就會讓你心煩意亂，導致事業成績不如預期。但當你的健康和人際關係都在成長茁壯時，你的事業或職涯的夢想，就已經準備好要起飛了。我以這種方式優先考慮這三個要素，以便自己在追求卓越時，能夠做好最充分的準備。

為了保持平衡和健康，每個角色都有三個需要注意的領域：

- **事業**：收入、影響力、所造成的影響
- **人際關係**：個人、職場、社群
- **健康**：身體健康、心態健康、情緒健康

我會運用一個流程來設定每個領域的首要目標，所以最後總共會有九個目標；但這樣還是太多，無法真正集中注意力。因此，我會為每個要素——事業、人際關係或健康——選擇一個最重要的目標，並且隨時都只專注於實現這三個目標。

說到目標，很多人都會覺得束手無策；我認為這是因為他們並未正確設定目標，而且目標太多也是其中一個問題。結果就是，他們的待辦事項清單感覺起來讓人難以招架。雖然看似違反直覺，但如果想要實現更多，你就必須專注在更少的目標上。這並不代表你要完全忽略生活中的某些領域，只不過以你追求的目標而言，它們並不是你最關心的重點。

一旦我為三個要素選定了它們的三個主要目標，我就會問自己三個關鍵問題：

- **我想要什麼**？回答這個問題，會迫使我把自己的願景和內心的目標思考清楚。
- **我為什麼想要這個目標**？回答這個問題有助於將我與自己的意義使命重新連結，並激發我採取行動的深層動機。有時在我問了這個問題之後卻很難回答，就可能表示我需要再問自己另外一個問題：**我真的想要這樣嗎**？
- **下一步該怎麼做**？回答這個問題會讓我專注於自己前進的下一步所

需要採取的實際行動。我不需要知道六個月後我要做什麼；我只要知道若要繼續前進，接下來要做什麼就可以了。

在卓越表現系統中運用這種「三的力量」，可以讓我將注意力集中在生活的各個領域，以及達成卓越的具體目標。接著我就可以安排下一步，並將目標分解成每日能夠執行的步驟。我很高興看到卓越輔導計畫社群的成員們將這個經過驗證的GPS流程應用到自己的生活和事業中，並因此體驗到突破性的成功。我也期待聽到你們分享，你們在各自的卓越旅程中，運用這個方式達成了哪些成就故事？

打造卓越

參加我們的卓越輔導計畫的學員，可以使用我們打造的一整套卓越作戰手冊，它會在設定目標及實現目標的過程中提供指引，收穫成果。以下是關於目標設定更概括的一部分活動，目的在於協助你開始使用我剛剛分享的範例，來設定和安排目標：

練習：你的GPS目標設定計畫

請針對三個要素和九個領域中的每一項，回答以下的每個問題：

1. 在這個領域中，我希望自己在三年後的生活會是什麼樣子？

這個夢想問題能夠激發你的想像力。在回答這個問題時，請假設沒有任何事情可以阻止你讓它成真。這不是正式文件，不必追求字斟句酌、文

法正確——只要讓你的想像力自由流動就可以了。

2. 我為什麼想要這樣？

有時我們會以為自己想要某個目標，直到我們勇敢深入探討自己為什麼這麼想為止。當我們這麼做時，我們可能會發現自己根本不是真的想要。但就算不是這樣，我們也可以發掘更深層的動機，推動我們朝著實現目標前進。你也許需要多問幾次這個問題，才能真正觸及你的核心動機。

3. 根據你的回答，在你的九個領域中，它們各自最重要的目標是什麼？

事業

收入

目標：＿＿＿＿＿＿＿＿＿＿＿＿＿＿＿＿＿＿＿＿＿＿＿＿＿＿＿＿＿＿＿

＿＿＿＿＿＿＿＿＿＿＿＿＿＿＿＿＿＿＿＿＿＿＿＿＿＿＿＿＿＿＿＿＿＿

＿＿＿＿＿＿＿＿＿＿＿＿＿＿＿＿＿＿＿＿＿＿＿＿＿＿＿＿＿＿＿＿＿＿

影響力

目標：＿＿＿＿＿＿＿＿＿＿＿＿＿＿＿＿＿＿＿＿＿＿＿＿＿＿＿＿＿＿＿

＿＿＿＿＿＿＿＿＿＿＿＿＿＿＿＿＿＿＿＿＿＿＿＿＿＿＿＿＿＿＿＿＿＿

＿＿＿＿＿＿＿＿＿＿＿＿＿＿＿＿＿＿＿＿＿＿＿＿＿＿＿＿＿＿＿＿＿＿

所造成的影響

目標：＿＿＿＿＿＿＿＿＿＿＿＿＿＿＿＿＿＿＿＿＿＿＿＿＿＿＿＿＿＿＿

＿＿＿＿＿＿＿＿＿＿＿＿＿＿＿＿＿＿＿＿＿＿＿＿＿＿＿＿＿＿＿＿＿＿

＿＿＿＿＿＿＿＿＿＿＿＿＿＿＿＿＿＿＿＿＿＿＿＿＿＿＿＿＿＿＿＿＿＿

人際關係

   個人

   目標：＿＿＿＿＿＿＿＿＿＿＿＿＿＿＿＿＿

＿＿＿＿＿＿＿＿＿＿＿＿＿＿＿＿＿＿＿＿＿＿

＿＿＿＿＿＿＿＿＿＿＿＿＿＿＿＿＿＿＿＿＿＿

   職場

   目標：＿＿＿＿＿＿＿＿＿＿＿＿＿＿＿＿＿

＿＿＿＿＿＿＿＿＿＿＿＿＿＿＿＿＿＿＿＿＿＿

＿＿＿＿＿＿＿＿＿＿＿＿＿＿＿＿＿＿＿＿＿＿

   社群

   目標：＿＿＿＿＿＿＿＿＿＿＿＿＿＿＿＿＿

＿＿＿＿＿＿＿＿＿＿＿＿＿＿＿＿＿＿＿＿＿＿

＿＿＿＿＿＿＿＿＿＿＿＿＿＿＿＿＿＿＿＿＿＿

健康

   身體健康

   目標：＿＿＿＿＿＿＿＿＿＿＿＿＿＿＿＿＿

＿＿＿＿＿＿＿＿＿＿＿＿＿＿＿＿＿＿＿＿＿＿

＿＿＿＿＿＿＿＿＿＿＿＿＿＿＿＿＿＿＿＿＿＿

   心態健康

   目標：＿＿＿＿＿＿＿＿＿＿＿＿＿＿＿＿＿

情緒健康

目標：_____

_____

_____

　　4. 從每個要素（事業、人際關係、健康）只選擇一個目標，然後回答以下關於每個目標的三個問題，來協助自己準備採取行動。在接下來的步驟中，重複這個過程，讓自己能夠不斷保持清晰的方向，繼續前進。

　　1. 我想要什麼？
　　2. 我為什麼想要這個目標？
　　3. 下一步該怎麼做？

Chapter 16

尋求支援
ENLIST SUPPORT

運動之所以一直是我生活中重要的一部分，其中一個原因是它們給了我一種團體的感覺。有了團隊的支持，我才具備在逆境中堅強面對的能力。當挑戰來臨時，我會擁有隊友的支持，就像我支持他們去實現我們的目標一樣。

在我不再是運動選手之後，我非常想念那種支持感 —— 直到我發現了混合健身。之後，我開始每週有四到五天會上健身房，因為當一群人一起進行同樣的運動時，我再次找到了那種對自己負責的感覺。現場課程不只會有教練的指導和協助，同伴們也都會互相鼓勵和支持，讓大家得以繼續前進。因此，多年來，混合健身確實幫助了我對自己的健康目標負責。

無論你的目標是在事業、人際關係還是健康領域，責任感和支持都是能夠決定成敗的魔法鑰匙。

在我想到責任感時，毫不意外地，我看到了三個層面：

1. 對自己負責
2. 對他人負責
3. 對群體負責

對自己負責。第一個層面是個人的自豪感和誠信感，能夠對自己負責。大多數人都忽略了這個層面的價值，因為針對「堅守自己的承諾」這

件事而言，他們低估了自己，忽略了自己的聲音和個人的自豪感。但當你學會欣賞眼前的自己、以及你正在成為的自己時，你就能利用你個人的誠信，來珍視和履行你的承諾。你是不是在以你的個人誠信為中心，來打造自己的身分？換句話說，你是一個言出（*I will do this thing*）必行的人嗎？還是你是一個說一套做一套的人，尤其是在對待自己的時候？

你對自己的承諾才是最重要的。當你信守承諾時，你會建立自尊、自信和自愛。想像一下，你在每天結束時都能對自己說：「我為自己說到做到而感到驕傲。」這就是你覺得自己需要為你的個人自豪感和誠信負起責任的時候，會發生的事。這才是真正的根本，但生活總是充滿變數，也總會出現挑戰和責任。這就是其他兩個層面的作用所在。

對他人負責。我喜歡把這個人稱為「責任夥伴」，這可以是你的朋友、伴侶、配偶、教練或其他專業人士。例如，如果你和朋友都想更積極地運動，你們也許可以每天早上一起散步。重點是你已經向他們尋求了支持，讓他們特地督促自己，為踏出實現目標的下一步負起責任。在那些你很難出於個人的自豪感和誠信採取行動的日子裡（我們都曾有過），這個人可以支持你並敦促你繼續行動。

在解釋責任感以及它為什麼會有用的時候，凱蒂·米爾克曼向我說明了一個名為「承諾機制」的概念。「承諾機制」是我們對自己施加的後果或懲罰，用來讓我們保持自律。我們都習慣遵守他人對我們的限制（想想速限和超速的罰單），但我們似乎也會對自己施加的限制和後果有所反應。當你允許其他人要你負責的時候，你就創造了一個承諾機制，它要嘛代表著因辜負他人的期望而帶來的尷尬或羞恥，要嘛的確會引發你寧可避免的某種後果。

在我處於人生低谷——沒有工作、從傷病中痊癒、完全懷疑自己的時候，我姐和我哥都給了我這份不可思議的禮物，也就是責任感。我姐說：

「好了，路易斯，你在這張沙發上睡得夠久了，是時候了。你要嘛搬出去，不然就開始付房租。」

一開始，我以為我可以搬到我哥的沙發上，但他也對我說了同樣的話。雖然一個月只要兩百五十美元，但這迫使我必須擬定計畫、賺錢、達成些什麼，才可能付房租給他們。如果我付不起房租，我就會失敗，我的兄弟姐妹也會知道。潛在的尷尬和後果超過了冒險可能帶來的任何不適，所以我開始忙碌起來。

對群體負責。群體可以來自很多不同地方：俱樂部、會員制、教會、讀書會、支持小組，你說得出來的都應有盡有。它可以是正式或非正式的、結構非常嚴謹或較為隨意、見面和互動的頻繁與否，都取決於需求。關鍵在於我們要認識到，我們本質上是群體中的一員，對積極正向的同儕壓力反應良好。當我們知道別人依賴我們時，缺席就意味著我們對他們的承諾不足。

根據生產力專家湯瑪斯‧法蘭克（Thomas Frank）的觀點，群體責任感的其中一個組成要素是對團隊負責，其中團隊的成功，**就取決於**你的表現。這個團隊可以是你的事業夥伴、同事，甚至是家人。團隊責任感會特別強烈的原因，在於你不只要向團隊承認自己的失敗，更在於你的失敗也是他們的失敗。這就是為什麼，尤其是在挑戰與團隊的成功環環相扣時，與社群一起進行挑戰會格外有效。

例如，你可以和一組人一起參加為期三十天的減重挑戰，成功時全隊共享獎勵，要是失敗了，則共同承擔某種後果。這種共同的團隊效應會成為強大的動力，激勵每個人全力以赴，幫助團隊獲得共同的勝利。善用群體的力量，可以讓你在實現卓越目標時獲得優勢。

以下舉幾個例子，來說明這些層面如何運作。在我還是橄欖球選手時，我有自己的目標，例如在一個賽季內達成一定數量的達陣。我會鞭策

> **善用群體力量，可以讓你在實現卓越目標時獲得優勢。**

自己去實現這個目標；這就是個人責任感。我的教練也會在每天的訓練中監督我的表現。如果我沒有到場或未全力以赴，就必須承受可能得跑幾英哩、甚至是在比賽中坐冷板凳的後果。我不想因為沒有盡全力而讓球隊失望，因此來自群體的支持，也激勵著我不斷前進。

另一個例子是我和我女友的關係。對於給我回饋、讓我知道自己是否保持在正軌上這件事而言，我的女友顯然是個非常重要的人選。首先，我會追蹤自己的感受，進行自我檢討，以確保我忠於自己，並且始終以誠實的態度行事。接著，我們會對彼此的責任感進行檢查，分享彼此的感受。我可以根據自己任何時刻在關係中的表現、情感能否互相觸及、親密度、連結性和存在感，隨時檢視即時的結果。如果我已經有一段時間沒做這件事了，那麼我們的關係就會出現隔閡。

我每兩週還會和治療師見一次面，請他來協助處理我的情緒，並反思及調整自己的個人狀態。最後，當我和朋友們在他人周圍進行互動時，我也能夠從我們的朋友社群中獲得意見。我盡量讓自己的身邊圍繞著的朋友，都是願意坦白地和我聊我的生活的；他們在察覺什麼值得擔心的問題時，也會告訴我。

在生活中的每個領域，我們都可以有意識地建立及監督這三個層面的責任感，以確保我們在追求自己的意義使命時，採取行動、說到做到。

專業人士的協助

我經常尋求專業人士的協助，他們可以是治療師、教練、牧師和導

師，是在你需要為自己負責的技能方面的專家。這種類型的協助對你的成功來說可能會非常重要，因為他們給了你學習新技能的機會，又或者只是讓你跳脫自己的思考模式，為你提供一個寶貴的視角。不過，把他們視為責任感教練、而不是責任夥伴的話，可能會有所幫助。

關於尋求專業人士來協助自己負責的另一個問題是，他們的費用通常並不親民。我聘請教練來協助我維持體態，也的確有所成效。因為我需要為他們的服務付費，所以我知道如果自己蹺掉已經付完錢的課程，會顯得多麼愚蠢。但是，如果你無法負擔專業服務，我會鼓勵你尋求其他選擇，例如社區組織或非營利機構，這些都可能會有所幫助。

「奧運選手都有教練了，我們憑什麼認為自己沒有教練也辦得到？」暢銷書《你這個狠角色》[46]的作者珍·辛賽羅（Jen Sincero）在我採訪她時，用這個絕妙的問題考倒了我。在我們試著從零開始學習新技能的時候，失敗難道不是應該的嗎？等我們退一步看清事實，顯然就看得出來是因為自尊心了。即便是湯姆·布雷迪[47]，身邊也有一整個教練和專家團隊。

曾上過兩次《卓越學校》節目的網球明星諾瓦克·喬科維奇（Novak Djokovic）也是如此。我親眼目睹過他專業團隊的工作，督促他在伸展、恢復等方面為自己負責，並且確保他在每場網球比賽後都能獲得理想的睡眠。他走到哪都一定會有一輛量身打造的拖車隨侍在側，裡面有一整套的恢復系統，包括三溫暖和他堅持的健康養生法所需的一切設施。

珍指出，雖然專業人士的費用可能不低，但長遠來看，他們卻可以為

---

46 You Are a Badass，暫譯，原作出版於二〇一三年。

47 湯姆·布雷迪（Tom Brady），一九七七年八月三日出生於美國加州，為已退役美國職業橄欖球四分衛。他帶領球隊贏得了創紀錄的七次超級盃冠軍，並以球員身分在同一支球隊（新英國藍愛國者隊）贏過六次超級盃，成為NFL歷史上唯一紀錄。他個人五次獲得超級盃MVP的稱號，更以四十三歲的年齡創下紀錄，成為史上最年長奪得超級盃的四分衛。

> 你設定的責任層面愈多，你就愈有可能堅持自己的承諾。

你節省時間和金錢；因為比起你獨自努力所取得的進展，他們的專業知識能夠協助你進步得更快。我發現自己在某些方面雖然可以自行進步，但我並非無所不知，尤其是那些連我自己都不知道自己不懂的事。專業人士可以幫助你看見自己看不見的問題，學會那些你甚至都不知道可以學習的知識。這就是為什麼我經常仰賴專業的責任教練，來協助我讓我的事業、人際關係和健康更進一步。

你尋求專業責任感協助的對象，甚至不一定要是個人。有時，當我在旅行時，我會使用一個線上應用程式，它能為我提供運動計畫、飲食計畫以及心態、冥想和睡眠方面的建議。這個應用程式可以幫助我維持責任感，因為它提供了一個日曆，上面記錄著我應該去健身的所有日期。而且在每次健身結束後，我還必須拍照打卡，來證明自己達成了目標。對我來說，我只是想確保自己能拍到那張照片而已。

另一個例子，則可能是使用像Mint.com這樣的應用程式或類似工具，來取代財務方面的專業責任夥伴。尋求專業支持的選擇有不計其數，而且我可以保證，在你追求卓越的過程中，你會需要以某種方式尋求這些支持。

當認知神經科學家卡洛琳．麗芙上我的節目時，她主張治療是最好的支援系統之一。我已經多次討論過治療師的重要性，但即便如此，你也需要了解治療師不會替你去做你該做的工作。正如卡洛琳所說：「每天二十四小時和你生活在一起的，終究是你自己。」

這就是為什麼即使尋求了專業支援，你還是需要具備所有層面的責任感。就像前面說的，你永遠要做自己的主人。這是好消息！你設定的責任層面愈多，你就愈有可能堅持自己的承諾。請實驗哪些組合最適合你。

需要避免的危險

在你設定後援和責任機制時，有一些事情需要考慮。一般來說這不太可能出錯，但以下是我學到的一些技巧，可以幫助你避免一路上的顛簸。

首先，避免選擇沒有幽默感的責任夥伴。這聽起來很簡單，但實現你的目標大可不必成為你避之唯恐不及的苦差事。我發現如果能讓某件事變得有趣，我就更有可能堅持下去，而這大部分取決於其他參與其中的人。例如，我目前的教練正是前奧運銅牌得主東尼·傑佛瑞斯（Tony Jeffries）這位偉大的拳擊手；每次見面，他都會把我操得半死。

他大可以讓訓練感覺起來很吃力、很不愉快，但我們其實樂在其中。我幾乎每次在戴上拳套時，就會開始嘲弄他：「嘿，知道自己要被學生擊潰了是什麼感覺？你雖然是奧運獎牌的得主，知道一個初學者要把你打得屁滾尿流是什麼感覺？」然後他就會開始回嘴，在不知不覺間，我們就邊笑邊鬧地達成了很棒的訓練目標。雖然他每次都把我打得落花流水，但他總是能讓這樣的體驗變得很有趣。因此，找到一個能讓你真正喜歡相處的教練、導師或責任夥伴，是值得付出努力的。

其次，避免選擇那些會為你的生活帶來負面情緒、而不是正面情緒的夥伴。與有害的人相處只會消耗自己的能量而已，對你沒有什麼幫助。在你所做的一切中，問問自己，這些人和與他們有關的行動，是否讓你變得更快樂、更健康？如果答案是否定的、也沒有會好轉的跡象，那麼請重新考慮這段夥伴關係。

你有多少次設定了讓自己非常興奮的目標，但在與一些朋友分享後，卻因為被嘲笑而覺得這些目標無法實現？可能比你願意記得的次數還要多，對吧？這也許意味著你需要遠離那些對自己的成長已經變得有害的群體了。沒關係，因為隨著你的成長和變化，這些需求也會改變。

第三，避開那些對你的成功不感興趣的人。你必須問自己，對這個人來說，我的成功有多重要？你不會想依賴那些希望你失敗，或對你的成功漠不關心的人。湯瑪斯·法蘭克和我分享了一個故事，完美地顯現出好夥伴與壞夥伴之間的差異。

湯瑪斯爲自己設定了一個目標，就是每天閱讀二十五分鐘的非文學類書籍。爲了讓自己負起責任，他向一位朋友承諾只要自己漏掉一天，就給他一百美元。這位朋友的態度，正是每個人需要從責任夥伴那裡得到的正確態度。「如果你失敗了，我可不想要你的髒錢。」他對湯瑪斯說：「那就別失敗。」把這個反應與另一位「朋友」的態度對比：這位朋友想接受湯瑪斯的賭約，好讓自己可以期待湯瑪斯失敗──然後輕鬆賺到一百美元。這個故事告訴我們，要小心選擇不會以你的失敗爲樂的責任夥伴。

第四，避免接受不相關或不請自來的建議。你不總是能選擇誰會參與到你的生活中。人們會瘋狂地主動向你拋出意見，但要伸手接住還是讓它們擦肩而過，全由你決定。曾任美國特勤局特務的伊芙·波普拉斯（Evy Poumpouras）與我分享她是如何有意識地做出這種選擇的。每當有人提出意見時，伊芙都會問自己，這個人是誰，我爲什麼要聽他的？如果這些問題的答案不夠好，伊芙就會將這些批評拋諸腦後。伊芙發現，人們所發表的意見，往往是根據他們自己的生活，而不是你的情況。這就是爲什麼不斷讓自己和自己的價值觀及意義使命維持一致，是如此地重要。因爲如果你的價值觀與批評你的人不同，你的決定也應該有所不同。

另一個避免受到他人莫名其妙的建議影響的方法，是仔細思考你的使命。喬登·彼得森發現，往往只有在我們自己已經有疑慮的時候，別人的評論才會影響我們。如果你已經做好了充分的計畫和準備，你就能夠應對批評，並確信自己已經夠好、已經準備就緒，而且目標是可能實現的。只要你相信這一點，就沒有人可以阻止你了。

第五，避免把目標設定得太極端。想要一口氣以最極端的方式來改善生活中所有領域，是行不通的。舉例而言，如果你想投入同樣的精力，同時達成財務目標和身體健康目標的話，你可能會說出這種話：

　　在接下來的三個月裡，我一毛錢都不會花。這表示我去上班的路上，不會再買任何咖啡了。我只吃家裡煮的東西，每個星期都自己備餐。我每隔幾天就會去買一次菜，確保所有的食材都新鮮健康。我會把一切都做到完美，盡量節省，並且吃得健康。而且我每天都會運動 —— 一天兩次好了！

　　這是一種極端的心態，而且很可能會慘敗，讓你比以往更灰心。採取極端的做法是違反生活的自然法則的；生活本來就應該是分階段進行，讓事情循序漸進地發展。

　　例如，假使你真的需要徹底改變自己在健康方面的習慣，你可能會決定**全力以赴**，進行一個九十天的挑戰。然而，你需要認知的是，這將會對你的情緒造成負擔，也會對你生活的其他部分造成影響。因此，你可能需要從其他方面的投入後退一步，來支援這個階段的改變。否則你會把自己搞得筋疲力盡，最終在其他方面的承諾上也出現失誤。從長遠來看，這會對你造成更大的傷害，因為你可能會因此放縱自己，將一次小失誤視為完全放棄的理由。

打造卓越

在聽從任何人的建議之前，你應該先問自己一些關於那個人的重要問題。我建議你在與他人分享你的目標前，先仔細考慮一下。請先確保你知道這個人會以尊重的態度對待它和你，再把你的意義使命告訴其他人。你可以藉由這個練習，來訓練自己對潛在責任夥伴的評估和回應。

第一步 —— 識別

關於你的意義使命，你目前正在做的決定是什麼？它可能是一項投資決策、選擇下一步該做什麼，或是你開始履行使命的相關事務。誰有可能影響這個決定？會是你的伴侶、同事還是朋友？記住，會影響你的人，跟你想向他們尋求建議的可能不是同一群人。人們通常都會主動分享他們的想法，不管你有沒有問。你甚至可能會被他們的行為影響。你是否曾因為哪件事對某人來說似乎很有成效，所以嘗試過一樣的事？把這個決定和相關的人都記下來。

第二步 —— 評估

你有權選擇讓誰影響你的生活。你可能有一些專業的責任夥伴，例如教練、治療師或理財規劃顧問。在給予他們信任之前，你對做過什麼關於他們功課嗎？那為什麼對你的責任夥伴就不用一視同仁呢？請回想你在第一步提到的那些人，回答以下問題。

- 這個人有資格提供這方面的建議嗎？
- 他們的建議是針對我的特定情況，還是基於他們的經驗（無論是好是壞）？
- 這個人對我的成功有沒有任何投入？
- 假使我失敗了或是不去嘗試，這個人會因此得到任何好處嗎？
- 這個人會成為我的教練還是批評者？

第三步──回應

你從自己做的功課中了解到什麼？這個人值得成為你的責任夥伴嗎？

如果答案是肯定的，你希望他們如何讓你負起責任？請確保你們建立了一個承諾機制。這可以是金錢上的，也可以是對你自尊心的打擊（如果你很重視自己的承諾），或其他一些會讓你覺得無地自容的創意做法。把你的計畫寫在下面。

如果答案是否定的，你有什麼方式可以讓此人退出這個過程？你也許不想把他踢出你的生活中，但你可能需要避免聊到自己的使命。現在就思考一下，如果這個人問起與自己的使命有關的問題，你可以說些什麼？提供你一個策略，就是保持含糊其辭，並迅速轉移話題。

你有權選擇讓誰影響你的生活。

只留下最好的

在你追求卓越的旅程中，你值得擁有優秀的夥伴，能夠讓你自己負責並與你分享建議。請確保你生命中的夥伴，能夠激發出最好的你。不是最好的他們、也不是他們所認為的最好的你；而是**你最真實、最好的自己**。

練習二：做自己的最大批評者

有人說，批評之所以能夠傷人的唯一原因，是因為我們自己本來就已經有所懷疑。和很多事情一樣，避免日後出現問題的最佳方式，就是提前做好準備。此練習將幫助你打下堅定的基礎，讓你能夠自信地面對任何批評。

第一步──批評

你也許對自己的使命深信不疑，我希望是這樣。但請先暫時拋開這種自信，並且想像你自己是一位批評家。寫下你能想到的每一個反對意見。建議從自己最沒信心的任何地方下手，不管是關於你自己還是關於你的想法都可以。

第二步──解決問題

如果你在第一個步驟時火力全開，你可能會覺得不太舒服。這是好事！現在的痛苦，代表在未來的關鍵時刻，你會更有信心。

現在，你需要做些什麼，來克服那些不安全感，以及反駁那些論點呢？你需要做更多功課嗎？你需要找資料或其他形式的佐證嗎？如果你並不具備能夠克服某個反對意見的足夠專業知識，那麼你可能需要為團隊加入一名新的成員。

例如，假使你的使命涉及設計一款新產品，你可能需要向工程師諮詢。寫出你的作戰計畫，來處理你想法中的薄弱環節。這也是尋求你的責任夥伴幫助的最佳時機，以確保你的計畫得以實現。

建設性批評

我們都想實現自己的意義使命。你之所以承擔著一個使命，是因爲你對某件事情的關心程度，已經強烈到願意讓自己全力投入了。這種熱情使得我們難以接受計畫有任何缺點的可能性，但如果你自己不去批評，就會有別人幫你做這件事。如果你非常投入自己的使命，以致完全無法找到缺點的話，那麼請找個你信任的人，並要求他們給予誠實的評論。

練習三：遊戲化

努力工作和奉獻只能帶你走到一定的程度，確保成功最好的方法就是享受過程。這代表你在精心安排自己的目標時，必須加入意向性，這樣才能激發出你富有玩心的一面。你需要先確定樂趣對你來說代表著什麼，然後就可以把這種樂趣融入自己的任務中。以下就是這項練習的目標。

第一步──定義樂趣

樂趣通常包含某種獎勵。如果你是家長，你可能會給小孩獎品或貼紙，讓做家事變得有趣。有些競技運動員的動機是獲勝之後的獎勵；另一些人則可能覺得，最大的獎勵就是打破自己的紀錄。請圈選所有適用於你的選項。

> 請確保你生命中的夥伴，能夠激發出最好的你。

物質上的獎勵

進步的實體紀錄

他人的肯定

金錢

特殊待遇（例如放縱日）

破自己的紀錄

超越他人

第二步──將樂趣融入挑戰

對於你圈選的每一種獎勵，請思考如何將這類獎勵融入你的任務中。以下是一些會對你有幫助的建議。

物質獎勵：不幸的是，作爲成年人，沒有人會用小玩具或貼紙獎勵我們；但你可以爲自己做一些類似的事情。只要不傷害自己或他人，允許自己偶而的小放縱無可厚非。這並不是說你可以消費超出自己經濟能力的東西，或沉迷於有害的應對機制；但如果鮮花能讓你開心，就買一束花給自己。如果在一週的辛勤工作後租部電影能幫助你放鬆，那就去吧。

進步的實體記錄：你擁有的選擇幾乎沒有限制，圖表、清單、照片、標記著「已完成」的文件堆或資料夾，都可以用來追蹤你的進展。日曆也是一個很好的地方，可以讓自己從每天重複的任務中，得到視覺上的回報。

他人的肯定：這是你的責任夥伴眞正能夠派上用場的地方。在爲你帶來正能量及讚美這方面，你的責任夥伴應該要是你可以依靠的人。但請記住，需要成爲自己的主要肯定來源的，是**你本人**。你可以做的，就是寫一些自我肯定的紙條或信件給自己，每當遇到困難時就拿出來複習。

金錢：選項之一是爲自己設計罰款。不過，你的成功也可能爲自己賺錢或省錢；思考一下你是否會獲得一些不是立刻就可以發現的經濟利益。例如，你的目標可能是健康飲食，但當你選擇不外食的時候，就可能會帶來省錢的額外好處。

特殊待遇（例如放縱日）：爲自己設定有限的折衷方案。如有需要，可以重新參考瑪麗莎・薛利弗的「緊急例外日」策略（第84頁）。

破自己的紀錄：看看你的任務能不能以任何方式量化。你可以追蹤時間、產量、速度、利潤等，記錄這些數字，看看你能把自己推動到什麼程度。另一個選擇是為自己設立挑戰，看你能不能找出方法，讓「不可能」成為現實。

　　超越他人：試著與你的責任夥伴進行一些友好的競爭，但請注意不要因為與不切實際的對象比較，而讓這種獎勵變得有害。

明智投資

　　記住，無論是時間、金錢還是人際關係，對自己快樂的投資就是對長期成功的投資。

> 無論是時間、金錢或人際關係，對自己快樂的投資就是對長期成功的投資。

Chapter 17

把事情做完
GET STUFF DONE

你見過史蒂芬‧柯瑞（Steph Curry）投籃嗎？那眞是一種藝術。

如果籃球你不太熟的話，三分線是一條圍繞球場兩端籃框的弧形線，離籃框最遠的距離爲二十三英呎九英吋。從這條線外成功投籃的球員，會得到讓人很有成就感的咻一聲，球進了——而且只有碰到籃網。

柯瑞投三分球的技術已經爐火純青，YouTube上甚至有一段五分鐘的影片，記錄了他連續投進一百零五個三分球，直到第一百零六顆才終於失手。[48]他的祕訣是什麼？是一個會讓你頭昏眼花的練習計畫，再加上持之以恆的練習。

結合投籃訓練、步法、耐力訓練、從錯誤中反向修正、同時雙手運球、一手運籃球一手彈網球、甚至戴上特殊護目鏡進行神經認知訓練——他在比賽前所做的準備令人印象深刻。

儘管練習如此重要，但即使是史蒂芬‧柯瑞，最終還是得穿上球衣上場比賽。

無論你現在身在何處，你都已經踏上了你的旅程，要從你目前的所在地前往自己想去的地方。對你來說，這是一段追求卓越的旅程，你會在其中探索自己的意義使命，以及爲什麼世界需要你去實現它。所有卓越的人都知道，備戰的時間固然重要，但最終還是要行動起來，把事情完成。

這就是本章的主題，它會告訴你非常實用的方法，讓你準備好投入戰

48　https://www.youtube.com/watch?v=1mi-lCTCvrE

局,感受史蒂芬·柯瑞所描述的那種流暢狀態:「每一個從地面起跳的投籃,我的節奏都已經鎖定了。老實說,你什麼都不會去想,你就只是在打籃球而已。」

既然你已經準備好開始實現卓越了,那我們就開始吧!

1%法則

在你追求卓越的過程中,有一場戰鬥,是你必須不斷進行的——也就是與完美主義的戰鬥。

雖然完美看似是個值得追求的目標,但它實際上可能是個狡詐的敵人。布芮尼·布朗(Brené Brown)說:「完美主義是一種我們不太理解的東西。我們以為那是追求成為最好的自己,但它實際上是一種防禦機制,對著我們說:『嘿,如果你看起來很完美、做事情很完美,成就也很完美的話,你就能夠避免掉或盡量減少羞恥、批評和責備。』因此,完美主義並不是要追求卓越或做最好的自己,而是我們自我保護的方式。」

哎唷,說得太好了。想要事事完美的問題在於,追求卓越意味著你必須在**你覺得自己準備好**之前,就願意讓自己開始行動。你會很容易陷入學習模式或練習模式之中,因為這樣感覺很安全、很自在。這就像是一個安全網,告訴你**搞砸了沒關係,有東西會把我接住**。但那樣並無法達成卓越。只有在你採取不完美的大膽行動時,才能實現卓越。

我喜歡生產力專家湯瑪斯·法蘭克告訴我的話:「我最愛的完美主義克服方式,就是我所謂的1%法則。」以下是我對1%法則的理

> 只有在你採取不完美的大膽行動時,才能實現卓越。

解，以及如何用它來克服完美主義——為創作、學習、成長或運動等設定一個時間表，並在每次行動時，都要下定決心，只要進步1%就好。聽起來很簡單吧？

1%法則承認你不可能一開始就做到完美，但是你可以進步1%，我們所有人都辦得到。以下是這可能在你生活中的具體表現：

- 運動——在做伏地挺身時，追求姿勢進步1%
- 音樂——目標是對音符的控制能夠進步1%
- 商務——寫一封進步1%的客服電子郵件
- 寫作——在某個段落中，寫出一句進步1%的句子
- 關係——在對話中，進行進步1%的眼神交流

這是一種非常簡單的方法，既能給自己一些寬容，又能繼續朝著更好的方向前進；它是對抗恐懼和無法起步的解藥。在那次討論人們對完美主義的重視時，布芮尼・布朗最後告訴我的是：「我認為應該問的問題是，『我在害怕什麼？』」這正好又回到那些為卓越的敵人撐腰的恐懼上。

> 不要讓你現在所處的位置和自己尚未了解事物之間的緊張感，阻礙你往自己想去的地方前進、或成為你想要成為的人。

不要讓你現在所處的位置和自己尚未了解事物之間的緊張感，阻礙你往自己想去的地方前進、或成為你想要成為的人。在某些時候，你必須克服恐懼，努力變得更好，並向前邁進——即使你覺得自己還沒準備好。

事實上，我們誰都不會完全準備好。

做你能做的事

說到把事情做完，有一句話成了我的座右銘：先求有，再求好。

完美是個美好的想法，但卻是不可能實現的目標。即使史蒂芬·柯瑞在五分鐘內連續投進一百零五個漂亮的三分球，但在第一百零六次投籃時，他還是失手了。這就是爲什麼等到已經完美才要行動是沒有意義的。試想如果柯瑞堅持等到永遠不失手才肯上場比賽，那是不可能發生的事。

我這一生創造了許多東西——Podcast節目和幾本書、教練課程、現場活動、創業——我推出的成果沒有一件是完美的，但我還是覺得我推出的很多東西都很棒。一件事不一定非得完美無缺，才能是卓越、有影響力、有幫助、能夠服務他人、有意義、有成就感、能夠表達自己、有藝術性、有力量，以及達成出色的結果。你總是可以動手改善，但不能因此阻止你開始行動。

先求有，再求好。

但有個陷阱——你必須保持與自己意義使命的連結，這樣才能看清自己的恐懼。如果你的目標與自我緊緊綁在一起——你認爲自己看起來、聽起來如何，或將會被如何看待——那麼你永遠不會覺得自己已經夠好，因而無法超越完美主義。你會停留在行動的邊緣，說服自己你還在「練習」或「準備」。你會一直困在這裡。

我喜歡作家喬恩·阿考夫（Jon Acuff）的說法：

完美主義帶給我們兩種截然不同的干擾：藏身之處和崇高的障礙。藏身之處是一種讓你專注於目標以外的活動；崇高的障礙則是一個聽起來很正當的理由，用來解釋爲什麼你沒有朝著目標努力。這兩者對你完成目標的能力都是有害的。

那麼，你現在躲在哪裡呢？有什麼事情看似高尚，但其實只是藉口而已？你現在能做什麼卓越的事情，是對你有幫助、有意義、有成就感、能夠表達自己、有藝術性，成果也會很出色的？正如布芮尼‧布朗所說，「你所能付出的，沒有其他人可以付出。」這意味著世界上有一片巨大的空白，正等著你去填補。

　　當我出版我的第一本著作時，這對我來說是一件大事。我在學校的英文成績一直都是班上墊底，因此，當《卓越學校》出版並成爲《紐約時報》暢銷書時，我自然感到非常驕傲。但同時，我也對自己的下一本書「應該」達成怎樣的成就寄予厚望。在那本《男子氣概的面具》發表時，我擁有的讀者群甚至更大。我有過去的成功經驗，所以在我心中，我的新書當然也會成爲《紐約時報》的暢銷書。

> **你現在能做什麼卓越的事情是對你有幫助、有意義、有成就感、能夠表達自己、有藝術性，成果也會很出色的？**

　　結果並不是這麼回事。

　　老實說，有幾天我眞的很崩潰。儘管我聽到形形色色的讀者說這本書爲他們帶來了幫助，但我還是覺得很難過、受傷和憤怒。坦白說，那時的我不太好相處。我想要的東西沒有實現，我曾有個期望，但這個期望卻讓我失望了。基本上，我體會到的是「期望」所遺留的感覺。但我很快就意識到，我寫這本書的核心原因不是爲了要上榜，而是爲了幫助其他人過更好的生活。

　　然而事實上，我對自己的書是否成爲暢銷書的控制能力非常有限。當然，我可以試著盡一切努力來把我的書打進市場、讓它上榜——而我也的確這麼做了；但有很多因素是我無法掌控的，包括《紐約時報》的編輯審查委員會。現實情況是，我的書的確在許多其他具有公信力的排行榜上，

也占據了暢銷書的位置。

如果要把事情做完，首先你必須銘記在心的是，有些事情你**可以**控制，有些事情你**無法**控制。你必須知道哪些事情在不在你的控制範圍中，並且知道該把注意力放在哪裡。

如果你把自己的自信與成就綁在一起，就是在將注意力集中於那些自已不一定能控制的事情上。有個更好的方式，就是付出你最大的努力、影響力與創意表達，並始終如一地前行。這些要素都是你可以控制的，**而且**你也會在過程中為自己感到自豪。

以我的Podcast節目為例。在寫這本書的當下，我已經持續製作每週更新的《卓越學校》達到十年了。以做一件事來說，這時間可真夠長的。我的Podcast節目當然不是最大的（雖然它經常名列全球百大Podcast節目之中）。我從來沒有得過任何獎項；其他人比我晚才開始做節目，卻發展得比我更好。如果我把自信完全寄託在成就上，這可能會讓我感到沮喪。但我是有選擇的。我可以沉溺於自己沒有的一切，

> 要把正確的事情做好，你必須意識到這兩種事情之間的差異：那些在你控制範圍內的事情，和那些不在你控制範圍內的事情。

或可以記住自己所擁有的一切、相信自己已經夠好了，而且還在變得愈來愈好。

我只是個努力的人，我的意義使命是**每週幫助一億個人**。你知道我是怎麼辦到的嗎？我持續不斷地採訪這個世界上最優秀、最聰明的人，並將他們的智慧分享給我的聽眾。我無法控制下載量、排名或社群媒體的分享數量，但我為自己每週堅持不懈的努力和影響力感到無比自豪，十年來連一個星期都未曾中斷過。沒有人能夠否定這一點。我也許沒得過什麼大獎，也尚未得到業界或同行的認可，但我知道在為人們創造的是什麼。

我知道它的直接影響。

我知道它對我自己的生活和社群的影響。

我也看到它如何影響我們自己團隊的生活了。

要把正確的事情做好，你必須意識到這兩種事情之間的差異：那些在你控制範圍內的事情，和那些不在你控制範圍內的事情。接著，欣賞自己在朝著意義使命邁進的路上，你所展現的堅持、努力和進展。

做到這一點，你就成功了。

把事情做完的關鍵

讓我們來看看一些非常實用的方法，能夠讓你邁向自己的意義使命。

首先，你需要思考從哪裡開始。卓越，顧名思義，並不渺小；這代表著你的意義使命，可能會有很多靈活的組成部分。

有很多地方，是你**可以**先開始著手的。

> 有時，當事情讓你感到力不從心時，你只管去做下一件對的事，就會大有幫助。

你的第一步，就是要弄清楚自己**應該**從哪裡開始。

正如我在你打造自己的卓越目標時所強調的那樣，從思考你應該做的下一件對的事開始。有時，當事情讓你感到力不從心的時候（往往是因為完美主義再次出現），你只管去做下一件對的事，就會大有幫助。它不一定要是什麼大事，但一定要能推動你前進。我會用一個包含四個步驟的流程，來確保自己正在向前邁進：規劃行事曆、自動化、排除和慶祝。

規劃行事曆

你可能聽說過這句話：「被排進行事曆的事情才會完成。」這是真的。有兩樣東西告訴我們，什麼是我們重視的——我們的錢包，和我們會把時間花在上面的事物。為了確保你的確朝著自己的卓越目標前進，你必須提前安排好重要的事情。例如，我和我治療師的約診，已經一路排到了接下來四、五個月的時間。為什麼呢？因為當我把自己的內心世界調整到最佳狀態，掌握了情緒靈敏力時，我會有最好的表現。為任務安排好時間可以讓決策壓力從等式中消失，我只需要把它記在日曆上，然後繼續前進就可以了。

我在健康方面也是如此。我知道自己如果不在早上一起床就去健身的話，那麼我在一天稍晚的時間裡，只有百分之五十的機率會去運動。我非常了解自己，知道自己喜歡努力工作，會對工作全力以赴。而進行所有的訪談、寫作和其他業務相關作業，都會耗費我大量的精力。我在健身房付出的努力非常重要，因為它能幫助我發揮最佳狀態。我每天在健身和進行體能訓練時，是我感到最有自信、最自豪、最愛自己、最愉快和最健康的時候，所以我把它安排成每天早上第一件事要做的事。我不需要去思考，我自然而然就會這麼做。

安排行程表可以幫助你建立一個管理自己精力的習慣。湯瑪斯·法蘭克在描述他的日常作息時，是這樣說的：「我一天的精力有限，如果有什麼我得做的事情需要我拿出所有的自律，我就應該把它放在第一位。然後，我就可以利用外部的約束能力和責任感，來撐過接下來的一整天。」

能為你提供動力的是什麼？能讓你恢復活力的又是什麼？什麼能讓你邁向卓越？它是你日常作息的一部分嗎？

何不讓你的行事曆成為你最好的朋友？為最重要的事情騰出整段時

間，然後再填入其他小事。這樣，才能確保你朝著重要的事情前進。

自動化

　　此流程的第二步是自動化。將重複性的任務自動化，就像走在機場的電動步道上一樣。你可以花同樣的力氣走兩倍遠的路！尋找可以自動化的重複性任務，例如像是膳食計畫、帳單支付、電子郵件回覆、訂閱或日常運動等這類的事情。我會試著盡可能將所有事情自動化。如果是與財務相關的，我會利用自動支付或預付帳單，來最大化我的投資目標。我盡量讓團隊的工作自動化，以節省自己的時間。我也將培訓工作自動化，來協助我的團隊以高效率的有效方式完成工作，以幫助業務成長。

　　看看你每天、每週、每月和每年做的事情。哪些是具有重複性的？你在哪裡浪費了時間，去做那些其實可以自動完成的事？你可以訓練和授權給誰，讓其他人來接手一些你不需要親自做的事情？

　　讓自動化成為你日常生活中的關鍵策略，你就能實現更多！

排除

　　這是一個大問題。我們花費太多的時間在做下面這些事情；它們要嘛不太重要，所以我們不應該做，要嘛就應該交給別人去做，因為他們可以做得和我們一樣、甚至更好。

　　如果你是個企業家，你就會明白這一點——你不用每次會議都參加、親自收發每一封電子郵件，或參與每一次的討論和決策。不要試圖事必躬親。授權給你的團隊，讓他們在自己擅長的領域工作，這樣你也可以專注於你的強項。我努力從我的行事曆中仔細排除我不應該做的事情，這樣我

就可以專注在那些能夠幫助所有人事物成長的事情上。

排除可以讓速度加快，請找出可以減少、剔除、簡化和丟棄的事項。當它們消失後，你很可能不會想念它們，而且你還能夠以更快的速度前進。

慶祝

最後，慶祝你的勝利是很重要的！當你已經安排好重要的事情、把耗費精力的事項自動化，並排除掉自己不應該做的事的時候，你就會感覺非常棒！這就是為什麼在一天結束時，我會說「我真的很感激自己今天做了該做的事」之類的話。

我很清楚自己能夠完成什麼事情，然後為明天做好心理準備。我在一天結束時融入感激之情，它可以幫助我打造一個我喜歡的環境和過程。這給了我能量，讓我充滿自信，也讓我對自己當天為達成目標所付出的努力感到自豪。

隨著時間的推移，這些事情中的每一件都會成為習慣，成為你身分的基石。我喜歡珍‧辛賽羅的說法：「讓自己習慣去養成習慣真的很重要。」有時你會做得很累、無法像自己希望的那麼堅持，或是結果不如預期；但就是在這些情況下，你才得以建立最好的習慣。這正是讓自己習慣去養成習慣。時間一久，事情就會變得愈來愈容易了。

繼續前進。做下一件正確的事。把事情做完。

為追求深遠意義而存在的日常習慣

高績效人士經常天天穿一樣的衣服、聽著重複播放的音樂、每天早上都吃相同的食物，又或者每天晚上唸一次座右銘——這都是有原因的。日常習慣能讓我們保持專注，幫助我們把因做小決定而帶來的過度壓力和干擾降到最低。

最優秀的人都有行之有效的日常習慣。

《點子都是偷來的：10個沒人告訴過你的創意撇步》[49]一書的作者奧斯汀・克隆（Austin Kleon）跟我說了他的「筆記本習慣」。

他說：「我每天都會在筆記本上寫東西。不管怎樣，我早上都會寫三頁，這是我創作生活的常態。無論發生什麼事，我都在讀書和寫作。」

當我向《無債務學位》[50]一書的作者安東尼・歐尼爾（Anthony ONeal）問起富人的生活習慣時，他說：「我想到自己圈子裡所有的富人，都擁有從週一到週五每天執行的作息習慣。」

> 最優秀的人都有行之有效的日常習慣。

身為前職業滑板選手、企業家和電視名人的羅伯・德戴克（Rob Dyrdek）也贊同這一點。「達到目標的唯一途徑就是遵守紀律，而紀律和堅持下去是最難做到的。你要怎麼變得更有紀律、更能堅持？你要明確知道自己的方向。」

如果你對自己的方向沒有很明確的想法，那麼你也許會一直都很忙碌，但卻無法邁向卓越。你會陷入別人都在做的事情裡面。正如前奧運滑雪選手琳賽・馮恩（Lindsey Vonn）告訴我的那樣：「如果你想要做成人

---

49 Steal Like an Artist: 10 Things Nobody Told You About Being Creative，繁體中文版由遠流出版社於二〇一三年出版。

50 Debt Free Degree，暫譯，原作出版於二〇一九年。

生中的任何一件事，就必須有所犧牲。我真心認為最成功的人並不是最有天賦、也不是最聰明的；他們只是願意付出別人不願付出的額外努力而已。」

你願意在哪些方面付出額外的努力？

要追求卓越，你還需要更深入地思考自己如何以及在哪裡花費時間。《拖延根除的微自律小習慣：制訂目標、透過專注投入與高效時間管理，終結平庸，逐步邁向成功》[51]的作者羅利·魏登和我分享了一段寶貴的見解：「更高層次的成果，總是需要更高層次的思考。」羅利還特別指出，我們需要改變自己對**何謂意義重大**的看法，並說明他稱之為「意義長遠性考量」（significance calculation）的概念：

急迫性是指這件事**在多久之內**就會造成影響。我們多數人都生活在一個急迫的世界中，一切都關乎什麼事需要立刻完成。重要性則不同，重要性指的是這件事情造成的影響有**多大**。至於意義的長遠性就更不一樣了，意義的長遠性指的是這件事造成的影響會有**多長遠**。「意義長遠性考量」考慮的不只有明天和後天而已，它改變了一切，因為這就是我們的時間可能倍增的方式……你讓時間倍增的方法，就是給自己情緒上的許可，把今天的時間，用在能為明天創造更多時間的事情上。

如果你正在追求卓越的旅程上，你會發現有很多事情要做。你需要確保自己有一個日常習慣和流程，將感覺緊急和重要的事情，與實際上意義深長、能推動你前進的事情區分開來。

朝向卓越邁進終歸是一種心態，它沒有終點。無論全世界是不是與你為敵，或者說你成不了事，那都不重要；無論你有沒有資源、具不具備天

51　Take the Stairs: 7 Steps to Achieving True Success，繁體中文版由方言文化於二〇二三年出版。

賦，或是可能有任何阻礙，也都不重要。

把事情做完只取決於一個人——就是**你自己**。

所以，深吸一口氣，挺直你的肩膀，然後向前邁進。

評估你的習慣。哪些是有用的？哪些沒有？哪些應該改變？

檢視你的日常作息。這是最適合你的作息嗎？它們是對你有幫助還是不利於你？

對抗完美主義。你可以從哪裡開始？怎樣才算夠好？什麼時候可以開始行動？

努力追求意義。什麼才是真正重要的？什麼才能長久持續？什麼能讓你的時間倍增？

慶祝你的勝利。什麼讓你引以為傲？你對什麼懷抱著感恩之情？你在哪些方面表現出色？

如果你相信自己，並且貫徹那些證明自己信念的習慣和每日的行動，那麼你幾乎可以辦到任何事情——包括成為卓越的人。

打造卓越

練習一：意義長遠性的策略

第一步——評估你的完美主義指數

要想把事情做完，你必須先衡量完美主義對你的阻礙有多大，這可以藉由評估你的完美主義指數來得知。請用一到十分來評估以下敘述。

我傾向於把事情拖到我確定會成功的時候再去做。 □

我經常設定看似遙不可及的大目標。 □

我給自己很大的壓力，要求自己「第一次就要做好」。 □

若我在進行某些嘗試時失敗或犯錯了，我會責怪自己。 □

我對自己的技能和能力很嚴格。 □

當我嘗試新事物時，我會擔心自己在別人眼中的表現。 □

我有時會迷失在細節裡，無法放眼全局。 □

一旦你完成了這些敘述的評估，你就應該有個基準，來衡量完美主義對你的阻礙程度了。我們的目標，是讓你對每個敘述的評分愈低愈好、零分最好！

第二步──定義你的1%

在你前進的過程中，你最需要記得的一點是：卓越是一場馬拉松，而不是短跑衝刺。這意味著你應該努力追求微小而持續的進步，為此，你必

須細分出自己需要改進的領域。

　　身體方面。這涉及的有活動身體、健身和健康。請在考慮你目前的體能水準之後，找出你能改進的1%是什麼。不管你的起始狀態如何都沒關係；寫下你每天能夠怎麼進步1%。

　　關係方面。這是你與他人聯繫起來的方式，可能是和你的另一半、同事、朋友或街上的陌生人。在每次互動時，請花點時間思考有什麼方式能讓這段關係改善1%，並把它們寫下來。

　　心理方面。這包括你的想法和心理韌性。在這方面，你需要辨認出引導自己一整天的想法，並判斷它們是正面的還是負面的。對於負面想法，你的1%進步會讓你擺脫這種思考模式，並且進入積極正向的領域；對於正面想法，你則需要想辦法強化它們，讓它們變得更好。

　　智識方面。這裡指的是你如何努力讓自己成長。看看你所消化的資訊，以及它如何影響你的產出。請努力試著在自己接收的資訊、和它對你的輸出所造成的影響這兩件事上，都做到1%的進步。

第三步 ── 安排日常作息

　　高績效人士所擁有的日常作息，能夠幫助他們事半功倍。你可以從以下四種方法著手：規劃行事曆、自動化、排除、慶祝。

　　規劃行事曆。你的行事曆是你把事情做完的首要工具。它能協助你先確認具有長遠意義的事項的優先順序，再把重要的事情加進去。請依照以

下的時間區段來設計你的行程表。

我每天想做的事。這些可能包括與伴侶共度美好時光、運動、閱讀或出外走走。先將這些關鍵事項放入你的日曆中，它們將幫助你發揮極佳狀態。

我每天需要做的事。這些都是圍繞著你的工作或日常活動的事情。將這些事項列成一張清單，並在你想做的事周圍安排時間來進行。

所有其他可能做的事情。這涵蓋了你可能會做的其他任何事情 —— 醫生約診、他人的待辦事項、會議等等。現實情況是，這些潛在任務總是多到做不完。將它們安排在最合適的區段，但小心不要動到你最有創意或有效率的時間。

自動化。尋找藉由自動化來簡化任務的方法。這樣做的目的，是確保你不會把時間浪費在不需要你花費精力的事情上。在你的團隊或生活中找個人，請他幫你辨識出是什麼在浪費你的時間。單靠你自己往往很難發現這些問題，因此新的視角非常關鍵。

排除。排除的目的，是確保你不會在不需要你注意的事情上浪費時間。請利用以下問題，來決定哪些事情需要排除。

- 你時間的最佳和最高效率的用途是什麼？
- 哪些是**只有**你才能做的事情？
- 有哪些你正在做的事，是別人也可以做好的？
- 有哪些你正在做的事，分散了你對真正目標的注意力？
- 你可以從哪些會議或電子郵件中抽身？
- 哪些領域的工作是你的弱項、而不是強項？

• 你在哪個領域中有不喜歡的工作，可能更適合團隊裡的其他人？

慶祝。最後，安排時間來慶祝。當你把事情做完，就有理由獎勵自己。把你喜歡做的事寫成一張清單，在你克服完美主義、真的把事情做完之後，就給自己一個肯定！

第四步——定義何謂深遠的意義

這可能是本練習中最個人卻也最重要的一步。花點時間思考一下你到目前為止的人生，以及你為了追求深遠的意義所做的事情。你花費時間的方式，在意義量表上應該如何評價？

請把時間快轉到十年後，為自己寫下一份告白，內容是你完成了哪些事情、其重要性為何，以及它們帶來了什麼深遠的意義。接著，評估一下你**目前**使用時間的方式，看看有哪些地方需要調整。

Chapter 18

慶祝：你已經夠好了！
CELEBRATE: YOU ARE ENOUGH!

年輕時，我未曾為自己的成就慶祝過，因為我向來不覺得自己值得欣賞，再成功也不足以讓我覺得值得讚頌。即使我實現了自己的目標，兩次獲選全美最佳運動員、成為職業選手或打破世界紀錄，我也從不允許自己慶祝，因為我覺得自己不夠好。

我以為我需要有更大的成就、變得更好——追求更多。

直到大約九年前，我開始了自己的療癒之旅，直到那時我才允許自己真正慶祝勝利。我的意思不是慶祝自己已經抵達終點，大功告成；而比較像是慶祝自己所取得的成就，並意識到自己的使命，還有更多需要實現的地方。

我永遠不想定型。我想繼續成長、學習、發展和創造。為自己慶祝正好能讓我享受這些強大的時刻，而不會因為自己還**不夠好**，所以感受到必須不停前進的壓力。

我學會停下來欣賞或大或小的勝利，而不是在自己身上施加好還要更好的壓力，總是覺得自己還有所不足。

做這件事有個很棒的方式，就是每天晚上問自己，**今天有什麼值得感恩的事？我們今天有什麼事情可以慶祝？**即便我們同時依然得承認明天還有更多事情要做，但也請對那些勝利和成長的時刻滿懷感激。

我曾以為如果自己慶祝小小的成功，我可能就會因此自滿，但現在我更明白了。因為我有一個意義使命、一個我得以立足的基礎，比起我單純

> **你的每一天，都應該為自己實現意義使命所做的持續努力而欣賞自己。**

對自我價值、被愛和覺得自己夠好的需求，還來得更可靠。慶祝不會讓我自滿，而是讓我躍躍欲試、渴望得到更多，但我的心態卻又同時是平靜、充實和喜悅的。我知道總會有更多事物可以創造，所以這是一種不同的能量。

有些時候，我只是對自己今天為了說到做到所付出的努力，而心懷感激——**我感謝自己今天在健康方面的努力；我感謝自己在人際關係和事業目標上的努力**。我會感謝自己當天所做的三件讓自己更接近目標的事情。

這就是為什麼，我每天晚上都會反思自己心懷感激的三件事；這是我慶祝自己的努力、堅持和貫徹始終的時刻。當你取得了更大的勝利或是達到某個里程碑時，你也可以慶祝，但你的每一天，都應該為自己實現意義使命所做的持續努力而欣賞自己。

> **你明天想做哪些事讓自己能夠再次感激和慶祝？**

我強烈建議各位每天晚上花點時間感激當天發生的三件事。有時，這些事情可能都與你生活中的某個領域有關，例如也許都是關於健康或人際關係的，像是得到更多陪伴家人的時間。無論是什麼，只管花時間去肯定這些美好的事物就對了。養成問自己這個問題的習慣：今天有哪些三件事是值得感激和慶祝的？

然後請思考一下，明天你要做什麼，才能在追求意義使命的道路上繼續前進？你明天想做哪些事，讓自己能夠再次感激和慶祝？你明天晚上打算慶祝什麼？

你已經夠好了，而且還在變得愈來愈好

「即便你是獨自一人待在空地上，沒有衣物、沒有財產、沒有獎盃，一無所有——真的只有你一個人而已，你仍然已經夠好了。過去是、現在是，未來也是；無論如何都已經夠好了。」名舞者德瑞克‧霍夫說，當有人告訴他這句話時，他才終於意識到自己真的已經夠好了。

在那之前，他總覺得自己必須做點什麼或擁有點什麼，才算得上是夠好。只有當他接受自己本來就已經夠好的時候，他才真正開始做喜歡的事情，並反而因此加速了職涯的發展。單純因為某件事情帶來的快樂而參與其中的他，現在對自己充滿自信，也因而對他的工作有所助益。他不再努力成為夠好的人，因為他已經知道自己已經夠好了。

> 我們不應該藉由衡量自身成就來看自己是不是真的已經夠好；而應該反過來說，光是努力本身就能彰顯出我們的價值。

作家兼治療師的蘿蕊‧葛利布（Lori Gottlieb）也同意這一點。她告訴我：「你這個人可能很混亂、容易犯錯、不完美以及其他種種，但你已經夠好了。」這是真的，朋友。就是你現在的樣子，你已經夠好了。你不需要做任何其他事情或成為什麼特別的人，才能證明自己重要。

我們不應該藉由衡量自身成就來看自己是不是真的已經夠好；而是應該反過來說，光是努力本身就能彰顯出我們的價值。你是誰，在於你所做的事、你的存在方式，也在於你在表達自己的天賦、藝術和才能時所成為的那個人；跟別人怎麼說一點關係都沒有。正如莎拉‧傑克斯‧羅勃茲所說的，「成功在於過程，而不是結果。」過程就是獎賞。

愛自己

　　若要眞正擁抱你已經夠好的現實，你需要接納自己。你必須釋放負面情緒，並且知道自己已經不需耗費任何力氣，去證明自己夠好。

> 如果人們能夠懂得愛上自己的藝術，世界將會變得更美好。

　　我不是在一個人人相親相愛的社區長大的。在美國中西部長大的我學會了堅強，學會了依照社會的標準過生活。這一點在我身上根深蒂固，持續了大約二十二年。它使我成為一個健壯又好勝的商業機器，卻也讓我感到不滿足、受傷、孤獨、悲傷、嫉妒、缺乏安全感和恐懼，因爲我常常出於恐懼而做決定。

　　直到我生活中很多事情開始崩解，我才意識到出了問題。表面上看起來，我賺了不少錢，也擁有看似美好生活的一切，但我的整個內在卻感覺很痛苦。就在那時，我才開始了我的療癒之旅。

　　我回到了童年，讓自己反思並感受那些情感，好讓我放下它們，並使一些最痛苦記憶背後的意義融入自己。這是一段難以置信的經歷，那些曾經感覺如此沉重的事情，現在變得如此輕鬆。

　　我不得不鼓起勇氣讓自己變得脆弱，並表達這種脆弱。現在，說出該說的話並眞實地表達自己，每一次對我來說都已經變得愈來愈容易。這並不意味著不曾出現過問題或挑戰，但能夠站在這段旅程的另一端，確實感覺不可思議。我知道自己是值得的、知道自己在各方面都已經夠好了；這一切，都是「知」的過程之中的一部分。

　　如果人們能夠懂得愛上自己的藝術，世界將會變得更美好。這是一輩子的過程，但我們都需要學會投入其中。

慶祝每一次成功

在你按照卓越作戰計畫進行，設定目標並實現的過程中，花點時間慶祝你的成功。你的快樂就在旅途中，花點時間看看你已經走了多遠，並慶賀自己取得的勝利。

妮可·林恩是第一位代表頂尖NFL球員的女性經紀人，也是史上最年輕的頂尖體育經紀人之一。儘管妮可成功成爲了一流球員的代表，也賺到她有生以來賺過最多的錢，但她卻發現自己從來沒有這麼不快樂過。她告訴我，自己終於了解到「成功並不等於幸福」。讓她最快樂的不是那些成就，而是她爲了實現成就所走過的旅程：「我現在想要做的是學會如何活在當下。當我達成目標時，就好好慶祝。我會花點時間好好地品味它，而不是去想，**好吧，下一步該怎麼做？**」

你也應該這麼做。暫停一下，慶祝你的成功和努力的成果，這樣你也能在旅程中找到快樂。不要因爲過於在意最後的目標，而忽略了在通往最終勝利道路上，所取得的小小美好成就。

慶祝的力量

許多研究都顯示，慶祝勝利非常重要。伊凡·約瑟夫博士（Dr. Ivan Joseph）在Podcast節目《卓越學校》中說，當他在進入新環境或嘗試一份新工作時，他會列出一份自誇清單（brag list），用來提醒自己其實有多強大。

我非常喜歡這個技巧，甚至爲它創了一個縮寫詞——BRAG，代表著重要成果（Big Results）、成就（Accomplishments）和目標（Goals）。如

果要打造一份自誇清單，請寫下從國中到高中、大學及之後的所有事情，來提醒自己已經完成了什麼。也許你覺得自己已經有段時間沒有做成什麼大事了，但即使只是完成高中或大學學業也是一項成就。最近在工作上獲得升遷、終於實現了自己夢寐以求的旅行、創立了一份副業都可以，不要把任何成功視為理所當然。這份清單會提升你的自信心，讓你想起自己是多麼有能力。

慶祝活動和未來的承諾

練習：打造一份自誇清單

花幾分鐘靜靜回想自己這些年來所取得的成績，無論大小，公私皆可。想想那些你達到目標、取得自己想要的結果，或是衝過終點線的時刻——就算只是感到自豪而已也算！

不要把任何成功視為理所當然。

每一個這樣的時刻都是一塊踏板，讓你成為了今日的自己！

將它們依照以下幾個類別，分別寫下來：

- 青少年時期（國高中時期）
- 高中畢業後（大學、技術學院等）
- 就業初期（第一份工作、二十出頭到二十五歲上下）
- 二十歲後期至今

致力於卓越的人生！

恭喜你！很榮幸能在這段卓越的旅程中與你同行——但這還沒結束。事實上，我覺得這才只是剛開始。在你擁抱卓越心態的過程中，我期待聽到更多關於你追求自己意義使命的故事。

你的意義使命：

_____

_____

_____

你接下來會採取什麼步驟，來實現你的卓越作戰計畫呢？

_____

_____

_____

_____

_____

若需要更多幫助你實現卓越心態的資源，請見TheGreatnessMindset. com/resources。

致謝

　　我在獻詞中提到了年輕時的自己。我認爲這很重要——我們都需要感謝年輕時的自己，那個來到這世界，面對諸多不確定性的自己。因此我要謝謝他，即便在感覺毫無希望的時候，也有勇氣面對所有的痛苦，並學著如何療癒。你帶著我走到了人生這個階段，對於你在那些黑暗的日子裡，擁有持續面對的勇氣，同時尋求平靜與眞理——我眞的非常感激。

　　致我那不斷在爲自己的健康、爲了我、也爲這個世界服務的母親——妳是一線光明，妳的愛讓我受到鼓勵。致我在撰寫本書的那年去世的父親——感謝你在我一生中，在我心中所播下的種子，它們對今天的我助益良多。感謝你對我的教導、關懷與信任，並一直激勵我勇敢追求夢想！

　　感謝Chris、Heidi和Katherine，有這樣的兄弟姐妹，我眞的很幸運；你們讓我爲自己負責、接納我的獨特性，無論發生什麼事情都會愛我。

　　致卓越團隊中所有充滿熱情、敬業，並讓這段旅程成眞的大家——你們每天都激勵著我追求自己的意義使命，我感謝你們每一個人。能與你們一起踏上這段旅程，我深感榮幸。

　　感謝Matt Cesaratto和Sarah Livingstone，感謝你們在這段非凡的旅程中並肩同行。你們都知道，沒有你們，這一切根本無法實現！

　　感謝Martha Higareda，妳讓我了解有意識的愛與伴侶關係應該是什麼樣子，感謝妳完全接受我的使命、願景以及我本人。我愛妳。

　　特別感謝我的寫作夥伴Bill Blankschaen和他的StoryBuilders團隊，感謝你們捕捉了我的想法，並以如此愉快且引人入勝的方式讓本書問世。

　　感謝Lisa Cheng、Monica O'Connor、Patty Gift、Reid Tracy以及Hay

House的所有團隊，感謝各位為出版這本書所付出的所有努力，並致力於為世界帶來真正的改變。你們都是世界頂尖的！

感謝我所有的教練、老師、導師和指導者，感謝你們在我一生中給予我的一切——謝謝你們相信這個並不總是相信自己的孩子。

感謝所有曾和我一起出現在Podcast節目《卓越學校》中，為聽眾帶來啟發的各位來賓以及未來嘉賓（就是在說你，巨石強森！）——感謝你們分享的故事和智慧，無論是過去還是將來，這些內容療癒著許多人，為人們帶來活力，並激勵他們走向卓越。

當然，我還要感謝我所有的朋友和支持者——感謝你們做自己，並且有勇氣在追求自己意義使命的路上邁出下一步。你們讓我大受鼓舞！

關於作者

　　路易斯・豪斯（Lewis Howes）是《紐約時報》暢銷書作家、專題講者及業界領先的節目主持人，也曾是雙料全美最佳運動員、前職業橄欖球員及美國國家男子手球隊選手。他的節目《卓越學校》（*The School of Greatness*）是全球最受歡迎的Podcast節目之一，下載次數已超過五億次。他曾受白宮和歐巴馬總統的認可，獲選為全美三十歲以下百大企業家之一，也曾獲《艾倫秀》、《今日秀》、《紐約時報》、《時人》、《富比士》、《Fast Company》、《ESPN》、《Entrepreneur》、《運動畫刊》及《Men's Health》等主要媒體的訪問或報導。如欲了解更多資訊，請見LewisHowes.com。

VW00061

卓越心態：扭轉限制，連結願景，喚醒潛在力量
THE GREATNESS MINDSET：Unlock the Power of Your Mind and Live Your Best Life Today

作　　　者—路易斯‧豪斯（Lewis Howes）
譯　　　者—林幼嵐
主　　　編—林潔欣
企 劃 主 任—王綾翊
設　　　計—比比司設計工作室
排　　　版—游淑萍

總　編　輯—梁芳春
董　事　長—趙政岷
出　版　者—時報文化出版企業股份有限公司
　　　　　　108019 臺北市和平西路 3 段 240 號 3 樓
　　　　　　發行專線—（02）2306-6842
　　　　　　讀者服務專線—0800-231-705‧（02）2304-7103
　　　　　　讀者服務傳真—（02）2306-6842
　　　　　　郵撥—19344724　時報文化出版公司
　　　　　　信箱—10899 臺北華江橋郵局第 99 信箱
時報悅讀網—http://www.readingtimes.com.tw
法 律 顧 問—理律法律事務所　陳長文律師、李念祖律師
印　　　刷—勁達印刷股份有限公司
一 版 一 刷—2024 年 10 月 18 日
定　　　價—新臺幣 520 元
（缺頁或破損的書，請寄回更換）

時報文化出版公司成立於一九七五年，
並於一九九九年股票上櫃公開發行，於二〇〇八年脫離中時集團非屬旺中，
以「尊重智慧與創意的文化事業」為信念。

卓越心態：扭轉限制，連結願景，喚醒潛在力量／路
　易斯‧豪斯（Lewis Howes）著 . -- 一版 . -- 臺北市：時
報文化出版企業股份有限公司, 2024.10
　譯自：The greatness mindset : unlock the power of your
mind and live your best life today.
　ISBN　978-626-396-687-1（平裝）
　1.CST: 自我肯定 2.CST: 自我實現 3.CST: 生活指導
177.2　　　　　　　　　　　　　　　　　113012219

ISBN　978-626-396-687-1
Printed in Taiwan